东北亚研究丛书

中国东北地区人口发展研究

Research on the Population Development in Northeast China

李雨潼／著

社会科学文献出版社
SOCIAL SCIENCES ACADEMIC PRESS (CHINA)

目　录

第一章　东北地区人口发展基本现状

研究东北地区的人口问题，首先要明确"东北地区"的地理范围，历史上有关东北地区人口变动的资料多以"东北地区"为一个整体进行记载，因为各个时代的东北疆域有扩张有缩减，行政区划有分有合，各族居住地亦有迁徙变动。本文对东北地区的界定，为国家统计局对国内各地区常规分类中所采取的"东北地区"分类，即现阶段的辽宁省、吉林省和黑龙江省。

第一节　人口总量现状

从统计数据上看，从1990年到2016年，无论是三省合计的年末常住总人口，还是三个省份各自的年末常住人口，均呈现先升后降的变化规律。

一　人口数量现状

由于1990～2000年的时间跨度比较大，有一个累计效果，所以如果将东北地区总人口数据做成曲线图会看到这部分的总人口变化曲线呈现陡然上升的变化特征，而近几年东北地区总人口则呈现总体逐年减少的变化规律。利用年末常住人口，分城乡考察2000～2016年东北地区人口总量变化，可以发现三个省份中的城镇人口总量总体上是逐年增加的，不过近年来增幅逐渐减小，而乡村人口则总体上是逐年减少的，人口城镇化导致的乡村人口向城镇转移是这一变化的重要原因。由于1990年的统计口径不同，所以对城乡人口变化的分析表中不包括 1990 年的城镇人口与乡村人口（见表 1 - 1）。

表 1 - 1   1990 ~ 2016 年东北三省人口总量变化

单位：万人

年份	辽宁			吉林			黑龙江		
	年末人口	城镇人口	乡村人口	年末人口	城镇人口	乡村人口	年末人口	城镇人口	乡村人口
1990	3950	—	—	2466	—	—	3522	—	—
2000	4182	2296	1886	2680	1331	1349	3624	1867	1757
2006	4271	2519	1752	2723	1442	1281	3823	2045	1778
2007	4298	2544	1754	2730	1451	1279	3824	2061	1763
2008	4315	2591	1724	2734	1455	1279	3825	2119	1706
2009	4341	2620	1721	2740	1461	1279	3826	2123	1703
2010	4375	2717	1658	2747	1465	1281	3833	2134	1700
2011	4383	2807	1576	2749	1468	1281	3834	2166	1668
2012	4389	2881	1508	2750	1477	1273	3834	2182	1652
2013	4390	2917	1473	2751	1491	1260	3835	2201	1634
2014	4391	2944	1447	2752	1509	1244	3833	2224	1609
2015	4382	2952	1431	2753	1523	1230	3812	2241	1570
2016	4378	2949	1429	2733	1530	1203	3799	2249	1550

资料来源：根据中华人民共和国国家统计局网站（http://data.stats.gov.cn/）数据计算；其中 2016 年数据来自各省《2016 年国民经济和社会发展统计公报》，2000 年数据来自《第五次人口普查数据》，其他年份数据来自分省年度数据。

计算东北地区人口每年的增加量，为了方便直接比较，其中 1990 ~ 2000 年与 2000 ~ 2006 年两个时间跨度的人口增加数均是计算的年平均增加数。从表 1 - 2 可以发现：就东北地区三个省份总人口而言，2014 年之前人口总量是逐年上升的，而到了 2014 年总人口数量停止增加，从 2015 年起总人口数量开始下降，进入负增长阶段。2015 年比 2014 年减少 29 万人，2016 年比 2015 年减少了 37 万人。

将东北地区人口的每年增加值与全国同期人口增加值进行对比，计算分析东北地区人口增加值占全国总人口增加值的百分比。1990 ~ 2000 年，

表 1-2 东北三省历年增加人口及其占全国增加人口比重

单位：万人，%

年份	每年增加人口绝对数				东北三省增加人口占全国增加人口比重			
	辽宁	吉林	黑龙江	合计	辽宁	吉林	黑龙江	合计
2000~1990	23.2	21.4	10.2	54.8	1.69	1.56	0.74	4.00
2006~2000	14.8	7.2	33.2	55.2	1.89	0.91	4.23	7.04
2007~2006	27	7	1	35	3.96	1.03	0.15	5.14
2008~2007	17	4	1	22	2.53	0.59	0.15	3.27
2009~2008	26	6	1	33	4.01	0.93	0.15	5.09
2010~2009	34	7	7	48	5.30	1.09	1.09	7.49
2011~2010	8	2	1	11	1.24	0.31	0.16	1.71
2012~2011	6	1	0	7	0.90	0.15	0.00	1.05
2013~2012	1	1	1	3	0.15	0.15	0.15	0.45
2014~2013	1	1	-2	0	0.14	0.14	-0.28	0.00
2015~2014	-9	1	-21	-29	-1.32	0.15	-3.09	-4.26
2016~2015	-4	-20	-13	-37	-0.49	-2.47	-1.61	-4.57

资料来源：同表 1-1。

东北地区人口年均增长数量为全国人口年均增长数量贡献了 4.0%，之后这一百分比呈现先增后降再增再降的变化规律。2000~2013 年东北地区人口每年增加值对全国人口每年增加值的贡献率是逐渐降低的。到了 2014 年，东北地区人口增加值为零，之后呈现负增长，而同期的全国人口数量依然每年增加，所以这一百分比变为负值，并且绝对值随着时间推移在增大。

为进一步分析东北地区人口总量的变化规律，将表 1-2 中东北三个省份人口每年增加的绝对数进行绘图。由图 1-1 可以直观看出，东北地区三个省份的人口数量年增加值的变化规律大体一致，均是随着时间推移增量从正值逐渐变为负值，并且这种减少的幅度还有增大的趋势。东北地区总人口数量呈现增量减少的变化规律，人口负增长已经非常明显。

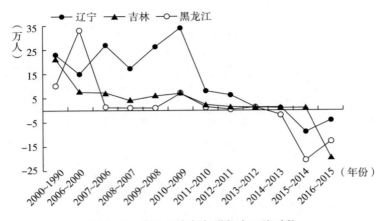

图 1-1 东北三省每年增加人口绝对数

将表 1-2 中东北地区人口每年增加数占同期全国人口总量增加数百分比绘制成图,考察同一时期内,东北地区人口总量变化与全国人口总量变化的异同。可以发现图 1-2 与图 1-1 中曲线走势非常类似,也就是说这一时间段内全国总人口每年的变化规律比较稳定,东北三省人口变化占全国总人口变化的百分比曲线走势,主要是由东北三省人口决定的。东北地区人口从每年净增加到每年净减少的变化特征与全国平均水平不同,具有非常明显的区域特征。

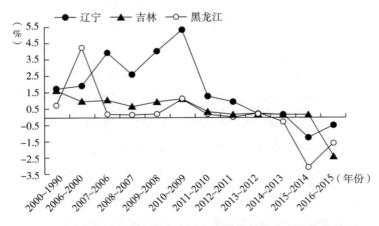

图 1-2 东北三省每年增加人口占全国每年增加人口的百分比

1990 年,东北地区年末常住人口占全国总人口的 8.79%,之后这一比例逐年下降,2000 年下降为 8.27%,到 2016 年这一比例下降为 7.90%。从分省数据看，1990 年辽宁省人口占全国总人口的 3.49%，到 2016 年下降为 3.17%；1990 年吉林省人口占全国总人口的 2.18%，到 2016 年这一比例下降为 1.98%；1990 年黑龙江省人口占全国总人口的 3.12%，到 2016 年这一比例下降为 2.75%（见表 1-3）。分城乡对东北地区作为整体的人口占全国总人口比重进行考察，2000 年东北地区总的城镇人口占全国总城镇人口的 11.97%，之后逐年下降，到 2016 年降为 8.49%；2000 年东北地区总的乡村人口占全国总乡村人口的 6.17%，2016 年下降为 7.09%。

表 1-3　1990~2016 年东北三省人口占全国人口比例变化

单位：%

年份	辽宁占全国			吉林占全国			黑龙江占全国		
	年末常住人口	城镇人口	乡村人口	年末常住人口	城镇人口	乡村人口	年末常住人口	城镇人口	乡村人口
1990	3.49	—	—	2.18	—	—	3.12	—	—
2000	3.30	5.00	2.33	2.11	2.90	1.67	2.86	4.07	2.17
2006	3.25	4.32	2.39	2.07	2.47	1.75	2.91	3.51	2.43
2007	3.25	4.20	2.45	2.07	2.39	1.79	2.89	3.40	2.47
2008	3.25	4.15	2.45	2.06	2.33	1.82	2.88	3.40	2.42
2009	3.25	4.06	2.50	2.05	2.26	1.86	2.87	3.29	2.47
2010	3.26	4.06	2.47	2.05	2.19	1.91	2.86	3.19	2.53
2011	3.25	4.06	2.40	2.04	2.13	1.95	2.85	3.14	2.54
2012	3.24	4.05	2.35	2.03	2.07	1.98	2.83	3.07	2.57
2013	3.23	3.99	2.34	2.02	2.04	2.00	2.82	3.01	2.60
2014	3.21	3.93	2.34	2.01	2.01	2.01	2.80	2.97	2.60
2015	3.19	3.83	2.37	2.00	1.97	2.04	2.77	2.91	2.60
2016	3.17	3.72	2.42	1.98	1.93	2.04	2.75	2.84	2.63

资料来源：同表 1-1。

为了更直观地分析东北地区人口总量的变化特征，将 1990~2016 年东北三省的总人口占全国人口的比例变化绘制成图。从图 1-3 可以看到三个省份的这一比例曲线总体上都呈现明显的逐年下降的变化规律。由此可见，东北地区人口在总量不断下降的同时，占全国人口的比重也逐渐降低。

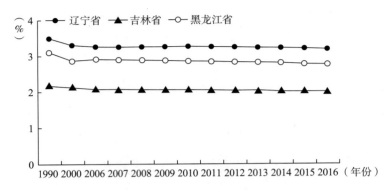

图 1-3　东北地区三个省份年末总人口占全国人口百分比

分城乡对东北地区人口占全国人口的比重进行考察，将东北三省的人口占全国人口百分比绘制成图。由图 1-4 可见，东北三省城镇人口占全国城镇人口百分比的变化与图 1-3 相似却不同。城镇人口百分比的变化曲线总体上逐年下降的趋势更明显，速度更快，且三个省份的变化特征相似度很高。可见东北地区总人口占全国总人口百分比不断下降，主要是由城镇人口百分比下降造成的。

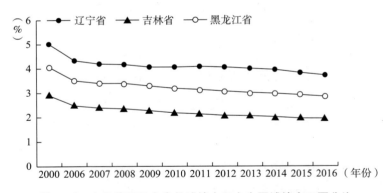

图 1-4　东北地区三个省份城镇人口占全国城镇人口百分比

进一步分析东北地区乡村人口占全国乡村人口百分比，可见图 1-5 与图 1-4 的变化规律完全不同，东北三省的乡村人口占全国乡村人口百分比总体上呈现逐年升高的变化规律。综合图 1-3、图 1-4、图 1-5，可以得出这样的结论：东北地区城镇人口占全国城镇人口的百分比总体上逐年下降，而东北地区乡村人口占全国乡村人口的百分比却总体上在逐年上升，两者相互抵消后的结果是东北地区总人口占全国总人口的百分比总体上逐年下降。

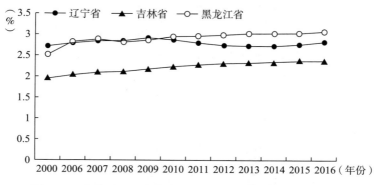

图 1 - 5 东北地区三个省份乡村人口占全国乡村人口百分比

二 家庭规模现状

2000 年，全国人口的平均家庭规模为 3.46 人/户，其中城市家庭规模为 3.03 人/户、镇家庭规模为 3.26 人/户，而乡村家庭规模为 3.68 人/户；2015 年，全国人口的平均家庭规模为 3.12 人/户，其中城市家庭规模为 2.80 人/户、镇家庭规模为 3.21 人/户，而乡村家庭规模为 3.32 人/户。可见总体而言，全国人口的平均家庭规模随着时间推移逐渐缩小，并且一直是乡村人口家庭规模大于镇人口家庭规模、镇人口家庭规模大于城市人口家庭规模（见表 1 - 4）。

表 1 - 4 全国及东北三省分城乡家庭规模

单位：人/户

区域	2000 年				2010 年				2015 年			
	合计	城市	镇	乡村	合计	城市	镇	乡村	合计	城市	镇	乡村
全国	3.46	3.03	3.26	3.68	3.09	2.71	3.08	3.34	3.12	2.80	3.21	3.32
辽宁	3.16	2.96	3.12	3.38	2.78	2.57	2.75	3.12	2.79	2.58	2.87	3.15
吉林	3.32	3.09	3.11	3.57	2.94	2.62	2.7	3.35	2.94	2.55	2.73	3.44
黑龙江	3.24	2.97	3.07	3.51	2.84	2.58	2.63	3.19	2.80	2.51	2.66	3.22

资料来源：根据中华人民共和国国家统计局网站（http://data.stats.gov.cn/）数据计算。

对比全国平均水平和东北三省总人口的家庭规模，可以看到：从 2000 年到 2015 年，全国平均水平的总人口家庭规模明显高于东北地区的三个省份，而东北地区的三个省份中，吉林省的家庭规模又明显地高于其他两个省份的家庭规模。将四者进行总体排序，从高到低的顺序为：全国平均总人口家庭规模最大，吉林省总人口家庭规模次之，黑龙江省总人口家庭规模再次之，辽宁省总人口家庭规模则最小（见图 1–6）。

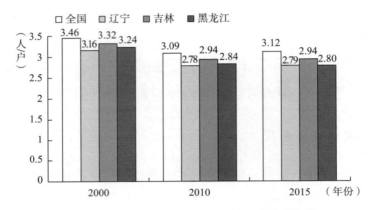

图 1–6　全国及东北三省总人口的平均家庭规模

将全部人口按照城市、镇、乡村进行分类后，可以直观看到城市人口家庭规模有着与总人口家庭规模不同的特征。2000 年，吉林省的城市人口家庭规模大于全国城市人口平均家庭规模，也大于黑龙江省和辽宁省的城市人口家庭规模；从 2010 年开始，东北三省的城市人口家庭规模全部小于全国城市人口平均家庭规模，而且城市部分的东北三省之间的家庭规模排序也不再如全部人口家庭规模排序那样有规律（见图 1–7）。

按照镇人口家庭规模进行分类对比，可以发现明显的规律。总体上，从 2000 年到 2015 年，全国和东北三省的镇人口家庭规模均经历了一个先下降后略上升的变化过程。在这一变化过程中，各年份全国与东北三省镇人口家庭规模的排序始终没有变，均为全国镇人口平均家庭规模最大，辽宁省镇人口家庭规模次之，吉林省镇人口家庭规模再次之，黑龙江省镇人口家庭规模最小（见图 1–8）。

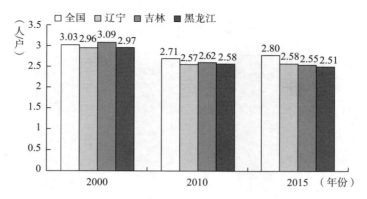

图 1-7 全国及东北三省城市人口的平均家庭规模

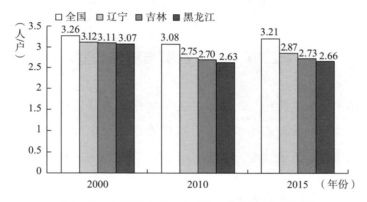

图 1-8 全国及东北三省镇人口的平均家庭规模

对比全国与东北三省乡村人口家庭规模情况。2000 年，全国乡村人口平均家庭规模大于东北三省的乡村人口家庭规模，但从 2010 年开始，吉林省乡村人口家庭规模便超过了全国乡村人口家庭规模平均水平，到 2015 年吉林省乡村人口家庭规模依然大于全国平均水平，并且与全国平均水平之间的数值差距进一步拉大。从东北地区三个省份内部而言，从 2000 年到 2015 年，东北三省乡村人口家庭规模的排序始终为吉林省乡村人口家庭规模最大，黑龙江省乡村人口家庭规模次之，辽宁省乡村人口家庭规模最小（见图 1-9）。

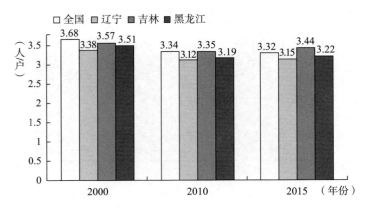

图1-9 全国及东北地区乡村人口的平均家庭规模

第二节 人口素质与结构现状

与全国平均水平相比，东北地区人口文化素质总体较高，人口年龄结构呈现明显的中间大两头小的形态，可以看出东北地区人口在较小的时间跨度里，从增长型迅速转变为缩减型。

一 人口文化素质现状

与全国平均水平相比，东北地区人口文化素质总体更高，文盲率总体更低。根据第五次、第六次人口普查数据及2015年1%抽样调查数据，2000年全国文盲人口占15岁及以上人口的比重数值为9.08%，而同期同一指标的辽宁省数值为5.79%，吉林省的该指标数值为5.74%，黑龙江省的该指标数值为6.33%，东北三省文盲人口比例均明显低于全国水平。到2015年，全国文盲人口占15岁及以上人口的比重降为5.42%，而辽宁、吉林、黑龙江三省的该项指标数值分别降为1.91%、2.61%、2.74%，明显低于2000年水平，并依然明显低于全国平均水平。按照性别对总人口进行分类，则可见无论是男性人口还是女性人口，东北三省的文盲率均是低于全国平均水平的。

按照文盲人口占 15 岁及以上人口的比重对我国 31 个地区的文盲率从高到低进行排序，可以了解东北三省历年文盲率横向对比情况。2000 年，辽宁、吉林、黑龙江三省在我国 31 个地区中，文盲人口占 15 岁及以上人口比重全国降序排第 26 位、第 27 位和第 23 位；如果分性别进行考察，则女性人口文盲率在全国排序中更为靠后，分别为第 27 位、第 30 位和第 25 位。2015 年，辽宁、吉林、黑龙江三省在我国 31 个地区中，文盲人口占 15 岁及以上人口比重全国降序排列中名次进一步下降，分别为第 30 位、第 28 位和第 27 位，即倒数第 2 位、倒数第 4 位和倒数第 5 位。而分性别进行考察，女性文盲人口所占比重排序更为靠后，辽宁省女性文盲人口比重最低，正序为第 31 位而倒序为第 1 位，吉林省和黑龙江省分别排在正序第 28 位和第 27 位，即倒数第 4 位和倒数第 5 位（见表 1-5）。这一排位次序说明，东北地区文盲人口所占的比重与全国其他地区相比是明显更低的，人口受教育水平相对更高。

表 1-5 东北三省分性别的 15 岁及以上文盲人口比重排序

单位：%，位

年份	分类	文盲人口占 15 岁及以上人口比重数值				文盲人口占 15 岁及以上人口比重全国降序排列位次		
		全国	辽宁	吉林	黑龙江	辽宁	吉林	黑龙江
2000	合计	9.08	5.79	5.74	6.33	26	27	23
	男	4.86	2.93	3.46	3.68	25	22	20
	女	13.47	8.72	8.12	9.08	27	30	25
2010	合计	4.88	2.18	2.18	2.34	29	30	27
	男	2.52	1.10	1.35	1.39	27	25	24
	女	7.29	3.27	3.03	3.31	29	30	28
2015	合计	5.42	1.91	2.61	2.74	30	28	27
	男	2.89	1.03	1.73	1.71	29	24	25
	女	8.01	2.79	3.51	3.77	31	28	27

资料来源：根据中华人民共和国国家统计局网站（http://data.stats.gov.cn/）数据计算。

进一步分析东北地区人口受教育情况，分性别对比 2015 年全国人口与东北地区人口的受教育程度，相关数据见表 1-6。

表 1-6　2015 年全国及东北三省人口受教育程度情况

单位：%

分类	地区	未上过学	小学	初中	普通高中	中职	大学专科	大学本科	研究生
总人口	全国	5.69	26.22	38.32	12.27	4.17	6.82	5.93	0.59
	辽宁	2.32	20.20	44.90	11.45	4.21	8.31	7.95	0.66
	吉林	3.16	24.60	42.61	13.36	3.10	6.57	6.17	0.43
	黑龙江	3.30	23.52	44.96	12.35	2.59	6.68	6.28	0.33
男	全国	3.22	24.67	40.38	13.59	4.37	7.06	6.08	0.63
	辽宁	1.41	18.76	46.37	11.77	4.31	8.41	8.28	0.70
	吉林	2.23	23.61	43.79	14.05	3.07	6.34	6.46	0.44
	黑龙江	2.24	22.25	46.89	12.96	2.60	6.78	5.91	0.37
女	全国	8.27	27.83	36.18	10.90	3.96	6.56	5.76	0.54
	辽宁	3.24	21.64	43.43	11.12	4.11	8.21	7.63	0.63
	吉林	4.11	25.61	41.41	12.66	3.13	6.80	5.87	0.43
	黑龙江	4.38	24.81	42.99	11.73	2.57	6.57	6.65	0.29

资料来源：根据中华人民共和国国家统计局网站（http://data.stats.gov.cn/）数据计算。

由图 1-10 可见，2015 年全国及东北三省人口按照受教育程度进行分类，所占比例最高的是受过初中教育的人口，其次是小学，再次是普通高中。从全国与东北三省人口受教育水平对比来看，在未上过学和小学部分，全国平均水平是明显高于东北三省的，从初中部分开始一直到研究生阶段，再没有全国平均水平高于东北地区三个省份的情况出现。对比东北地区内部的三个省份，可以发现越是到高等教育阶段，辽宁省的比例高于其他两个省份的现象越明显，而在未上过学和小学阶段，辽宁省的该项指标比例是明显低于吉林省和黑龙江省的。

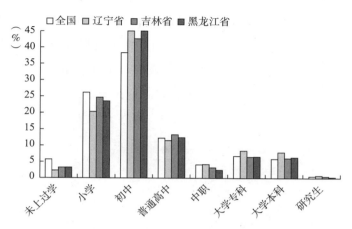

图 1-10　2015 年全国及东北三省 6 岁以上人口受教育程度

对 2015 年全国及东北地区 6 岁以上男性人口受教育程度进行分析，可见无论是全国还是东北地区，不同受教育程度分类中比例最高的依然是受过初中教育的男性人口。全国平均水平的比例明显高于东北三个省份的受教育类别，依然主要是未上过学和小学教育，此外中职教育这一分类中全国平均水平略高于东北三个省份。就东北三省内部的受教育程度对比而言，辽宁省的大学专科、大学本科、研究生教育百分比明显高于吉林省和黑龙江省（见图 1-11），相对而言接受高等教育的男性人口比例更高一些。

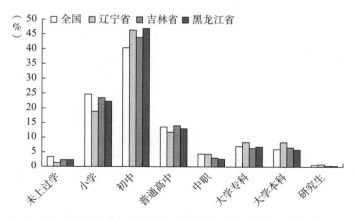

图 1-11　2015 年全国及东北三省男性 6 岁以上人口受教育程度

对 2015 年全国及东北地区 6 岁以上女性人口受教育程度进行分析。从图 1 - 12 可以直观看出在未上过学和小学阶段，全国女性人口所占比例的平均水平明显高于东北地区的三个省份，而从初中阶段开始，在不同受教育水平上，东北地区全部或个别省份的女性人口的比例高于全国平均水平，也就是说在相对较高的受教育类型上，东北地区女性人口的比例相对更高，即东北地区女性人口受教育水平明显高于全国平均水平。

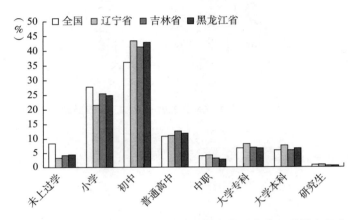

图 1 - 12　2015 年全国及东北三省女性 6 岁以上人口受教育程度

二　人口分性别年龄结构

根据第六次人口普查数据绘制东北三省分性别的人口年龄结构图，即人口金字塔。可见辽宁省 2010 年的人口年龄结构呈现明显的中间大两头小的形态（见图 1 - 13），表现出在较小的时间跨度里，辽宁省人口从增长型迅速转换为缩减型。少年儿童人口比例明显偏小，劳动年龄人口比例明显偏高，短期内人口负担较轻，而未来人口总体规模会急剧缩减。从人口金字塔上可以看出 20 ~ 24 岁年龄组人口比重明显大于上下相邻的年龄组，进一步分析可以发现，这一年龄组的出生年份恰好对应了 1986 ~ 1990 年的人口出生小高峰期，即由 20 世纪 60 年代初"第二次人口生育高峰"中出生的人口陆续进入生育年龄导致的人口出生高峰期。

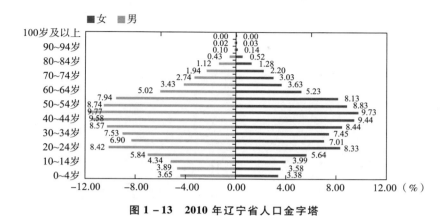

图 1 - 13　2010 年辽宁省人口金字塔

　　吉林省 2010 年的人口年龄结构与辽宁省总体上较为相似，也呈现明显的中间大两头小的形态（见图 1 - 14），表现出在较小的时间跨度里人口从增长型迅速转换为缩减型。稍微不同的是，吉林省的少年儿童人口比例不是小幅度逐步下降的，而是陡然降低后稳中略降，人口金字塔底部形状较为整齐。与辽宁省一样，吉林省少年儿童人口比例明显偏小，劳动年龄人口比例明显偏高，短期内人口负担较轻，而未来人口总体规模会明显缩减，也 20 ~ 24 岁年龄组人口比重同样明显大于上下相邻的年龄组，对应了 1986 ~ 1990 年的人口出生小高峰期。

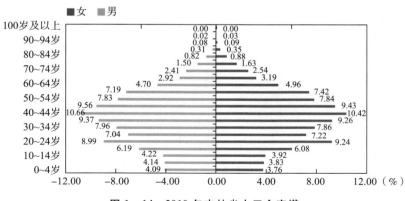

图 1 - 14　2010 年吉林省人口金字塔

　　黑龙江省 2010 年的人口年龄结构与辽宁省、吉林省总体上较为相似，同样表现出在较小的时间跨度里人口从增长型迅速转换为缩减型。且 20 ~

24 岁年龄组比重同样明显大于相邻年龄组，对应 1986～1990 年的人口出生小高峰期。

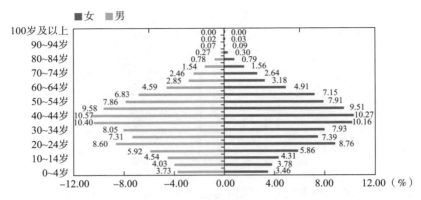

图 1-15　2010 年黑龙江省人口金字塔

由于东北三省的人口结构金字塔总体形状上相似度比较高，所以在将东北三省作为一个整体计算并绘制人口金字塔后，整体形状与前文三个金字塔形状类似。总体而言，东北地区的人口结构特征为少年儿童人口比重小，劳动年龄人口比重大，男性人口与女性人口的年龄结构百分比分布不同，但总体规律一致。无论是男性人口还是女性人口，按 5 岁分组，占各自总人口的百分比最高的均为 40～44 岁组，其次为 45～49 岁组。

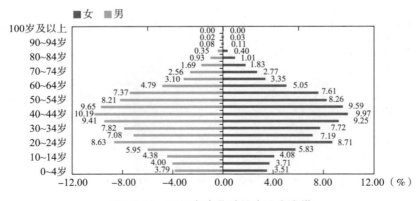

图 1-16　2010 年东北地区人口金字塔

由于现在人口的性别年龄构成是过去几十年甚至上百年人口过程的结果，制约人口过程的决定性因素又是社会经济因素，所以金字塔图也就忠实地记录了过去几十年甚至上百年人口发展变化，同时在一定程度上反映了社会经济的历史变迁过程。现在的人口性别年龄构成是未来人口过程的基础，所以从人口金字塔还可以看出未来人口的发展趋势。①

三　人口的民族结构

东北地区是个由多个民族组成的移民地区，将东北地区作为一个整体，则占总人口比例最高的少数民族为满族，占总人口的百分比为 6.35%；其次是朝鲜族，占总人口的百分比为 1.47%；再次为蒙古族和回族，各自占总人口的百分比为 0.85% 和 0.43%。东北三省的民族构成各不相同，辽宁省少数民族中人口比例最高的是满族，占总人口的比重为 12.20%；其次是蒙古族，所占人口比重为 1.50%；再次是回族和朝鲜族，各自占 0.56% 和 0.55%。从少数民族中人口所占的百分比数值上看，辽宁省的满族人口比重是比较高的，因此区域文化受满族文化的影响也会比较大。吉林省人口中少数民族所占比例最高的是朝鲜族，占总人口的比重为 3.79%；其次是满族，占总人口的3.16%；再次是蒙古族和回族，各自占 0.53% 和 0.43%。黑龙江省少数民族人口按所占比重进行排序，靠前的几个少数民族与东北地区整体少数民族的排序位次是一致的，比例最高的少数民族是满族，其次是朝鲜族，再次是蒙古族，只是数值上均小于将东北地区作为整体的各民族人口所占百分比（见表1-7）。

表 1-7　2010 年东北地区人口民族构成

单位：%

序号	东北地区		辽宁		吉林		黑龙江	
	民族	百分比	民族	百分比	民族	百分比	民族	百分比
1	汉族	90.68	汉族	84.81	汉族	92.04	汉族	96.41
2	满族	6.35	满族	12.20	朝鲜族	3.79	满族	1.95
3	朝鲜族	1.47	蒙古族	1.50	满族	3.16	朝鲜族	0.86
4	蒙古族	0.85	回族	0.56	蒙古族	0.53	蒙古族	0.33

① 温勇，尹勤. 人口统计学 [M]. 东南大学出版社，2006.

序号	东北地区		辽宁		吉林		黑龙江	
	民族	百分比	民族	百分比	民族	百分比	民族	百分比
5	回族	0.43	朝鲜族	0.55	回族	0.43	回族	0.27
6	锡伯族	0.13	锡伯族	0.30	锡伯族	0.01	达斡尔族	0.11
7	达斡尔族	0.04	土家族	0.01	壮族	0.01	锡伯族	0.02
8	土家族	0.01	壮族	0.01	土家族	0.01	鄂伦春族	0.01
9	苗族	0.01	苗族	0.01	苗族	0.01	赫哲族	0.01
10	壮族	0.01	维吾尔族	0.00	维吾尔族	0.00	鄂温克族	0.01
11	鄂伦春族	0.00	藏族	0.00	藏族	0.00	苗族	0.01
12	赫哲族	0.00	达斡尔族	0.00	达斡尔族	0.00	土家族	0.01
13	维吾尔族	0.00	黎族	0.00	彝族	0.00	壮族	0.01

资料来源：根据中华人民共和国国家统计局网站（http://data. stats. gov. cn／）数据计算。

东北地区的民族成分复杂又有大规模的跨境民族，但东北地区的各民族之间能够和平共处，民族关系和谐而稳定。东北是满族的发祥地，清初吉林、黑龙江地区，就形成了以满族为主，以蒙古族及少量的鄂伦春、赫哲等民族为辅的局面。清初满族入关和其后关内汉族人民的陆续迁入，是改变东北地区民族构成的关键，而后者的影响尤其巨大。[1] 东北跨境民族主要包括朝鲜族、蒙古族、赫哲族、鄂伦春族、鄂温克族、俄罗斯族等民族，他们作为东北边疆地区的世居民族，与朝鲜、韩国、蒙古、俄罗斯等国的同一民族毗邻而居。[2] 其中朝鲜族是区域自治的，其自治地方指吉林东部边疆地带的延边朝鲜族自治州和长白朝鲜族自治县。生活在这里的自治民族朝鲜族，在中华民族形成发展史中虽是较年轻的民族，地理上又邻近自己的迁出地——朝鲜半岛，但自迁入以来，与当地各民族的关系基本上是和睦相处的。[3] 在长期的共同生活中，彼此相互交往交流交融，推动了本民族文化的发展变迁，使之成为建构具有东北特色地域文化的重要组成部分。

---

[1] 孙东虎. 清代以来东北地区民族构成及地名的变迁 [J]. 社会科学战线, 1998 (5).
[2] 朴婷姬, 李瑛. 东北跨境民族的文化变迁与传承保护 [J]. 黑龙江民族丛刊, 2016 (6).
[3] 刘智文. 中国东北朝鲜族地方自治民族和睦的成因初探 [J]. 黑龙江民族丛刊, 2001 (2).

多民族的融和、多元文化的共生，形成了东北地域文化具有较强的兼容性、包容性、开放性的显著特征。[①]

第三节　小结

第一，从统计数据上看，1990～2016 年，东北地区的总人口呈现先升后降的变化规律，城镇人口总量总体上逐年增加但增幅逐渐减小，而乡村人口则总体上逐年减少。2000～2013 年，东北地区人口每年增加值对全国人口每年增加值的贡献率逐渐降低，至 2014 年东北地区人口增加值为零，之后呈现负增长状态，而同期的全国人口数依然每年增加。东北三省的人口数量年增加值的变化规律大体一致，均是随着时间推移增量从正值逐渐变为负值，并且这种减少的幅度还有增大的趋势，东北地区人口已经进入了负增长阶段。分城乡对东北地区人口占全国人口的比重进行考察，东北地区城镇人口占全国城镇人口的百分比总体上逐年下降，而东北地区乡村人口占全国乡村人口的百分比却总体上逐年上升，两者相互抵消后的结果是东北地区总人口占全国总人口的百分比总体上逐年下降。

第二，从 2000 年到 2015 年，全国平均水平的总人口家庭规模明显高于东北地区的三个省份，而东北三省中，吉林省的总人口家庭规模又明显地高于其他两个省份的总人口家庭规模。就城市人口家庭规模而言，从 2010 年开始东北三省均小于全国城市人口平均家庭规模。就镇人口家庭规模而言，2000～2015 年全国与东北三省镇人口家庭规模的排序始终为：全国平均水平最大，辽宁省次之，吉林省再次之，黑龙江省最小。就乡村人口家庭规模而言，从 2010 年开始吉林省乡村人口家庭规模便超过了全国乡村人口家庭规模平均水平，且与全国平均水平之间的数值差距逐渐拉大。

第三，与全国平均水平相比，东北地区人口文化素质总体更高，文盲率总体更低，无论是男性人口还是女性人口，东北三省的文盲率均低于全国平均水平。按照文盲人口占 15 岁及以上人口的比重对我国 31 个地区的文

---

① 陈海玲. 促进东北地区少数民族文化交融发展研究 ［J］. 满族研究，2015（4）.

盲率从高到低进行排序，2015 年，辽宁、吉林、黑龙江三省在我国 31 个地区中，排序分别为全国倒数第 2 位、倒数第 4 位和倒数第 5 位。而分性别进行考察，女性文盲人口所占比重排序更为靠后，辽宁省女性文盲人口比重全国倒数第 1，吉林省和黑龙江省分别排在倒数第 4 位和倒数第 5 位，东北地区文盲人口所占的比重与全国其他地区相比明显更低。从 2015 年全国与东北三省人口受教育水平对比来看，在未上过学和小学部分，全国平均水平明显高于东北三省，从初中部分开始一直到研究生阶段，再没有全国平均水平高于东北地区三个省份的情况出现，说明东北地区人口受教育水平相对更高。

第四，根据第六次人口普查数据，绘制东北三省和东北地区作为整体的分性别的人口年龄结构图，即人口金字塔。可见东北地区人口年龄结构呈现明显的中间大两头小的形态，表现出在较小的时间跨度里，东北地区人口从增长型迅速转变为缩减型。从人口金字塔上可以看出，20～24 岁年龄组人口比重明显大于上下相邻年龄组，进一步分析可以发现，这一年龄组的出生年份恰好对应了 1986～1990 年的人口出生小高峰期，即由 20 世纪 60 年代初"第二次人口生育高峰"中出生的人口，陆续进入生育年龄导致的人口出生高峰期。总体而言，东北地区的人口结构特征为：少年儿童人口比例明显偏小，劳动年龄人口比例明显偏高，男性人口与女性人口的年龄结构百分比分布不同，但总体规律一致，短期内人口负担较轻，而未来人口总体规模会明显缩减。

第五，东北地区是个由多民族组成的移民地区，将东北地区作为一个整体，占总人口比例最高的少数民族为满族，占总人口的百分比为 6.35%，其次是朝鲜族，占总人口的百分比为 1.47%，再次为蒙古族和回族，各自占总人口的百分比为 0.85% 和 0.43%。东北三省的民族构成各不相同，辽宁省和黑龙江省的少数民族中人口比例最高的是满族，分别占该省总人口的 12.20% 和 1.95%，吉林省少数民族中人口所占比例最高的是朝鲜族，占总人口比重为 3.79%。东北地区的民族成分复杂又有大规模的跨境民族，但东北地区的各民族之间能够和平共处，民族关系和谐而稳定。多民族的融和、多元文化的共生，形成了东北地域文化具有较强的兼容性、包容性、开放性的显著特征。

第二章　东北地区人口生育水平

东北地区的人口出生率始终明显低于全国平均水平，是低生育率国家中生育率最低的极低生育率地区。近年来，这种极低生育率的形成原因和带来的影响不仅引起科研工作者的重视，也引起了各新闻媒体的关注，成为热点研究方向之一。

第一节　人口生育水平现状

从不同角度、针对不同的对象，反映人口生育水平的指标有多个，每种指标均有各自的用途和局限。各种指标之间既相互区别又相互补充，但不能任意相互替代。

一　人口出生率现状

表示生育水平最粗的一个指标是出生率，是把某一年的出生人数与总人口相比，粗略地反映一个国家或地区的生育水平，相当于全年每一千人中出生几人。这个指标消除了人口规模对出生人数的影响，从而可用来进行国家或地区之间以及各年之间的对比，但是还受到人口性别年龄结构的影响。①

---

① 查瑞传. 必须正确理解和运用总和生育率指标［J］. 人口与经济，1983（5）.

出生率（又称粗出生率）指在一定时期内（通常为一年）一定地区的出生人数与同期内平均人数（或期中人数）之比，用千分率表示。本书中的出生率指年出生率，其计算公式为[①]：

$$出生率 = \frac{年出生人数}{年平均人数} \times 1000‰$$

1990 年，辽宁省、吉林省、黑龙江省的人口出生率分别为 16.30‰、19.49‰、18.11‰，均明显低于全国平均水平 21.06‰；2016 年，辽宁省、吉林省、黑龙江省的人口出生率分别降为 6.60‰、6.60‰和 6.12‰，依然明显低于同期的全国平均水平 12.95‰（见表 2－1）。

表 2－1　1990～2016 年全国及东北三省人口出生率

单位：‰

年份	辽宁省	吉林省	黑龙江省	全国
1990	16.30	19.49	18.11	21.06
2000	10.70	9.53	9.43	14.03
2006	6.40	7.67	7.57	12.09
2007	6.89	7.55	7.88	12.10
2008	6.32	6.65	7.91	12.14
2009	6.06	6.69	7.48	11.95
2010	6.68	7.91	7.35	11.90
2011	5.71	6.53	6.99	11.93
2012	6.15	5.73	7.30	12.10
2013	6.09	5.36	6.86	12.08
2014	6.49	6.62	7.37	12.37
2015	6.17	5.87	6.00	12.07
2016	6.60	6.60	6.12	12.95

资料来源：2000～2015 年数据来自中华人民共和国国家统计局网站（http://data.stats.gov.cn/）；2016 年数据来自各省的《2016 年国民经济和社会发展统计公报》；1990 年数据来自《中国统计年鉴 1991》。

---

① 定义来自中华人民共和国国家统计局网站（http://data.stats.gov.cn/）的统计指标解释。

纵观东北三省和全国人口出生率的变化，可见从 1990 年到 2016 年，东北三省的人口出生率始终都是明显低于全国平均水平的。东北三省的人口出生率变化特征相似度较高，对比三省的人口出生率，则黑龙江省人口出生率在三省中整体最高、吉林省略低于黑龙江省，而辽宁省的人口出生率整体上在三省中最低（见图 2 - 1）。

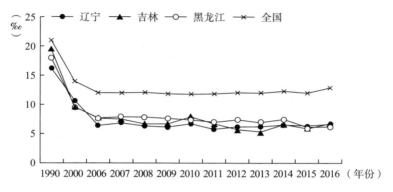

图 2 - 1　1990 ~ 2016 年全国与东北三省人口出生率变化对比

进一步考察东北地区人口出生率在全国各地区中的排序，按照历年人口出生率从低到高的顺序进行排列，可见近年来东北地区的人口出生率始终处于全国最低的位置。2011 年，东北三省人口出生率分别为全国第 1、第 2、第 4 低；2012 ~ 2014 年，东北三省人口出生率均为全国人口出生率最低的前 3 名；2015 年，天津市人口出生率降低为 5.84‰，成为全国人口出生率最低的地区，东北三省则分别排在第 2、第 3 和第 4（见表 2 - 2）。2016 年，东北三省的人口出生率分别为 6.60‰、6.60‰ 和 6.12‰，而天津市常住人口出生率为 7.37‰，东北三省的人口出生率又低于了天津市的人口出生率。① 需要指出的是，直辖市作为城市，理论上与省级行政单位东北三省人口出生率是不具备直接可比性的，但东北地区人口出生率依然低于各直辖市，可见东北地区的人口出生率逐渐降低的程度。

---

①　数据来源为各地区的《2016 年国民经济和社会发展统计公报》。

表 2－2　2011～2015 年我国 31 个地区人口出生率排序

单位：‰

序号	2011 年		2012 年		2013 年		2014 年		2015 年	
	地区	人口出生率	地区	人口出生率	地区	人口出生率	地区	人口出生率	地区	人口出生率
1	辽宁	5.71	吉林	5.73	吉林	5.36	辽宁	6.49	天津	5.84
2	吉林	6.53	辽宁	6.15	辽宁	6.09	吉林	6.62	吉林	5.87
3	上海	6.97	黑龙江	7.30	黑龙江	6.86	黑龙江	7.37	黑龙江	6.00
4	黑龙江	6.99	天津	8.75	上海	8.18	天津	8.19	辽宁	6.17
5	北京	8.29	北京	9.05	天津	8.28	上海	8.35	上海	7.52
6	天津	8.58	内蒙古	9.17	北京	8.93	内蒙古	9.31	内蒙古	7.72
7	内蒙古	8.94	江苏	9.44	内蒙古	8.98	江苏	9.45	北京	7.96
8	浙江	9.47	上海	9.56	江苏	9.44	北京	9.75	江苏	9.05
9	江苏	9.59	四川	9.89	四川	9.90	陕西	10.13	山西	9.98
10	陕西	9.75	浙江	10.12	浙江	10.01	四川	10.22	陕西	10.10
11	四川	9.79	陕西	10.12	陕西	10.01	浙江	10.51	四川	10.30
12	重庆	9.88	山西	10.70	重庆	10.37	重庆	10.67	浙江	10.52
13	湖北	10.39	重庆	10.86	广东	10.71	广东	10.80	湖北	10.74
14	广东	10.45	湖北	11.00	山西	10.81	山西	10.92	重庆	11.05
15	山西	10.47	广东	11.60	湖北	11.08	湖北	11.86	广东	11.12
16	福建	11.41	河南	11.87	山东	11.41	甘肃	12.21	河北	11.35
17	山东	11.50	山东	11.90	甘肃	12.16	云南	12.65	甘肃	12.36
18	河南	11.56	甘肃	12.11	福建	12.20	河南	12.80	山东	12.55
19	甘肃	12.08	云南	12.63	河南	12.27	安徽	12.86	宁夏	12.62
20	安徽	12.23	福建	12.74	云南	12.60	贵州	12.98	河南	12.70
21	云南	12.71	河北	12.88	安徽	12.88	宁夏	13.10	云南	12.88
22	河北	13.02	安徽	13.00	河北	13.04	河北	13.18	安徽	12.92
23	贵州	13.31	宁夏	13.26	贵州	13.05	江西	13.24	贵州	13.00
24	湖南	13.35	贵州	13.27	宁夏	13.12	湖南	13.52	江西	13.20
25	江西	13.48	江西	13.46	江西	13.19	福建	13.70	湖南	13.58
26	宁夏	13.65	湖南	13.58	湖南	13.50	广西	14.07	福建	13.90
27	广西	13.71	广西	14.20	青海	14.16	山东	14.23	广西	14.05

序号	2011 年		2012 年		2013 年		2014 年		2015 年	
	地区	人口出生率	地区	人口出生率	地区	人口出生率	地区	人口出生率	地区	人口出生率
28	青海	14.43	青海	14.30	广西	14.28	海南	14.56	海南	14.57
29	海南	14.72	海南	14.66	海南	14.59	青海	14.67	青海	14.72
30	新疆	14.99	新疆	15.32	西藏	15.77	西藏	15.76	新疆	15.59
31	西藏	15.39	西藏	15.48	新疆	15.84	新疆	16.44	西藏	15.75

资料来源：根据中华人民共和国国家统计局网站（http://data.stats.gov.cn/）数据计算。

二 总和生育率现状

总和生育率是指假定某一年龄队列的妇女按照当前（通常为某一年）的生育模式和生育水平度过整个育龄期，并且在其间无一死亡（即都能活到育龄期结束），平均每名（或每千名）妇女生育的孩子数。总和生育率是一个标准化的生育率度量指标，它消除了育龄妇女年龄结构的影响，但并不反映任何一个妇女年龄队列度过生育期的实际生育水平，反映的只是一个假定妇女年龄队列的生育经历，并且也没有考虑妇女在育龄期内的死亡情况。由于总和生育率指标的特殊含义和作用，加之计算简单、表达直观、含义明确，它得到了非常广泛的应用。[①]

总和生育率是反映生育水平的重要指标，它反映出如果一批育龄妇女按照某时间的分年龄生育率来进行生育的话，将生育多少个孩子。这个指标既可以用于不同人口之间的对比，也可以用于同一人口在不同年份的对比。更重要的是，总和生育率还能够反映出当前这种生育水平对人口长期发展的影响。[②] 总和生育率是一个衡量妇女生育水平的综合指标，其计算的基本方法是将某年某地的育龄妇女各年龄别（通常为 15 ~ 49 岁）生育率相加而得的合计值。在统计时期长度为 1 年，年龄分组组距为 1 岁的情况下，

---

① 高文力，梁颖. 试论时期总和生育率、终身生育率与政策生育率的关系 [J]. 人口学刊，2012（1）.

② 郭志刚. 中国的低生育率与被忽略的人口风险 [J]. 国际经济评论，2010（6）.

总和生育率等于年龄别生育率之和:

$$TFR_k = \sum_{x=15}^{49} f_k(x)$$

这里 k 表示年份;$f_k(x)$ 是 k 年 x 岁育龄妇女的生育率,$f_k(x) = B_k(x)/W_k(x)$,其中 $W_k(x)$、$B_k(x)$ 分别是 k 年 x 岁育龄妇女的人数及其生育的婴儿数。如果将育龄妇女按年龄进行等距分组统计,则计算总和生育率时要将各组生育率先乘以组距数再相加。[①]

随着生育率转变的全球化,国际学术界出现了对低生育水平的进一步分类:当总和生育率降到更替水平以下时,称作低生育率;当总和生育率进一步下降到 1.5 以下时,称作很低生育率;而当总和生育率降到 1.3 以下时,称作最低或极低生育率。[②]

在不探讨长期以来政府部门与调查数据之间对总和生育率认定数值不相同的前提下,本书仅利用未做调整的人口普查数据进行分析。由表 2 - 3 可见,2000 年我国的总和生育率为 1.22,到 2010 年进一步下降为 1.18,按照国际标准一直处于极低生育率水平。利用第五次人口普查和第六次人口普查所得的分地区总和生育率,对我国 31 个地区的总和生育率从低到高进行排序,可以看到我国的总和生育率地区差异十分明显。

表 2 - 3　第五、第六次人口普查我国各地区总和生育率排序

序号	2000 年		2010 年	
	地区	总和生育率	地区	总和生育率
1	北京市	0.67	北京市	0.71
2	上海市	0.68	黑龙江省	0.74
3	吉林省	0.84	上海市	0.74
4	天津市	0.88	吉林省	0.75
5	黑龙江省	0.88	辽宁省	0.76
6	广东省	0.94	西藏自治区	0.91

① 张青. 总和生育率的测算及分析 [J]. 中国人口科学, 2006 (4).

② 杨菊华, 陈卫. 中国离极低生育率还有多远? [J]. 人口研究, 2008 (3).

续表

序号	2000 年		2010 年	
	地区	总和生育率	地区	总和生育率
7	江苏省	0.97	内蒙古自治区	1.02
8	辽宁省	0.98	天津市	1.05
9	福建省	1.03	陕西省	1.05
10	浙江省	1.04	浙江省	1.05
11	湖北省	1.06	四川省	1.06
12	内蒙古自治区	1.09	山西省	1.07
13	陕西省	1.13	江苏省	1.08
14	山东省	1.16	山东省	1.10
15	四川省	1.23	福建省	1.12
16	重庆市	1.26	河南省	1.16
17	湖南省	1.27	甘肃省	1.17
18	河北省	1.29	河北省	1.28
19	甘肃省	1.32	广东省	1.30
20	安徽省	1.33	江西省	1.31
21	河南省	1.44	青海省	1.34
22	山西省	1.44	云南省	1.36
23	新疆维吾尔自治区	1.52	重庆市	1.37
24	海南省	1.54	湖南省	1.39
25	广西壮族自治区	1.54	湖北省	1.41
26	青海省	1.54	宁夏回族自治区	1.42
27	江西省	1.60	安徽省	1.48
28	宁夏回族自治区	1.69	新疆维吾尔自治区	1.51
29	云南省	1.81	海南省	1.53
30	西藏自治区	1.85	贵州省	1.75
31	贵州省	2.19	广西壮族自治区	1.79
	全国	1.22	全国	1.18

资料来源：根据中华人民共和国国家统计局网站（http://data.stats.gov.cn/）普查数据计算。

2000 年，全国总和生育率最高的地区是贵州省，总和生育率为 2.19；东北三省分别为吉林省总和生育率 0.84、黑龙江省总和生育率 0.88、辽宁省总和生育率 0.98，均不及贵州省总和生育率的 1/2，在我国 31 个地区中排名分别为第 3 位、第 5 位、第 8 位。2010 年，全国总和生育率最高的地区是广西壮族自治区，总和生育率为 1.79；东北三省总和生育率分别为黑龙江省总和生育率 0.74、吉林省总和生育率 0.75、辽宁省总和生育率 0.76，依然不及排行第一位的广西壮族自治区的总和生育率的 1/2，在我国 31 个地区中排名分别为第 2 位、第 4 位、第 5 位（见表 2 - 3）。参照前文国际划分标准，东北三省的总和生育率长期以来均低于 1，属于极低生育率，而且东北三省的低生育率水平在全国各省中属于最低的位次，仅比北京、上海两个直辖市略高，而北京市和上海市是两个城市，理论上无法与各省总人口生育率进行直接对比。

理论上，低生育率是人口转变、人口生育率转变的必然结果，低生育阶段也是人口转变的必经阶段，是社会经济发展的必然结果和趋势。毋庸置疑的是，我国早已进入低生育率阶段，低生育率带来的总人口数量增速放缓在我国资源有限、环境压力日益明显的客观条件下，对我国的社会进步和经济发展必然是有巨大的促进作用的。但是，随着低生育率甚至是极低生育率阶段的到来，人口生育水平过低的负面影响也会逐渐凸显，关于极低生育率的探讨及低生育陷阱的讨论也越来越引起关注。

在全国低生育率带来越来越大影响的背景下，东北地区连续多年低于 1.0 的极低总和生育率理应引起更多的关注。连续多年的极低生育率，加之东北经济增速放缓、人口对外净流出，区域内已经呈现连续几年的人口负增长状态。东北地区的经济问题和人口问题不仅引起了相关领域内专家学者的关注，同时还引发了各大媒体和自媒体的关注，而形成目前这种状况的原因及其引发的影响均值得深入探讨和研究。

第二节　低生育水平产生的原因及其影响

中国东北地区是低生育率国家中生育率最低的极低生育率地区，这种极低生育率的形成原因与西方国家性质不同，与中国其他地区也有着明显的区别。就全国而言，低生育率的形成首要原因是计划生育的一孩政策，其次是生活方式的改变、生育成本的升高、传统生育观念的淡化、育龄妇女受教育水平的提高和职业结构的改变等。另外，对生育带来的婚姻风险、生活和工作风险的预估，均会对育龄夫妇的生育意愿和生育行为造成影响，降低他们的生育意愿。可以说，最初的生育率降低是在计划生育政策下形成的，而随着时间的推移，生育率的进一步降低则很大程度上是由育龄夫妇的生育意愿真实降低造成的。

一　低生育水平产生的原因分析

中国东北地区在区域文化、经济发展等方面均有着鲜明的区域特征，而正是这些鲜明的区域特征使得这一地区在全国低生育率的大背景下，成为生育率全国最低的地区。

（一）国有经济比重大，计划生育政策推行力度大

东北作为传统的老工业基地和"共和国长子"，区域内国有经济所占比例过重，工业化早、程度高，计划经济比重大，计划生育政策推行力度大。遍布东北三省的大型国企，给大批国有企业员工带来了"体制庇护"，也带来更加严格的生育管制。长期过重的国有经济比例除了降低了区域内经济活力，成为经济进一步发展的严重障碍外，还对区域内的生活方式、家庭结构、婚恋观念、生育意愿、区域文化等均形成了巨大的影响。

在市场经济体制下，一般企业不必承担过多的社会职能，但受计划经济影响的东北地区国有企业，尤其是东北地区内较为密集的资源型国有企业则要承担较多的社会职能。很多规模较大的国有企业既有交通、水暖、住房等后勤服务，又有幼儿园、医院等机构，企业能够解决职工从住房到生育及生病等一系列重大问题。大型的国有企业在区域内形成明显的独立小团体，国有企事业单位的员工对企业的归属感非常强，而单位也对职工全方位管理和负责。国有企业和事业单位的员工信任所在单位，具有很大的安全感，也服从单位对自己的管理，对更换工作单位具有很大的排斥性，对失去原有的工作也难以接受。

以政府机关、事业单位、国有企业为主的"体制内"人群对单位的认

同和依赖，使其主观幸福感与"体制庇护"相关联，从而轻易不愿放弃这种体制庇护带来的安全感。计划生育政策对体制内人群的约束性更强，惩罚也更为严厉。一旦违反计生政策，除了面临经济上的惩罚外，体制内人群自身的职业生涯和政治前途还可能受到危及。因此，体制内工作人员违反计划生育政策的成本更高，他们的超生行为也更谨慎。[①] 在这种情况下，计划生育政策在东北地区的推进就顺利得多，国有企事业单位员工的生育问题直接与工作前途挂钩，导致绝大多数的体制内人员不会选择违反计划生育政策。

另外，中国传统生育观念中对生育数量的追求往往是受了"养儿防老"思想的影响，而体制内人群对国家和单位的信任，"体制庇护"带来的安全感，使这部分人口"养儿防老"的观念也相对淡薄，没有儿子甚至无儿无女也没有太大的危机感，认为一切有单位、有国家。在这种思想的基础上，对计划生育政策的接受度也比较高，不仅认为在客观上为了事业和前途不可以超生，而且在某种程度上也认为应该从主观上响应国家号召，少生优生。应该说，东北地区的人口由于种种历史、民族等原因，在整体性格上有着粗犷、豪放的一面，但与此同时，这一区域内的人口往往又是最容易牺牲个人主观好恶，响应国家号召，听从国家政策管理的。

（二）城市化水平高

利用 2000 年和 2010 年的普查资料长表数据和 2015 年的 1% 抽样调查数据，考察东北地区分城乡的出生率。总体上，普查数据显示的无论是全国、东北地区作为整体的数据还是分省数据，出生率数值均是乡村 > 镇 > 城市（黑龙江省 2010 年数据除外）。而按照 2015 年的 1% 抽样调查数据，则全国为镇 > 乡村 > 城市，而东北地区则为镇 > 城市 > 乡村（见表 2 - 4）。整体上，人口出生率的城乡差异是十分明显的。

表 2 - 4　2000～2015 年全国、东北地区和东北三省分城乡人口出生率

单位：‰

地区	2000 年			2010 年			2015 年		
	城市	镇	乡村	城市	镇	乡村	城市	镇	乡村
全国	8.41	9.97	10.61	8.31	9.13	10.03	7.71	8.65	8.36
辽宁省	6.36	8.31	9.01	5.02	5.07	6.38	4.43	4.74	4.09
吉林省	6.28	7.07	7.42	4.94	5.40	7.21	5.51	5.24	3.90
黑龙江省	6.37	7.60	8.06	5.48	5.14	6.88	3.02	4.68	3.42
东北地区	6.35	7.69	8.27	5.14	5.19	6.78	4.21	4.86	3.79

资料来源：根据中华人民共和国国家统计局网站（http://data.stats.gov.cn/）普查数据计算；2015 年人口 1% 抽样调查资料。

　　城市化的推进降低了孩子的效用而增加了孩子的成本，导致人们的主观生育率下降。市场经济条件下生育的成本和效用的权衡，将使从生育中收益较小的家庭降低生育率。[1] 通常情况下，生育率与城市化率之间往往是负相关关系，妇女总和生育率随城市化水平的提高而逐步降低。[2] 城市化率越高的地区，生育率往往就会越低。东北曾经是我国工业化与人口城市化发展速度较快的地区之一，在改革开放后城市化速度放缓[3]，在相当长一段时间内东北地区的城市化速度和城市化水平都是具有明显优势的，较高的城市化水平也在客观上起到了降低生育率的作用。目前，与全国城市化滞后于工业化的情况不同，东北地区人口城市化水平高于工业化水平，属于超前城市化。[4]

　　城市化发展对生育率的抑制是通过多方面直接或者间接实现的。城市化水平的提高，提高了育龄夫妇的受教育程度和育龄妇女的就业率，而育龄妇女文化水平提高和就业率的提高都会明显降低生育意愿。城市化水平提高，增加了城市住宅的需求，而且城市的居住方式与农村有着巨大的不

①　吴志能，冯家斌 . 基于主观生育率决定模型看城市化对生育率的影响 [J]. 时代经贸，2007（10）.
②　尹文耀，于秀媛 . 论城市化与边际妇女总和生育率 [J]. 人口学刊，1990（4）.
③　景跃军 . 东北地区人口城市化问题与对策研究 [J]. 吉林大学社会科学学报，2005（4）.
④　李辉 . 东北地区人口城市化水平的特殊性分析 [J]. 人口学刊，2008（2）.

同，子女数量的增加对住宅面积、住宅位置均提出较高要求，增加了生育成本，经济压力的增加也会对生育意愿起到抑制作用。城市的生活方式与农村的生活方式有着很大的不同，人口城市化不仅是农业人口向城市的转移，而且是农村人口市民化的过程，在这一过程中农业转移人口需要适应城市生活，融入城市社会，这也是对生活品质要求不断提高的过程。而对生活品质要求的提升，在原本经济条件并不优越的情况下，客观上必然造成对生育子女数量的抑制，起到降低生育率的作用。

（三）生育成本过高

生育成本不仅包括经济成本，还包括时间成本、社交成本甚至是政治成本等。随着生活水平和受教育水平的提高，优生优育的观念深入人心，而生育子女的成本则节节攀升。生育子女的成本逐年升高，一个新生命的成本投入基本从备孕就开始了，整个成本投入从孕期一直持续到子女成年，从中国目前的代际关系看，这种对子女的经济和时间投入甚至可能持续到子女的下一代成长起来。东北地区人口的整体受教育水平较高，对优生优育的追求也更为强烈，一个孩子的培养不仅仅是衣食住行，教育始终更是重中之重。按照现阶段东北地区普遍采用的教育方式，一个子女的教育过程中不仅要包括各项正常的学费支出，还包括择校费、各种课程辅导班费用、兴趣班费用等，另外在为了孩子的教育不遗余力的整体区域氛围下，经济支出还包含很多的灰色支出和隐性支出。

随着经济发展，生活习惯在不停地转变。随着城市越来越繁华，城市环境也越来越复杂，每天接送就读的子女上学和放学已经成了家长的固定工作。这种每日固定的接送，一方面给父母经济和时间上增加了很大压力，另一方面还影响了正常工作，降低了整体的工作效率。边工作边照顾孩子在很多方面变得很不现实，于是隔代人照顾孩子成了一个特别常见的现象，也就是生育子女需要付出巨大成本的不仅仅是育龄夫妇，还包括育龄夫妇的父母。除了正常上学的接送，绝大多数学龄儿童都要参加各种各样的课外辅导班，同样需要接送，甚至有的辅导班还要求家长全程陪同上课。这种情况下，除了课外辅导班的学费支出外，有时间的家长（包括隔代家长）

就要增加时间上的支出，而没有时间的家长就要增加经济支出，支付他人接送甚至陪同子女上课的费用。

按照现阶段区域内总体的培养模式，培养一个孩子需要父母巨大的经济投入、精力投入和时间投入。而这些投入往往要以牺牲必要的社交，降低正常的工作效率，甚至损耗健康和降低育龄夫妇正常的生活品质为代价。在各种压力下，培养子女也会给婚姻带来很多新的矛盾，对婚姻质量带来负面影响。这种成本的巨大投入，在生育一孩的时候对生育意愿的影响，远不及对二孩生育意愿的影响。对于相当大比例的家庭而言，生育一孩是必要的，不需要做成本效益分析，而生育二孩是可以选择的，所以生育成本的节节攀高对二孩生育意愿的影响更大。近年来，东北地区的经济发展速度降低，城乡居民收入水平不高，但子女的生育和培养成本却很高，这种高成本的预期，有效降低了二孩的生育意愿和生育率，从总体上降低了区域内生育数量。

（四）传统生育文化在区域内影响力低

东北原是满族聚居地，近代以来，国际、国内的移民大规模进入东北。在朝鲜、日本向中国东北地区大规模移民的同时，俄罗斯、蒙古等东北亚国家向中国东北的小规模移民，也对当地的经济文化发展产生了重要影响。无论是日本的移民侵略，朝鲜、俄罗斯、蒙古向东北地区的移民，还是国内人口的"闯关东"，各种移民行为的结果，使得东北地区的人口与社会结构、文化特征均因此被彻底改变。形成了不同于中原农耕社会的独特结构方式，东北的农耕社会是自南而北地嵌入的，嵌入的方式又是分散的、自发的。东北的农耕社会是在游牧渔猎社会的包围下逐渐形成的，在许多方面受到游牧渔猎社会的影响。①

持续数百年的人口迁移，使东北地区成为一个多民族的移民聚居区，各种文化的碰撞、融合最终形成了东北地区以多元性、兼容性、包容性、开放性为特征的移民文化。向东北地区的人口迁移最初是以个人或者核心

---

① 邴正．振兴东北与振兴东北文化［J］．社会科学战线，2004（5）.

家庭的方式进行的，而非整个家族的迁移。与迁入地文化的融合，与来自不同地区和不同民族人口的混居，最终使东北地区的血缘关系和家族统治比中原地区要薄弱得多。这种社会结构特点使东北人的家族、血缘观念淡化，受传统的束缚较轻①，家族性弱化、人际关系松散。在这种家族观念淡漠的背景下，传统生育文化在区域内影响力低，无论是"多子多福"的观念还是"重男轻女"的观念都较淡。因此，为了生育儿子而生育多胎的比例就会降低，计划生育政策推行起来的阻力相对于中原地区较小，生育率的低下在很大程度上是生育意愿不高的结果。全面放开二孩政策对生育率的提升作用也比较小。

（五）育龄夫妇受教育水平高

与全国平均水平相比，东北地区人口文化素质总体更高，无论是男性人口还是女性人口，东北三省的文盲率均是低于全国平均水平的。在未上过学和小学阶段，全国女性人口所占比例明显高于东北地区的三个省份，而从初中阶段开始，在不同受教育水平上东北地区全部或个别省份女性人口的比例高于全国平均水平，也就是说在相对较高的受教育水平上，东北地区女性人口的比例相对更高，即东北地区女性人口受教育水平明显高于全国。

育龄夫妇的受教育水平，尤其是育龄妇女的受教育水平对生育意愿的影响显著。受教育水平对生育率的影响通过多种方式实现，既包括直接影响主观生育意愿，也包括受教育年限的延长和相应职业结构的改变导致客观上生育时间的推迟和生育率的降低。受教育水平的提高对生育率的影响是全国性的，城市化、教育等社会经济因素的发展使低生育意愿人群有不断增加的趋势，并且主要集中于城镇地区、较低年龄和较高学历人群。② 东北地区育龄夫妇，尤其是育龄妇女明显更高的受教育水平，使东北地区人口受教育水平对生育率的影响也较全国平均水平更为明显，一定程度上促进了区域内整体更低的生育意愿和相应的整体更低生育率的产生。

---

① 范立君. 近代东北移民与社会变迁（1860－1931）［D］. 浙江大学，2005.

② 王军，王广州. 中国育龄人群的生育意愿及其影响估计［J］. 中国人口科学，2013（4）.

（六）育龄人口流动性大

流动妇女在生育高峰期的年龄别生育率十分显著地低于非流动妇女，这反映出处于流动状态会有效地抑制当前的生育。[①] 流动人口的生育意愿较农村居民发生了很大的改变，这体现在意愿生育数量的下降、生育时间的推后和生育动机的现代化转变。[②] 虽然，很多时候人口流动是一种临时状态，随着在新居所逐渐适应和各方面条件的改善，又或者结束流动返回流出地，这种人口流动对生育率的抑制可以得到一定程度的补偿。但总体而言，人口流动在全国层面及至农业户籍人口层面上都存在着降低生育率的显著影响，因此可以肯定人口流动的确是降低生育率的重要因素之一。[③]

大多数研究认为农村人口向城镇的流动引起流动人口生育观念与行为的变化，流动人口的生育意愿和生育行为体现出这样几个转变：生育数量下降、生育时间推迟、生育目的趋向现代化，但生育性别偏好仍较为明显。[④] 东北地区是一个人口迁移流动非常活跃的区域，既有向内流入又有向外流出。整体上，东北地区作为人口净迁出地区，人口流动性强，且迁入人口男性较多，迁出人口女性较多，这种迁移流动又对区域内人口性别结构造成了影响。无论是对外迁出还是对内迁入，人口迁移流动本身均对这部分人口的生育意愿和生育行为产生了客观的抑制作用。

二 低生育水平的影响分析

人口问题在时间上往往具有一定的滞后性与长周期性。在超低生育率初期，除了收获因此带来的种种好处——"人口红利"外，往往不易察觉到相关问题的出现。这是比较自然的，因为初期的超低生育率对社会经济发展的影响是以正面形式出现的。但随着时间的推移，超低生育率所隐含的某些问题逐渐显露出来。[⑤] 东北地区极低生育率的影响重要而深远，既有

---

① 郭志刚. 流动人口对当前生育水平的影响 [J]. 人口研究，2010 (1).
② 廖静如. 城市流动人口生育意愿研究综述 [J]. 社会科学战线，2013 (6).
③ 郭志刚. 流动人口对当前生育水平的影响 [J]. 人口研究，2010 (1).
④ 廖静如. 城市流动人口生育意愿研究综述 [J]. 社会科学战线，2013 (6).
⑤ 陈友华，徐燕南. 持续超低生育率的社会经济后果——以苏州为例 [J]. 学海，2005 (6).

直接影响也有间接影响。

（一）全国最低的自然增长率

一个国家或者地区的自然增长率取决于区域内的出生率和死亡率，而地区内低生育水平的最直接后果之一就是低自然增长率。纵观东北地区近年来人口自然增长率的变化，是逐渐下降的，并陆续降为负增长。到2016年，东北地区三个省份的人口自然增长率全部降为负数，辽宁省、吉林省和黑龙江省的人口自然增长率分别为 -0.18‰、-0.18‰、-0.49‰，而同期全国平均水平的人口自然增长率为5.86‰（见表2-5）。

表 2 - 5　全国及东北三省人口自然增长率

单位：‰

年份	辽宁	吉林	黑龙江	全国
1990	9.71	12.93	11.76	14.39
2000	4.00	4.15	3.93	7.58
2006	1.10	2.67	2.39	5.28
2007	1.53	2.50	2.49	5.17
2008	1.10	1.61	2.23	5.08
2009	0.97	1.95	2.06	4.87
2010	0.42	2.03	2.32	4.79
2011	-0.34	1.02	1.07	4.79
2012	-0.39	0.36	1.27	4.95
2013	-0.03	0.32	0.78	4.92
2014	0.26	0.40	0.91	5.21
2015	-0.42	0.34	-0.60	4.96
2016	-0.18	-0.18	-0.49	5.86

资料来源：2000～2015年数据为中华人民共和国国家统计局网站（http://data.stats.gov.cn/）数据；2016年数据来自各省及全国《2016年国民经济和社会发展统计公报》，1990年数据来自《中国统计年鉴1991》。

对比东北三省与全国人口自然增长率历年来的变化特征，可以发现东北各省的人口自然增长率变化特征相似度非常高，均呈现总体上逐渐下降的变化规律。相对而言，辽宁省的人口自然增长率在三省中总体上最低，并率先进入负增长。全国平均水平的人口自然增长率明显高于东北三省，并呈现先明显降低又于近年略有回升的变化特征。总的来说，东北三省人口自然增长率的变化规律与全国平均水平的人口自然增长率变化规律有着很大的不同，总体上数值更低，并呈现继续降低的变化趋势（见图 2－2）。

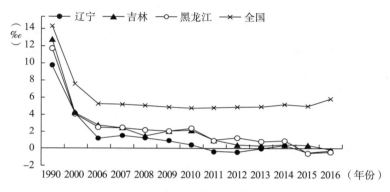

图 2－2　东北三省、全国人口自然增长率对比

考察东北地区人口自然增长率在全国的排序，可以看到因为东北地区是全国人口出生率最低的地区，所以近年来东北地区的人口自然增长率也是最低的。从 2011 年到 2015 年，东北地区整体一直都是全国人口自然增长率最低的地区。2011～2014 年，全国人口自然增长率最低的前 3 个地区即为东北三省，2015 年天津市人口自然增长率进入前 3 名，在我国 31 个地区中人口自然增长率为第 3 低，而第 1、第 2 与第 4 依然是东北三省（见表 2－6）。极低的人口出生率，已经使东北地区人口自然增长率逐渐成为负值，加上东北地区人口净流出现象，所以东北地区整体上成为人口负增长地区。

表 2－6　我国各地区人口自然增长率排序（升序）

单位：‰

序号	2011 年		2012 年		2013 年		2014 年		2015 年	
	地区	人口自然增长率	地区	人口自然增长率	地区	人口自然增长率	地区	人口自然增长率	地区	人口自然增长率
1	辽宁	－0.34	辽宁	－0.39	辽宁	－0.03	辽宁	0.26	黑龙江	－0.60
2	吉林	1.02	吉林	0.36	吉林	0.32	吉林	0.40	辽宁	－0.42
3	黑龙江	1.07	黑龙江	1.27	黑龙江	0.78	黑龙江	0.91	天津	0.23

续表

序号	2011 年 地区	2011 年 人口自然增长率	2012 年 地区	2012 年 人口自然增长率	2013 年 地区	2013 年 人口自然增长率	2014 年 地区	2014 年 人口自然增长率	2015 年 地区	2015 年 人口自然增长率
4	上海	1.87	江苏	2.45	天津	2.28	天津	2.14	吉林	0.34
5	天津	2.50	天津	2.63	江苏	2.43	江苏	2.43	江苏	2.02
6	江苏	2.61	四川	2.97	上海	2.94	上海	3.14	内蒙古	2.40
7	四川	2.98	内蒙古	3.65	四川	3.00	四川	3.20	上海	2.45
8	重庆	3.17	陕西	3.88	内蒙古	3.36	内蒙古	3.56	北京	3.01
9	内蒙古	3.51	重庆	4.00	重庆	3.60	重庆	3.62	四川	3.36
10	陕西	3.69	上海	4.20	陕西	3.86	陕西	3.87	陕西	3.82
11	北京	4.02	浙江	4.60	北京	4.41	北京	4.83	重庆	3.86
12	浙江	4.07	北京	4.74	浙江	4.56	湖北	4.90	山西	4.42
13	湖北	4.38	山西	4.87	湖北	4.93	山西	4.99	湖北	4.91
14	山西	4.86	湖北	4.88	山东	5.01	浙江	5.00	浙江	5.02
15	河南	4.94	山东	4.95	山西	5.24	河南	5.78	河北	5.56
16	山东	5.10	河南	5.16	河南	5.51	贵州	5.80	河南	5.65
17	甘肃	6.05	甘肃	6.06	贵州	5.90	广东	6.10	贵州	5.80
18	广东	6.10	云南	6.22	广东	6.02	甘肃	6.10	山东	5.88
19	福建	6.21	贵州	6.31	甘肃	6.08	云南	6.20	甘肃	6.21
20	安徽	6.32	河北	6.47	河北	6.17	湖南	6.63	云南	6.40
21	云南	6.35	湖南	6.57	云南	6.17	河北	6.95	湖南	6.72
22	贵州	6.38	安徽	6.86	福建	6.19	安徽	6.97	广东	6.80
23	河北	6.50	广东	6.95	湖南	6.54	江西	6.98	江西	6.96
24	湖南	6.55	福建	7.01	安徽	6.82	山东	7.39	安徽	6.98
25	江西	7.50	江西	7.32	江西	6.91	福建	7.50	福建	7.80
26	广西	7.67	广西	7.89	广西	7.93	广西	7.86	广西	7.90
27	青海	8.31	青海	8.24	青海	8.03	青海	8.49	宁夏	8.04
28	海南	8.97	海南	8.85	宁夏	8.62	宁夏	8.57	青海	8.55
29	宁夏	8.97	宁夏	8.93	海南	8.69	海南	8.61	海南	8.57
30	西藏	10.26	西藏	10.27	西藏	10.38	西藏	10.55	西藏	10.65
31	新疆	10.57	新疆	10.84	新疆	10.92	新疆	11.47	新疆	11.08

资料来源：中华人民共和国国家统计局网站（http://data.stats.gov.cn/）数据。

（二）少年儿童人口比例逐年降低，人口结构迅速老化

东北地区超低生育率的另一个直接后果就是人口结构迅速老化，即总人口中老年人口的比重越来越大，而少年儿童人口比重则越来越小。人口结构的这种变化，必将给社会经济带来巨大影响，这种影响既有正面的也有负面的。少年儿童人口比例的不断降低，意味着未来人口数量和未来人口结构的相应变化。人口数量的减少，对环境、资源的需求降低，各种有限的社会资源的合理分配压力会降低。而人口结构中少年儿童人口比例的降低意味着未来劳动年龄人口比例降低，人口老龄化程度加剧，未来劳动年龄人口的负担加重。与此同时，少年儿童人口比例的逐年降低，也意味着已建成的很多基础设施将面临限制和浪费，社会商品的生产结构、消费结构均会相应改变。

近年来，由于我国人口计划生育政策的有效实施，中国的人口出生率整体明显降低，随之而来的自然是少年儿童人口比例降低。对比 2015 年中国与世界其他主要国家的少年儿童人口比重，可以发现亚洲部分中国的少年儿童人口比重仅高于韩国和少子高龄化问题严重的日本，其他欧美主要国家中，仅有加拿大、德国和意大利的少年儿童人口比重低于中国。而再对比中国的东北地区少年儿童人口比重，2015 年这一数值通过计算为 10.95%，低于全国平均水平，也低于表 2 - 7 中所有世界主要国家少年儿童人口比重。这意味着未来东北地区将面临严重的人口结构问题，区域内的少子高龄化问题必须得到重视。

表 2 - 7　2015 年世界各国及中国东北地区的少年儿童人口比重

单位：%

地区	印度	印度尼西亚	日本	菲律宾	韩国	加拿大	美国	澳大利亚	比利时
比重	28.79	27.69	12.86	31.95	13.99	15.97	18.95	18.7	16.94
地区	丹麦	英国	德国	法国	爱尔兰	意大利	中国	中国东北地区	
比重	16.88	17.77	12.89	18.48	21.78	13.71	16.61	10.95	

资料来源：中华人民共和国国家统计局网站（http://data.stats.gov.cn/）数据。

2015 年 12 月 27 日，第十二届全国人大常委会表决通过了人口与计划

生育法修正案，"全面二孩"定于 2016 年 1 月 1 日起正式实施。"全面二孩"政策的实施，对东北地区人口生育率的提高有一定的作用，但从现阶段的客观情况看，这种作用比较有限。

（三）学校减少，部分学生入学半径加大

近年来依据教育部小学生入学人数间接估计的生育率获得了较大影响，并成为重要引证。教育部小学入学儿童统计与相应各年度公布的出生数看起来比较对应，被作为教育数据可信的证据之一。然而，事实上并不清楚这种对应到底是两者独立而一致地反映了事实，还是表明两者之间并不独立，存在某种相互参照的关系。① 虽然在人口统计过程中小学生统计数并不是生育率估计的确凿根据，但有一点是非常明确的，人口的生育率会对中小学生的入学人数产生直接影响。

由图 2 - 3 可见，1996 ~ 2015 年，东北三省的小学招生人数总体上呈明显的逐渐减少的变化规律。辽宁省、吉林省和黑龙江省的小学招生人数分别从 1996 年的 64.39 万人、46.86 万人和 63.33 万人，减少为 2015 年的 32.55 万人、20.60 万人和 24.91 万人。

图 2 - 3　1996 ~ 2015 年东北三省小学招生人数变化

资料来源：中华人民共和国国家统计局网站（http://data.stats.gov.cn/）数据。

①　郭志刚. 中国的低生育水平及相关人口研究问题 [J]. 学海，2010（1）.

区域内小学招生人数总体的巨大变化，必然伴随着区域内小学数量的变化，低出生率导致的少年儿童人口减少，从而导致小学入学人数减少，进一步必然导致学校数量的减少。由图 2-4 可见，东北地区内的小学数量是随着时间推移，近乎匀速地逐年减少的。学校数量的减少不仅是少年儿童人口数量减少的一个结果，还会导致一系列的连锁反应。如校园基础设施的闲置问题，再如偏远地区小学生就学半径加大的问题。由于区域内小学数量的减少，区域内无学校的生源不得不被重新分配到现存的学校中，这就使一部分小学生无法就近入学，不得不加大就学半径，而就学半径的增大又会增加部分适龄儿童的就学困难，从而降低入学率。

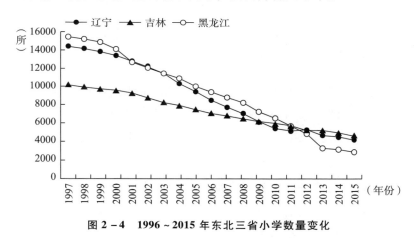

图 2-4　1996~2015 年东北三省小学数量变化

资料来源：中华人民共和国国家统计局网站（http://data.stats.gov.cn/）数据。

（三）家庭结构的变迁、家庭养老问题和离婚率逐年攀升

低生育率使少年儿童抚养比降低，由此产生的"人口红利"短期内为国家发展和社会进步做出了巨大贡献。然而，人口结构的短期巨变，导致人口家庭规模、家庭结构相应变化，人口政策运行累积的负面效应也就日渐凸显。生育率水平迅速下降必然会带来家庭结构的变化。如果说生育率下降是社会经济发展的必然产物，是社会发展和进步的必然结果，那么随生育率下降的家庭规模减小和家庭结构变迁也是必然的。事实上，学者们所关注的并不只是中国家庭结构变迁的问题，而是家庭结构急剧变化之后的独生子女教育成长、家庭养老、家庭文化变迁等问题以及由此引出的其

他社会问题。① 随着生育率水平的下降，家庭规模不断缩小，核心化特征越来越明显。与此同时，家庭结构的变化带来了代际结构的变化，同时也引发教育问题、家庭抗风险能力降低和家庭养老能力降低等问题。

生育率不断地降低，家庭代际结构从金字塔形转变为倒金字塔形，这种倒金字塔形的家庭代际结构往往使未成年人成为家庭关注的绝对核心。备受父母和祖辈的关注和溺爱，缺乏与同龄人互动的成长环境，对未成年人的教育非常不利，对其形成健康的人生观、价值观造成不利影响，并不利于社会责任感和家庭责任感的培养。在这样的倒金字塔形家庭代际结构中成长起来的人进入青壮年，无论是从时间、精力还是从责任感上，都极大地降低了家庭的养老功能。无论是从主观意愿上，还是从客观的条件上，家庭的养老功能均会不断弱化，现阶段以家庭养老为主、以其他养老方式为辅的养老模式将不再适用。

另外，低生育率会导致家庭的抗风险能力降低，随着时间推移产生了大量失独家庭。随着我国第一批独生子女的父母逐渐步入老年，失独家庭规模逐渐扩大，失独家庭作为社会上一个极为特殊的弱势群体，心理和精神上承受着巨大的压力。随着越来越多的失独父母进入高龄老年期，各种失独家庭问题日益严重。失独家庭面临的种种困难和问题，折射出我国经济社会发展过程中积累的新问题，必须予以重视和解决。东北地区长期以来一直维持着明显低于全国平均水平的低生育率，独生子女家庭比例高于全国平均水平，所以相对于全国平均水平而言失独家庭所占的比例会更高，失独家庭问题更应得到重视。

计划生育政策在东北地区的执行力度明显强于国内其他地区，每年出生人口中东北地区新生儿的独生子女比例更大。这就意味着东北地区婚龄人口中成年独生子女所占的比例要明显高于全国其他地区。很多独生子女在成长过程中，由于父母甚至隔代人的宠爱形成了相对比较自我、个性强、不习惯付出、不愿迁就等性格特征，婚姻的包容性显著下降。又因为成年独生子女们的父母，在独生子女成长过程中倾注了大量的心血，对已婚的

① 李建新. 低生育率的社会学后果研究［J］. 社会科学，2001（2）.

成年子女生活干涉过多，夫妻两人的矛盾很多时候会上升为两个家庭的矛盾，矛盾升级后往往就会变得不可调和，最后婚姻难以为继。低生育率导致独生子女比例升高，进而导致区域内离婚率逐年升高也就是必然的。

（四）出生人口性别比持续偏高

生育率迅速而持续的下降，不可避免地也带来了一些问题。婚姻市场压力骤增就是其中最为严重的后遗症之一。伴随着生育率的下降，中国婚姻市场将经受前所未有的挑战。[1] 我国出生人口性别比的持续偏高，已经成为生育率降低过程中出现的另一类严重人口安全问题。[2] 由于我国出生人口性别比持续偏高是从 20 世纪 80 年代开始的，即随着我国人口出生率的不断下降，出生人口性别比持续偏高。根据 2010 年人口普查数据计算的 20～40 岁婚龄人口，男性比女性多 651.6 万人，而用累计死亡率估算的这一差额可达 1465.2 万人。根据 2010 年人口普查数据直接估算 2020 年 0～40 岁婚龄人口，男性比女性多 1007.5 万人，而利用出生队列 0 岁组和累计死亡人口数据估算的 2020 年 20～40 岁婚龄人口，男性比女性多 2088.7 万人。所以无论采用哪种数据来源和计算方法，我国自 1980 年出生人口性别比偏高累计的结果会导致到 2020 年婚龄人口性别比严重不平衡，过千万的 20～40 岁婚龄男性人口无法在这一婚龄女性中择偶。[3]

新中国成立以来，我国一共进行了 6 次人口普查，第一次人口普查时东北地区人口性别比高于全国平均水平，这与新中国成立初期东北老工业基地建设期间大量迁入男性人口有着直接关系，随着第三产业的发展以及家属的迁入，东北地区的人口性别比也逐渐下降。从历次人口普查数据中可以看出，全国人口性别比与东北地区的人口性别比总体上都呈下降趋势，东北地区的性别比下降幅度与下降速度都明显大于全国平均水平，近年来正逐渐趋近于正常水平。在总人口性别比逐年趋近于正常值的情况下，东

---

① 郭志刚，邓国胜．婚姻市场理论研究——兼论中国生育率下降过程中的婚姻市场 [J]．中国人口科学，1995（3）．

② 潘金洪．出生性别比失调对中国未来男性婚姻挤压的影响 [J]．人口学刊，2007（2）．

③ 李雨潼．基于出生队列的中国人口性别结构特征分析 [J]．人口学刊，2017（4）．

北地区人口出生性别比偏高的现象依然明显。从这种明显偏高的出生人口性别比可以看出，除去环境因素和气候条件等自然因素的影响外，东北地区人为性别选择因素对出生人口性别比的影响较大。

从区域变化看，近年来东北地区的出生人口性别比治理取得了进展，但总体上出生人口性别比偏高现象仍较为严重。从出生人口性别比变化的历程看，这种性别比偏高不是一个短期的暂时现象，按照这种发展规律和惯性，出生人口性别比很难在短期内恢复到正常水平。虽然通过年龄错层择偶可以在某种程度上缓解婚姻人口压力，但若未来人口出生性别比依然偏高，按我国目前的择偶年龄错层方式，只会将婚姻挤压问题延迟而不能真正缓解，而且会加剧未来人口婚姻压力。加之，现阶段大龄未婚女性与大龄未婚男性主体在我国现有择偶观下匹配度不高也会加大婚姻人口压力。所以总体上，东北地区持续偏高的出生人口性别比必然会导致婚龄人口性别比失衡，并进而导致一系列的社会、经济以及文化问题。

第三节　小结

第一，纵观东北三省和全国人口出生率的变化，东北三省的人口出生率始终都是明显低于全国平均水平的。东北各省的人口出生率变化特征相似度较高，对比三省的人口出生率，黑龙江整体最高、辽宁省整体最低。2011 年，东北三省人口出生率分别为全国第 1、第 2、第 4 低；2012～2014 年，东北三省人口出生率均为全国人口出生率最低的前 3 名；2015 年，东北三省人口出生率则分别排在第 2 位、第 3 位和第 4 位。总而言之，近年来东北地区整体上的人口出生率在全国各地区人口出生率中始终处于最低的水平。

第二，2000 年，全国总和生育率最高的地区是贵州省，东北各省的总和生育率均不及贵州省总和生育率的 1/2，在我国 31 个地区从低到高的排名中分列第 3 位、第 5 位、第 8 位。2010 年，全国总和生育率最高的地区是广西壮族自治区，东北各省的总和生育率依然不及广西壮族自治区人口总和生育率的 1/2，在我国 31 个地区总和生育率升序排序中分列第 2 位、第 4 位、第 5 位。参照国际划分标准，东北三省的总和生育率长期以来均低于 1，属于极低生育率，而且东北三省的低生育率水平在全国各省中属于最低的位次，仅比北京、上海两个直辖市的总和生育率水平略高。连续多年的极低生育率，加之东北经济增速放缓、人口对外净流出，区域内已经呈现连续几年的人口负增长状态。

第三，中国东北地区是低生育率国家中生育率最低的极低生育率地区，这种极低生育率的形成原因错综复杂，影响力较大的原因主要包括：东北地区作为传统的老工业基地和"共和国长子"，区域内国有经济所占比例过重，工业化早、程度高，计划经济比重大，计划生育推行力度大；城市化发展通过多方面直接或者间接对生育率起到抑制作用，东北地区较高的城市化水平对区域内的生育率起到了很大的抑制作用；计划生育政策下的生育成本不仅包括经济成本，还包括时间成本、社交成本甚至是政治成本等，随着生育成本节节攀升，经济不发达的东北地区育龄夫妇的生育意愿受到了抑制；东北地区是一个多民族的移民聚居区，各种文化的碰撞、融合最终形成了区域内以多元性、兼容性、包容性、开放性为特征的移民文化，区域内传统生育文化的影响力低，有效降低了生育意愿；育龄夫妇的受教育水平，尤其是育龄妇女受教育水平对生育意愿的影响显著，东北地区育龄夫妇受教育水平较高也降低了生育意愿；东北地区由于人口迁移流动比较活跃，无论是对外迁出还是对内迁入，人口迁移流动本身均对这部分人口的生育意愿和生育行为产生了客观的抑制作用。

第四，东北地区极低生育率的影响重要而深远，既有直接影响也有间接影响。最主要和明显的影响包括：一个国家或者地区的自然增长率取决于区域内的出生率和死亡率，而地区内低生育水平的最直接后果之一就是低自然增长率，近年来东北三省的人口自然增长率是全国最低的，且在 2016 年全部降为负数；东北地区超低生育率的另一个直接后果就是人口结构迅速老化，即总人口中老年人口的比重越来越大，而少年儿童人口比重则越来越小；区域内低出生率导致的少年儿童人口减少，必然导致学校数量的减少，部分学龄儿童不得不加大就学半径，从而又降低了区域内学龄儿童入学率；随着生育率水平的下降，家庭规模不断缩小，家庭结构的变化带来了代际结构的变化，同时也导致家庭抗风险能力降低、家庭养老能力降低；伴随着区域内生育率迅速而持续的下降，出生人口性别比的持续偏高已经成为严重的人口安全问题，而进一步导致的婚姻挤压现象则是出生人口性别比偏高的主要后果之一。

第三章　东北地区人口死亡水平

死亡是形成人口数量和人口结构变化的最基本的因素之一，受多种社会、经济因素影响。一个人口的死亡状况可以反映其社会经济的发展程度及人民生活的质量，一个人口中不同年龄与性别的人口的死亡差异也可解释许多人口问题、社会问题。

第一节　人口死亡水平变化历程及现状

东北地区人口死亡率的变化特征和全国人口死亡率的变化特征是大体一致的。在新中国成立后东北地区的人口死亡率呈现总体上下降的变化规律，死亡率的下降反映了人民生活水平的不断提高，同时也证明整个社会的医疗水平、经济状况的不断提升和好转。人口死亡率并非呈现随时间推移稳步下降的变化特征，而是不同的时间阶段有不同的变化规律。

一　死亡率的纵向与横向差异

死亡率（又称粗死亡率）是指在一定时期内（通常为一年）一定地区的死亡人数与同期内平均人数（或期中人数）之比，用千分率表示。本书中的死亡率指年死亡率，其计算公式为[①]：

$$死亡率 = \frac{年死亡人数}{年平均人数} \times 1000‰$$

---

① 定义来自中华人民共和国国家统计局网站（http://data. stats. gov. cn/）的统计指标解释。

1990 年，辽宁、吉林、黑龙江三省的人口死亡率分别为 6.59‰、6.56‰、6.35‰，同期全国人口死亡率为 6.67‰，此时东北地区的人口死亡率与全国的人口死亡率相差不多。到 2016 年，辽宁、吉林、黑龙江三省的人口死亡率分别为 6.78‰、6.78‰ 和 6.61‰，同期全国人口死亡率为 7.09‰。可见，1990～2016 年这一时段中，随着时间推移和医疗技术的发展，东北地区和全国的人口死亡率不降反升，同时东北三省的人口死亡率与全国人口死亡率的数值差异也增大了（见表 3 - 1）。

表 3 - 1 1990～2016 年东北三省、全国人口死亡率

单位：‰

年份	辽宁省	吉林省	黑龙江省	全国
1990	6.59	6.56	6.35	6.67
2000	6.70	5.38	5.50	6.45
2006	5.30	5.00	5.18	6.81
2007	5.36	5.05	5.39	6.93
2008	5.22	5.04	5.68	7.06
2009	5.09	4.74	5.42	7.08
2010	6.26	5.88	5.03	7.11
2011	6.05	5.51	5.92	7.14
2012	6.54	5.37	6.03	7.15
2013	6.12	5.04	6.08	7.16
2014	6.23	6.22	6.46	7.16
2015	6.59	5.53	6.60	7.11
2016	6.78	6.78	6.61	7.09

资料来源：中华人民共和国国家统计局网站（http://data.stats.gov.cn/）。

对比东北地区及全国的人口死亡率变化曲线，可见总体上东北三省的人口死亡率始终低于全国平均水平。而且无论是全国平均水平的还是东北三省的人口死亡率曲线，均呈现总体上升的变化规律，区别仅在于全国人口死亡率曲线是平稳上升的，而东北三省的死亡率曲线是曲折上升的（见图 3 - 1）。理论上，随着科学技术和医疗条件的进步与改善，同等条件下人

口的死亡概率应该是逐渐降低的，但人口死亡率是死亡人口与总人口之间的比例关系，所以受人口数量、人口结构的影响很大，并非呈现与人口死亡概率一样的变化规律。

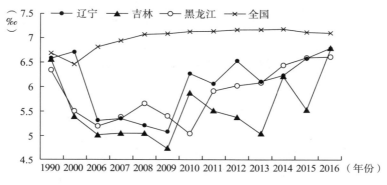

图 3 - 1　东北三省、全国人口死亡率对比

将 2011 ~ 2015 年我国 31 个地区的人口死亡率从低到高进行排序，可见全国人口死亡率最低的地区分别为北京市、宁夏回族自治区和广东省。2011 ~ 2015 年，东北三省中，人口死亡率最低的始终是吉林省。5 年间，吉林省在全国人口死亡率升序排列中分别位于第 10 位、第 7 位、第 5 位、第 17 位和第 9 位；黑龙江省分别排在第 14 位、第 13 位、第 15 位、第 23 位和第 24 位；辽宁省分别排在第 19 位、第 24 位、第 17 位、第 19 位和 23 位（见表 3 - 2）。对比前文对我国 31 个地区人口出生率的排序，就可以看出东北三省的人口出生率是全国最低的，但人口死亡率的排序却相对靠后，二者综合作用的结果便是前文述及的东北三省人口自然增长率全国最低。

表 3 - 2　2011 ~ 2015 年我国各地区人口死亡率从低到高排序

单位：‰

序号	2011 年		2012 年		2013 年		2014 年		2015 年	
	地区	死亡率	地区	死亡率	地区	死亡率	地区	死亡率	地区	死亡率
1	北京	4.27	北京	4.31	宁夏	4.50	宁夏	4.53	广东	4.32
2	广东	4.35	宁夏	4.33	北京	4.52	广东	4.70	新疆	4.51
3	新疆	4.42	新疆	4.48	广东	4.69	北京	4.92	宁夏	4.58

续表

序号	2011 年		2012 年		2013 年		2014 年		2015 年	
	地区	死亡率	地区	死亡率	地区	死亡率	地区	死亡率	地区	死亡率
4	宁夏	4.68	广东	4.65	新疆	4.92	新疆	4.97	北京	4.95
5	上海	5.10	西藏	5.21	吉林	5.04	上海	5.21	上海	5.07
6	西藏	5.13	上海	5.36	上海	5.24	西藏	5.21	西藏	5.10
7	福建	5.20	吉林	5.37	西藏	5.39	浙江	5.51	内蒙古	5.32
8	浙江	5.40	内蒙古	5.52	浙江	5.45	内蒙古	5.75	浙江	5.50
9	内蒙古	5.43	浙江	5.52	山西	5.57	安徽	5.89	吉林	5.53
10	吉林	5.51	福建	5.73	内蒙古	5.62	山西	5.93	山西	5.56
11	山西	5.61	海南	5.81	海南	5.90	海南	5.95	天津	5.61
12	海南	5.75	山西	5.83	天津	6.00	天津	6.05	河北	5.79
13	安徽	5.91	黑龙江	6.03	福建	6.01	甘肃	6.11	湖北	5.83
14	黑龙江	5.92	甘肃	6.05	安徽	6.06	青海	6.18	安徽	5.94
15	江西	5.98	青海	6.06	黑龙江	6.08	福建	6.20	海南	6.00
16	湖北	6.01	天津	6.12	甘肃	6.08	广西	6.21	福建	6.10
17	甘肃	6.03	湖北	6.12	辽宁	6.12	吉林	6.22	广西	6.15
18	广西	6.04	安徽	6.14	青海	6.13	河北	6.23	甘肃	6.15
19	辽宁	6.05	江西	6.14	湖北	6.15	辽宁	6.23	青海	6.17
20	陕西	6.06	陕西	6.24	陕西	6.15	江西	6.26	江西	6.24
21	天津	6.08	广西	6.31	江西	6.28	陕西	6.26	陕西	6.28
22	青海	6.12	河北	6.41	广西	6.35	云南	6.45	云南	6.48
23	云南	6.36	云南	6.41	山东	6.40	黑龙江	6.46	辽宁	6.59
24	山东	6.40	辽宁	6.54	云南	6.43	山东	6.84	黑龙江	6.60
25	河北	6.52	河南	6.71	河南	6.76	湖南	6.89	山东	6.67
26	河南	6.62	重庆	6.86	重庆	6.77	湖北	6.96	湖南	6.86
27	重庆	6.71	四川	6.92	河北	6.87	江苏	7.02	四川	6.94
28	湖南	6.80	山东	6.95	四川	6.90	河南	7.02	江苏	7.03
29	四川	6.81	贵州	6.96	湖南	6.96	四川	7.02	河南	7.05
30	贵州	6.93	江苏	6.99	江苏	7.01	重庆	7.05	重庆	7.19
31	江苏	6.98	湖南	7.01	贵州	7.15	贵州	7.18	贵州	7.20

资料来源：中华人民共和国国家统计局网站（ http：//data. stats. gov. cn/）。

二 死亡率的城乡差异

人口死亡率有着明显的城乡差异。如果将东北地区作为一个人口整体，则 2000 年，东北地区的人口分城乡死亡率为乡村 6.15‰ > 城市 4.80‰ > 镇 4.68‰；2010 年，东北地区的人口分城乡死亡率为乡村 6.62‰ > 城市 4.84‰ > 镇 4.74‰；2015 年，东北地区的人口分城乡死亡率为乡村 5.67‰ > 镇 3.93‰ > 城市 3.57‰（见表 3－3）。总体而言，东北地区的人口死亡率按照城乡分，始终是乡村人口死亡率最高。对比东北地区和全国人口分城乡的死亡率，可以看到城市人口死亡率部分始终是东北地区高于全国水平，而乡村人口死亡率部分则始终是东北地区低于全国水平。

表 3－3　全国、东北三省及东北地区分城乡人口死亡率

单位：‰

地区	2000 年			2010 年			2015 年		
	城市	镇	乡村	城市	镇	乡村	城市	镇	乡村
全国	4.19	4.42	6.83	3.47	4.48	7.29	3.13	4.24	6.40
辽宁省	5.08	5.24	7.22	5.39	5.28	8.17	3.96	4.52	6.63
吉林省	4.80	4.75	5.82	3.93	4.28	5.97	3.17	3.46	4.99
黑龙江省	4.38	4.20	5.24	4.62	4.63	5.60	3.21	3.81	5.33
东北地区	4.80	4.68	6.15	4.84	4.74	6.62	3.57	3.93	5.67

资料来源：中华人民共和国国家统计局网站（http://data.stats.gov.cn/）人口普查数据；2015 年人口 1% 抽样调查资料。

考察东北三省分省、分城乡的人口死亡率差异。2000 年，东北三省的分城乡人口死亡率之间对比，无论是城市、镇还是乡村层面，死亡率均为辽宁省 > 吉林省 > 黑龙江省。2010 年，东北三省分城乡人口死亡率之间对比，排列不似 2000 年那样规律，总体上无论城乡，依然是辽宁省人口死亡率最高。2015 年，东北三省的分城乡人口死亡率之间对比，无论是城市、镇还是乡村，死亡率均为辽宁省 > 黑龙江省 > 吉林省。

三 死亡人口的月份分布

人口普查资料中对于死亡人口有按月统计的数据。对比全国和东北地区人口死亡的月份分布，按照每个月死亡人口占全年死亡人口的百分比进行排序。2000 年，全国死亡人口数量的月份分布并不均衡，单月死亡人口占全年死亡人口百分比超过 9%、死亡人口最多的月份为 2 月和 10 月，死亡人口占全年死亡人口的百分比分别为 9.99% 和 9.22%。东北地区死亡人口的月分布，与全国的情况类似，只是该百分比超过 9% 的月份有 3 个，分别是 2 月、10 月和 1 月。

表 3 - 4 第五、第六次人口普查全国及东北地区死亡人口月份分布

单位：%

2000 年普查				2010 年普查			
月份	全国	月份	东北地区	月份	全国	月份	东北地区
2 月	9.99	2 月	9.71	3 月	9.12	4 月	9.28
10 月	9.22	10 月	9.70	10 月	8.78	3 月	9.23
3 月	8.92	1 月	9.62	12 月	8.58	5 月	8.76
1 月	8.71	3 月	8.78	2 月	8.54	7 月	8.45
12 月	8.36	4 月	8.23	4 月	8.52	10 月	8.45
7 月	8.08	12 月	7.97	8 月	8.35	6 月	8.33
8 月	7.95	5 月	7.96	5 月	8.31	9 月	8.32
4 月	7.93	7 月	7.88	7 月	8.24	8 月	8.29
9 月	7.82	9 月	7.68	1 月	8.02	2 月	8.09
5 月	7.74	6 月	7.66	9 月	7.96	1 月	7.88
11 月	7.67	8 月	7.58	11 月	7.81	12 月	7.78
6 月	7.60	11 月	7.23	6 月	7.77	11 月	7.14

资料来源：中华人民共和国国家统计局网站（http://data.stats.gov.cn/）人口普查数据。

2010 年，全国和东北地区的死亡人口月份分布略有变化。全国死亡人口比例最高的月份是 3 月和 10 月，死亡人口占全年死亡人口的百分比分别为 9.12% 和 8.78%。对照 2000 年的数据，可见全国死亡人口最为集中的月

份是 10 月，而死亡人口最少的月份为 6 月和 11 月。2010 年东北地区死亡人口比例最高的月份是 4 月和 3 月，对比 2000 年的数据，可见东北地区死亡人口最多的月份并不集中，但死亡人口最少的月份为 11 月。

第二节 人口结构对人口死亡率的影响

总人口死亡率所需原始数据少而简单，容易估算，亦能粗略地反映死亡水平。但受到人口年龄分布的影响，可比性不强。不同地区或同一地区不同时期的死亡率的比较，往往不能真实地反映生活水平与医疗保健条件差异造成的死亡率差异。人口结构对人口死亡率的影响包括年龄结构的影响和性别结构的影响。不同年龄的人口死亡率差异巨大，不同性别的人口死亡率也差异明显，一个区域内不同年龄人口所占比例的高低，不同性别人口所占比重的大小都会影响到总人口的死亡率。

一 分年龄别、分性别人口死亡率分析

1990 年，辽宁省、吉林省、黑龙江省的老年人口占总人口的比重分别为 5.68%、2.51%、3.81%，同期全国的老年人口比重为 5.58%。2016 年，辽宁省、吉林省、黑龙江省的老年人口占总人口的比重分别增加为 13.51%、11.02% 和 11.60%，同期全国老年人口比重增加为 10.80%（见表 3－5），东北三省和全国老年人口比重分别增加了 7.83 个、8.51 个、7.79 个和 5.22 个百分点。

表 3－5 1990～2016 年全国及东北三省老年人口占总人口比重

单位：%

年份	辽宁省	吉林省	黑龙江省	全国
1990	5.68	2.51	3.81	5.58
2000	7.88	6.04	5.56	6.96
2006	10.54	8.26	8.04	7.90
2007	10.63	8.81	9.00	8.10

续表

年份	辽宁省	吉林省	黑龙江省	全国
2008	11.41	9.13	9.23	8.30
2009	11.43	8.89	9.48	8.50
2010	10.31	9.05	8.32	8.90
2011	10.65	8.70	8.51	9.10
2012	11.16	7.74	8.89	9.40
2013	11.52	9.66	9.36	9.70
2014	12.10	10.17	10.06	10.10
2015	12.82	10.91	10.84	10.47
2016	13.51	11.02	11.60	10.80

资料来源：1990~2015 年数据为中华人民共和国国家统计局网站（http://data. stats. gov. cn/）数据；2016 年数据来自各省及全国《2016 年国民经济和社会发展统计公报》。

将 1990~2016 年东北三省和全国老年人口占总人口的比重绘制成图，可见总体上东北三省和全国老年人口占总人口的比重都是逐渐增加的，且2015~2016 年东北三省老年人口比重高于全国平均水平（见图 3-2）。

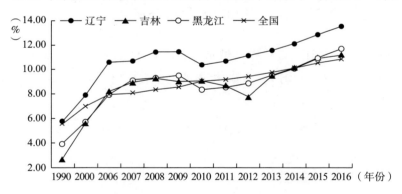

图 3-2　1990~2016 年东北三省和全国老年人口占总人口的比重

由图 3-3 可见，总体上老年人口的死亡率远高于 65 岁以下人口的死亡率，且进入老年期后随着人口年龄的增加，人口死亡率呈现明显快速增加的变化规律。因为进入高龄老年阶段后，人口的死亡率迅速提高并且呈现出数值高、变化快的特点，将总人口的分年龄组死亡率直接绘制成曲线，便只能看到后半段的急速上升，而在直观视觉上抹杀了低年龄组的人口死亡率也有的年龄别差异。

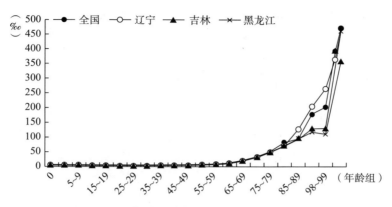

图 3 - 3　2010 年全国及东北三省人口分年龄组死亡率

　　单独截取图 3 - 3 的前部分，观察全国及东北三省人口在进入老年之前的死亡率差异。可见少年儿童及劳动年龄人口分年龄组死亡率是一条近 U 字形曲线（见图 3 - 4），在将 65 岁及以上老年人口死亡率加入进来后，才变成了 J 字形的曲线。按照生物学规律，在人口出生后的前几年，死亡率较高，随着年龄增长死亡率会下降，之后随着年龄增高死亡率又开始上升，而到了高龄老年阶段后死亡率急速上升。结合图 3 - 3 与图 3 - 4 可知，由于近年来全国与东北地区的老年人口所占比例明显增加，老龄化现象日趋严重，而老年人口明显高于其他年龄段人口的死亡率拉高了总人口死亡率，随着老年人口比例的不断提高，总人口的死亡率也逐渐增高。这种人口死亡率的增高很大程度上是由人口结构的变动决定的，并非医疗水平的退步等原因造成的。

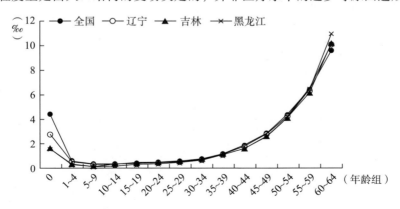

图 3 - 4　2010 年全国及东北三省人口 0 ~ 64 岁分年龄组死亡率

不同年龄组分性别死亡率是总人口性别比的决定性因素之一，对总人口性别比的影响至关重要。如果将分年龄组死亡人口性别比与分年龄组人口性别比绘制在同一张图上进行分析，可以发现在两条曲线的前半段呈现一种总体规律上的互补性，即死亡人口性别比逐渐上升的年龄段，正是人口性别比下降的年龄段，当死亡人口性别比总体下降时，人口性别比又总体缓慢上升。这说明死亡人口性别比对人口性别比的变化有着重要的影响，由于总人口基数大，所以这种总人口性别比变化不会像死亡人口性别比曲线那样快速和明显。

为了更直观地分析不同年龄组分性别人口死亡情况，表 3-6 计算了分性别死亡率和不同年龄组死亡人口性别比。无论是全国总体水平的还是东北三省的分年龄组的死亡人口性别比差异都很大。因此人口性别比的变化也会很大程度地影响总人口死亡率。由表 3-6 可见，各地区死亡人口性别比明显很高的年龄段基本都出现在青壮年人口上。也就是说区域内劳动年龄人口的男性人口死亡人数明显要高于女性人口死亡人数。

表 3-6   2010 年全国、东北三省死亡人口性别比

性别比区间	全国	辽宁省	吉林省	黑龙江省
死亡人口性别比≥250		20~24 岁 35~44 岁		35~39 岁
250＞死亡人口性别比≥200	15~54 岁	10~19 岁 25~34 岁 45~54 岁	20~49 岁	15~34 岁 40~54 岁
200＞死亡人口性别比≥150	5~14 岁 55~69 岁	5~9 岁 55~64 岁	10~19 岁 50~59 岁	0 岁 10~14 岁 55~64 岁
150＞死亡人口性别比≥100	0~4 岁 70~84 岁	0~4 岁 65~84 岁	0~9 岁 60~89 岁	1~9 岁 65~89 岁
100＞死亡人口性别比	85 岁及以上	85 岁及以上	90 岁及以上	90 岁及以上

注：2015 年 1% 抽样调查数据中这部分数据有明显的偏差，数据不可用于这种对比，所以只能用 2010 年的数据。

资料来源：中华人民共和国国家统计局网站（http://data.stats.gov.cn/）人口普查数据。

2010 年我国死亡人口性别比为 137.26，男性人口死亡率为 6.30‰，明

显大于女性人口死亡率 4.82‰。在 85 岁以下，死亡人口性别比都是大于100 的，也就是说男性人口死亡人数都是多于女性人口的，85 岁以后死亡人口性别比骤降，但同一年龄组男性人口死亡率依然明显大于女性人口死亡率，所以这一性别比的降低主要原因是高龄组男性人口总数明显少于女性人口数。

进一步引进分性别死亡率的比值进行对照参考，这个比值只是为了能够直观观测到不同性别人口死亡率的差异，比值本身并不具有人口学的含义。从图 3-5 中曲线可以直观看到，除了 95 岁及以上的高龄老年人口，以及全国的 0 岁组人口外，所有年龄组的男性人口死亡率均大于女性人口死亡率，这种死亡率的差异在劳动年龄组尤为明显，部分年龄段男性人口死亡率达到了女性人口死亡率的 2 倍多。对比全国和东北三省的这一比值的差距，可以看到全国总体的这一比值曲线相对于东北三省更为平滑并且数值上也明显低一些，东北三省的劳动年龄人口男性死亡率在部分年龄组高达女性人口的 2.5 倍多。由此可见，人口的性别结构变化也会影响总人口死亡率。

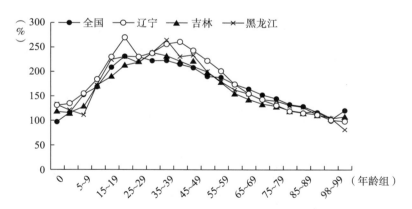

图 3-5 2010 年全国和东北三省分年龄组的分性别死亡率比值

东北地区分年龄组的死亡人口性别比总体上与全国分年龄组的死亡人口性别比规律相似，但数值上东北地区青壮年死亡人口性别比要大于全国平均水平。辽宁省 20~24 岁和 35~44 岁年龄组，以及黑龙江省的 35~39 岁年龄组，死亡的男性人口与死亡的女性人口比例均高于 250:100。据生物学一般规律，在人的生命周期内，男性的死亡概率始终高于女性，同一出生队列的人口性别比是随年龄增高而逐渐下降的，但我国劳动年龄组男性人口死亡率已经是女性人口死亡率的 2 倍多，而东北地区更有部分劳动年龄的死亡人口性别比超过了 250，这就超出了正常的生物学一般规律范畴，需要引起重视。需针对不同性别死亡率差异组织专项研究，从医学、社会学、环境学、营养学、生物学等多个学科、不同角度对男性人口死亡率偏高现象进行深入分析，尤其是要重点分析劳动年龄人口死亡率性别差异的原因，并提出降低人口死亡率的办法。通过各种宣传途径增强民众对疾病形成原因、危害以及预防和治疗办法的认识，降低发病率，提高人口身体素质。

二 去除人口结构影响后的人口死亡率分析

在明确了人口死亡率近年来的变化受到人口结构很大影响之后，进一步分析人口结构对区域人口死亡率数值的影响程度。为了排除人口构成对死亡率的影响，本文选用 1990 年全国和东北地区，以及辽宁、吉林、黑龙江三省各自的人口结构作为标准人口结构，结合 2000 年、2010 年人口普查的年龄别死亡率，对各年人口粗死亡率进行直接标准化，以便在排除人口结构变化的影响下考察东北地区人口死亡率水平的变化。

$$标准化死亡率 = \frac{\sum_0^\omega [m_m(x)N_m^s(x) + m_f(x)N_f^s(x)]}{P_x}$$

$m_m(x)$ 与 $m_f(x)$ 分别表示男、女年龄别死亡率，N_m^s 与 N_f^s 分别为标准人口的 x 岁男女人数，P_x 为该标准人口总数。[①]

把 1990 年与 2000 年、2010 年各地区相应数据分别代入公式中可得到 2000 年、2010 年全国和东北地区人口标准化死亡率。由于选用 1990 年人口结构作为标准人口结构，1990 年的标准化死亡率不变。在将 2000 年人口死

---

① 王晓峰，李雨潼. 从"五普"数据看吉林省人口死亡水平和死亡模式 [J]. 人口学刊，2002（5）.

亡率标准化处理去除了人口结构变化的影响之后，全国、东北地区的标准化死亡率分别为 5.07‰ 和 4.26‰。辽宁省、吉林省和黑龙江省的标准化死亡率分别为 4.79‰、4.33‰ 和 3.63‰（见表 3 - 7）。与未处理的人口死亡率相比，全国的人口标准化死亡率降低了 1.38 个千分点，辽宁、吉林和黑龙江三省各自降低了 1.91 个、1.05 个和 1.87 个千分点。

表 3 - 7　2000 年全国和东北地区标准化死亡率计算

x	分项	全国	辽宁省	吉林省	黑龙江省	东北地区
0 ~ 4 岁	$m_m(x)\ N_m^s(x)$	327894.66	4574.88	4683.02	3619.65	12785.18
	$m_f(x)\ N_f^s(x)$	395493.82	4361.31	4391.46	3025.37	11701.77
5 ~ 9 岁	$m_m(x)\ N_m^s(x)$	34914.26	607.32	367.28	490.99	1476.52
	$m_f(x)\ N_f^s(x)$	22198.09	342.72	233.55	351.17	928.20
10 ~ 14 岁	$m_m(x)\ N_m^s(x)$	24705.22	592.37	403.31	550.91	1550.11
	$m_f(x)\ N_f^s(x)$	15312.61	326.22	217.03	323.56	867.31
15 ~ 19 岁	$m_m(x)\ N_m^s(x)$	46930.92	1076.77	711.53	1314.65	3092.60
	$m_f(x)\ N_f^s(x)$	27566.45	666.98	567.06	684.53	1926.62
20 ~ 24 岁	$m_m(x)\ N_m^s(x)$	78963.13	1984.85	1259.99	1895.80	5141.23
	$m_f(x)\ N_f^s(x)$	45191.49	987.30	767.38	951.27	2707.39
25 ~ 29 岁	$m_m(x)\ N_m^s(x)$	74797.29	2442.48	1428.12	1986.92	5840.52
	$m_f(x)\ N_f^s(x)$	43859.90	1215.18	768.55	1025.39	3008.19
30 ~ 34 岁	$m_m(x)\ N_m^s(x)$	71550.24	3020.34	1605.55	2242.12	6852.27
	$m_f(x)\ N_f^s(x)$	38907.28	1349.94	812.92	1089.53	3263.69
35 ~ 39 岁	$m_m(x)\ N_m^s(x)$	91387.69	3665.77	2244.33	2874.38	8787.55
	$m_f(x)\ N_f^s(x)$	47203.19	1647.46	1117.87	1378.17	4149.78
40 ~ 44 岁	$m_m(x)\ N_m^s(x)$	104118.93	3556.43	2190.76	3036.48	8780.66
	$m_f(x)\ N_f^s(x)$	52854.07	1620.54	1119.86	1568.72	4300.13
45 ~ 49 岁	$m_m(x)\ N_m^s(x)$	109234.81	3678.40	2320.08	3175.22	9184.57
	$m_f(x)\ N_f^s(x)$	58388.73	1938.52	1264.50	1838.12	5038.73
50 ~ 54 岁	$m_m(x)\ N_m^s(x)$	155893.53	5082.50	3299.48	5257.74	13617.10
	$m_f(x)\ N_f^s(x)$	86689.64	3083.13	2079.74	3163.41	8340.35

x	分项	全国	辽宁省	吉林省	黑龙江省	东北地区
55~59 岁	$m_m(x) \; N_m^s(x)$	228906.52	7823.99	5168.71	7511.09	20481.48
	$m_f(x) \; N_f^s(x)$	130323.50	4757.98	2993.90	4118.93	11930.64
60~64 岁	$m_m(x) \; N_m^s(x)$	307230.76	10885.18	6939.30	9033.53	26990.37
	$m_f(x) \; N_f^s(x)$	186090.12	6966.35	4270.35	5187.71	16534.18
65~69 岁	$m_m(x) \; N_m^s(x)$	374440.65	13778.96	8344.58	10207.20	32358.43
	$m_f(x) \; N_f^s(x)$	251318.31	8891.72	5544.89	6089.04	20526.64
70~74 岁	$m_m(x) \; N_m^s(x)$	402923.58	13900.64	8274.86	9320.23	31471.23
	$m_f(x) \; N_f^s(x)$	317164.71	9756.26	5511.64	6252.16	21498.41
75~79 岁	$m_m(x) \; N_m^s(x)$	350372.73	14081.01	7012.88	7829.32	28924.55
	$m_f(x) \; N_f^s(x)$	331600.83	11209.46	5152.91	5754.69	22135.58
80~84 岁	$m_m(x) \; N_m^s(x)$	239526.44	11221.21	4699.74	5112.03	21020.46
	$m_f(x) \; N_f^s(x)$	300749.04	11058.92	3998.03	4502.61	19519.81
85~89 岁	$m_m(x) \; N_m^s(x)$	101481.59	5771.78	2025.07	1922.04	9699.21
	$m_f(x) \; N_f^s(x)$	171266.21	6680.58	1851.34	1995.09	10438.22
90~94 岁	$m_m(x) \; N_m^s(x)$	21439.15	1594.41	421.46	410.88	2394.71
	$m_f(x) \; N_f^s(x)$	51058.42	2125.03	443.87	440.57	2960.57
95~99 岁	$m_m(x) \; N_m^s(x)$	3037.07	164.45	52.04	46.94	254.95
	$m_f(x) \; N_f^s(x)$	10990.56	372.66	66.76	74.94	501.51
100 岁及以上	$m_m(x) \; N_m^s(x)$	361.99	11.92	23.11	4.98	33.39
	$m_f(x) \; N_f^s(x)$	1461.70	40.87	19.47	13.46	75.41
标准化死亡人口（人）		5735800	188915	106668	127672	423090
P_x （人）		1130510638	39459694	24659790	35215932	99335416
标准化死亡率（‰）		5.07	4.79	4.33	3.63	4.26

对比未处理的人口死亡率和标准化处理后的人口死亡率，2000 年全国人口死亡率比 1990 年人口死亡率下降程度中，有 86.22% 因为人口结构的变化被掩盖了，而 2000 年辽宁省、吉林省和黑龙江省的人口死亡率下降程度分别有 106.10% 、47.19% 和 68.80% 因为人口结构的变化被掩盖了。其中，辽宁省原本应该因医疗手段和科技发展等原因导致的死亡率下降完全没有表现出来，反而显示为人口死亡率随着时间的推移和技术的进步而上升。

在将 2010 年人口死亡率标准化处理去除了人口结构变化的影响之后，

全国、东北地区的标准化死亡率分别为 3.38‰和 2.92‰。辽宁省、吉林省和黑龙江省的标准化死亡率分别为 3.50‰、2.65‰和 2.48‰（见表 3 – 8）。与未处理的 2010 年人口死亡率相比，全国的人口死亡率降低了 3.73 个千分点，辽宁、吉林和黑龙江三省各自降低了 2.76 个、3.23 个和 2.55 个千分点。

表 3 – 8　2010 年全国和东北地区标准化死亡率计算

x	分项	全国	辽宁省	吉林省	黑龙江省	东北地区
0 ~ 4 岁	$m_m(x)$　$N_m^s(x)$	81985.97	1469.90	663.80	937.45	3081.68
	$m_f(x)$　$N_f^s(x)$	71768.17	1034.00	532.02	682.69	2260.65
5 ~ 9 岁	$m_m(x)$　$N_m^s(x)$	18283.38	364.35	162.53	245.16	780.38
	$m_f(x)$　$N_f^s(x)$	11128.51	220.61	120.04	211.62	552.98
10 ~ 14 岁	$m_m(x)$　$N_m^s(x)$	18996.78	468.84	241.70	383.39	1104.44
	$m_f(x)$　$N_f^s(x)$	10653.59	243.44	133.73	213.92	595.43
15 ~ 19 岁	$m_m(x)$　$N_m^s(x)$	33361.86	930.68	540.48	844.55	2336.29
	$m_f(x)$　$N_f^s(x)$	15096.31	390.98	275.54	360.49	1035.30
20 ~ 24 岁	$m_m(x)$　$N_m^s(x)$	43891.37	1262.12	776.57	1145.47	3190.54
	$m_f(x)$　$N_f^s(x)$	18257.39	453.26	353.24	474.23	1280.11
25 ~ 29 岁	$m_m(x)$　$N_m^s(x)$	44733.94	1551.62	906.78	1282.07	3737.90
	$m_f(x)$　$N_f^s(x)$	18373.14	667.39	394.12	544.32	1604.70
30 ~ 34 岁	$m_m(x)$　$N_m^s(x)$	49250.55	1967.23	947.39	1437.55	4332.96
	$m_f(x)$　$N_f^s(x)$	20378.20	788.96	381.37	581.55	1744.68
35 ~ 39 岁	$m_m(x)$　$N_m^s(x)$	72606.26	2951.17	1489.62	2144.90	6550.28
	$m_f(x)$　$N_f^s(x)$	30556.34	1108.91	625.29	791.78	2511.21
40 ~ 44 岁	$m_m(x)$　$N_m^s(x)$	78145.95	3145.49	1505.66	2285.12	6891.78
	$m_f(x)$　$N_f^s(x)$	33400.01	1167.29	692.86	995.23	2855.13
45 ~ 49 岁	$m_m(x)$　$N_m^s(x)$	86278.30	3613.26	1736.14	2544.89	7871.97
	$m_f(x)$　$N_f^s(x)$	37250.17	1445.99	782.86	1110.86	3337.24
50 ~ 54 岁	$m_m(x)$　$N_m^s(x)$	135528.05	5071.29	2617.53	4109.24	11805.11
	$m_f(x)$　$N_f^s(x)$	61916.24	2269.14	1302.17	1969.87	5538.55
55 ~ 59 岁	$m_m(x)$　$N_m^s(x)$	172674.67	6368.75	3371.64	5100.10	14833.90
	$m_f(x)$　$N_f^s(x)$	83727.04	3080.46	1785.45	2441.70	7327.42
60 ~ 64 岁	$m_m(x)$　$N_m^s(x)$	220949.47	8110.05	4351.66	6475.39	18982.37
	$m_f(x)$　$N_f^s(x)$	119613.92	4463.21	2555.76	3356.70	10464.87

x	分项	全国	辽宁省	吉林省	黑龙江省	东北地区
65~69 岁	$m_m(x)$ $N_m^s(x)$	270824.60	9817.16	5380.31	7578.88	22842.62
	$m_f(x)$ $N_f^s(x)$	171702.84	5892.89	3324.88	4195.61	13492.71
70~74 岁	$m_m(x)$ $N_m^s(x)$	304903.23	10515.93	5430.60	7372.12	23442.57
	$m_f(x)$ $N_f^s(x)$	234478.69	6970.04	3589.45	4407.82	15003.01
75~79 岁	$m_m(x)$ $N_m^s(x)$	273201.20	10961.70	5036.98	6220.45	22246.36
	$m_f(x)$ $N_f^s(x)$	251095.60	8483.75	3616.05	4316.34	16391.92
80~84 岁	$m_m(x)$ $N_m^s(x)$	186575.40	8543.96	3306.07	3780.92	15586.38
	$m_f(x)$ $N_f^s(x)$	237860.10	8591.82	2802.94	3202.57	14501.94
85~89 岁	$m_m(x)$ $N_m^s(x)$	84447.73	4458.87	1414.25	1525.76	7333.23
	$m_f(x)$ $N_f^s(x)$	144051.59	5393.57	1331.88	1399.61	7947.30
90~94 岁	$m_m(x)$ $N_m^s(x)$	18525.40	1360.31	335.45	305.59	1932.28
	$m_f(x)$ $N_f^s(x)$	43079.80	1751.91	323.25	303.54	2248.95
95~99 岁	$m_m(x)$ $N_m^s(x)$	2878.75	175.39	49.48	39.50	253.02
	$m_f(x)$ $N_f^s(x)$	8829.38	316.80	47.75	42.19	362.26
100 及以上	$m_m(x)$ $N_m^s(x)$	820.54	21.16	20.77	11.66	55.24
	$m_f(x)$ $N_f^s(x)$	2236.12	48.30	18.60	28.80	95.77
标准化死亡人口（人）		3824316.57	137911.99	65274.64	87401.62	290343.41
P_x（人）		1130510638	39459694	24659790	35215932	99335416
标准化死亡率（‰）		3.38	3.50	2.65	2.48	2.92

对比未处理的人口死亡率和标准化处理后的人口死亡率，人口结构的变化导致由医疗进步等原因造成的人口死亡概率降低被掩盖，甚至使总人口死亡率呈现数值上逐渐上升的表象。用百分比来表示这种由于人口结构变化而被掩盖住的死亡水平真实降低，则 2010 年与 1990 年相比，全国死亡率下降幅度有 113.39% 被掩盖；辽宁省、吉林省和黑龙江省的人口死亡率下降幅度分别有 89.34%、82.62% 和 65.87% 因为人口结构的变化被掩盖了。

总而言之，在去除人口结构变化的影响后，东北地区近年来的人口死亡率是逐渐下降的。只是人口老龄化的加速，人口性别结构的改变，导致总的人口死亡率数字呈现随着科学技术进步、医疗水平发展而逐渐增加的悖论。所以忽视人口结构因素，只谈总人口死亡率对比是没有意义的。

第三节　小结

第一，1990～2016 年，东北三省的人口死亡率总体上始终低于全国平均水平。而且无论是全国平均水平的还是东北三省的人口死亡率曲线，均呈现总体上升的变化规律，区别仅在于全国人口死亡率曲线是平稳上升的，而东北三省的死亡率曲线是曲折上升的。将 2011～2015 年我国 31 个地区的人口死亡率进行从低到高的排序，可见全国人口死亡率最低的地区分别为北京市、宁夏回族自治区和广东省。东北三省中，人口死亡率最低的始终是吉林省。东北三省的人口出生率是全国最低的，但人口死亡率的排序相对靠后，二者综合作用的结果便是东北三省人口自然增长率全国最低。东北地区的人口死亡率按照城乡分，始终是乡村人口死亡率最高。对比东北地区和全国人口分城乡的死亡率，可以看到城市人口死亡率部分始终是东北地区高于全国水平，而乡村人口死亡率部分则始终是东北地区低于全国水平。

第二，观察全国及东北三省少年儿童及劳动年龄人口分年龄组死亡率是一条近 U 字形曲线，在将 65 岁及以上老年人口死亡率加入进来后，才变成了 J 字形的曲线。在人口出生后的前几年，死亡率较高，随着年龄增长死亡率会下降，之后随着年龄增高死亡率又开始上升，而到了高龄老年阶段后死亡率急速上升。由于近年来全国与东北地区的老年人口所占比例明显增加，老龄化现象日趋严重，而老年人口明显高于其他年龄段人口的死亡率拉高了总人口死亡率，随着老年人口比例的不断提高，总人口的死亡率也逐渐增高。这种人口死亡率的增高很大程度上是由人口结构的变动决定的，并非医疗水平的退步等原因造成的。

第三，计算分性别死亡率和分年龄组死亡人口性别比，发现无论是全国总体水平的还是东北三省分年龄组的死亡人口性别比差异都很大，因此人口性别比的变化也会很大程度地影响总人口死亡率。各地区的劳动年龄人口的男性人口死亡人数明显要高于女性人口。2010 年东北三省的劳动年龄人口男性死亡率在部分年龄组高达女性人口的 2.5 倍，部分劳动年龄的死亡人口性别比也超过了 250。据生物学一般规律，在人的生命周期内，男性的死亡概率始终高于女性，同一出生队列的人性别比是随年龄增高而逐渐下降的。但劳动年龄人口死亡率男性是女性的 2.5 倍以上，这就超出了正常的生物学一般规律范畴，需要引起重视。

第四，为了排除人口结构对死亡率的影响，本文选用 1990 年全国和东北地区，以及辽宁、吉林、黑龙江三省各自的人口结构作为标准人口结构，对各年人口粗死亡率进行直接标准化。结论是：2000 年，全国人口死亡率比 1990 年死亡率下降程度中，有 86.22% 因为人口结构的变化被掩盖了，辽宁省、吉林省和黑龙江省的人口死亡率下降程度分别有 106.10%、47.19% 和 68.80% 因为人口结构的变化被掩盖了；2010 年，全国人口死亡率比 1990 年死亡率下降程度中，有 113.39% 因为人口结构的变化被掩盖了，辽宁省、吉林省和黑龙江省的人口死亡率下降程度分别有 89.34%、82.62% 和 65.87% 因为人口结构的变化被掩盖了。总而言之，在去除人口结构的变化的影响后，东北地区近年来的人口死亡率是逐渐下降的。只是人口老龄化的加速，人口性别结构的改变导致总的人口死亡率数字呈现随着科学技术进步、医疗水平发展而逐渐增加的悖论。所以忽视人口结构因素，只谈总人口死亡率对比是没有意义的。

第四章　东北地区人口迁移与流动

　　"人口迁移"是人口变动的形式之一，涉及多个学科，从不同的学科角度出发就会有不同的定义和分类。"人口变动"指"人口状况受人类自身、经济、社会等因素的影响，随着时间的推移而不断发生变化"。相对于人口出生和死亡及其导致的一系列人口变化属于人口的自然变动，人口迁移则与流动属于人口的机械变动，指人口在空间上的位移。人口学上人口迁移是指人们出于某种目的或动机而有意识地改变常住地，从而引起人口地区分布上的变动。按照是否跨越国界，可分为国际迁移和国内迁移；同一国境内，按照是否超越各省行政区划，划分为省内迁移和省际迁移；对于同一省份内部，还可以分为县内迁移和跨县迁移。本文所用的人口迁移，不含省内迁移部分，仅指跨省迁移。本文所选取的流动人口数据为 2015 年全国流动人口卫生计生动态监测调查所调查到的，在流入地居住一个月以上，非本省户口的流动人口。

第一节　人口迁移现状

　　从东北地区人口迁移历史的角度看，自古东北地区的人口增加主要是依靠大规模的人口迁移，包括数次战争对人口的掠夺、华北地区逃荒的灾民、到东北地区开垦荒地以谋求生计的关内农民、跟随统治阶级移居东北地区的家仆等，既包括强制移民又包括自愿移民。近代东北移民从时间上看数量增长速度最快的时期是 19 世纪末至 20 世纪 20 年代。[①] 清末，封禁东

---

① 王国臣. 近代东北人口增长及其对经济发展的影响 [J]. 人口学刊, 2006 (2).

北的法令废弛后，由关内到东北的移民不断增加，随着人口的增加土地被大面积开垦，但这一时期东北地区人口密度依然很低。

推翻清王朝建立了中华民国后，东北地区的人口迁入进入了一个新阶段，政府积极设置移民机构、制定移民章程、输送和安置移民，移民规模迅速扩大，掀起了近代东北移民的一个高潮。民国时期向东北地区的移民，主要是迁入吉林省和黑龙江省，辽宁省人口迁入的数量对该省总人口增长数量的影响不明显。这一时期，向东北地区的移民在空间分布上呈现由交通沿线的城镇向其背后的经济腹地逐步推进的特征。大量移民的迁入既为近代东北地区工商业的发展提供了廉价的劳动力，也为近代工业化的发展创造了市场条件。移民开垦出大量耕地，粮食作物的产量不断增加，尤其是剩余粮食的增加，推动了近代东北民族工业的发展。[①] 新中国成立后，由于国家对东北地区的重点投资建设，资源丰富的东北地区成为吸引人口大规模迁入的地区。

这样的人口迁移历史使东北地区成为典型的人口迁入地区，移民构成了东北地区人口的主体。这种人口从区域外的净迁入一直持续到 20 世纪 70 年代末，分为几个明显的阶段。第一阶段为 1949～1957 年，东北地区凭借着相对较好的工业基础和便利的交通，及邻近苏联的地缘优势获得快速发展，1949 年后，东北成为我国最重要的工业基地。国家对东北寄予厚望，也提供了更充分的发展机会。"一五"计划经济时期，在国家确定的 156 个重点建设项目中有 57 个落户东北，同期该地区投资占全国总投资的 37%[②]，人口大规模迁入呈从南向北均匀分布的态势。第二阶段为 1958～1962 年，由于大跃进、三年困难时期、开发北大荒等，东北地区总体上依然是人口净迁入地区，但人口迁移规模波动很大且整体人口状态不稳定。第三阶段是 1963～1980 年，受知识青年下乡、干部下放、企业搬迁和集体迁移等综合影响，人口迁移规模逐渐下降。第四阶段为 20 世纪 80 年代以后，东北地

---

① 王国臣．近代东北人口增长及其对经济发展的影响［J］．人口学刊，2006（2）.
② 段成荣，吕利丹，秦敏．东北振兴与破解人口困局［J］．改革纵横，2015（7）.

区从人口净迁入地区转变为人口净迁出地区。[①]

一　人口对内迁入现状

根据 2010 年"全国按现住地和五年前常住地分的人口数据"计算东北地区对内迁入人口的主要来源。将东北地区作为一个整体考察，可见东北地区省际人口迁入中占据百分比最高的是地区内迁移，辽宁省是主要的迁入地区，黑龙江省则是主要的迁出地区。除去东北地区内部的省际迁移，从区域外向东北地区迁移人口最多的前五个地区分别为：内蒙古自治区、山东省、河南省、河北省和安徽省。分省考察辽宁省、吉林省和黑龙江省从省外迁入的人口来源，则发现三省的迁入人口来源排序基本一致，除去东北地区内部省际互迁，从区域外向东北三省迁移人口最多的地区的前五名依然是内蒙古自治区、山东省、河南省、河北省和安徽省（见表 4 - 1）。

表 4 - 1　2010 年东北地区人口对内迁入地区排序

单位：%

序号	东北三省合计		辽宁省		吉林省		黑龙江省	
	地区	百分比	地区	百分比	地区	百分比	地区	百分比
1	黑龙江	22.61	黑龙江	28.76	黑龙江	22.70	吉林	17.99
2	吉林	13.43	吉林	16.12	辽宁	13.49	山东	12.73
3	内蒙古	9.23	内蒙古	9.82	山东	10.39	辽宁	12.08
4	山东	8.67	山东	7.06	内蒙古	7.34	内蒙古	9.11
5	河南	6.01	河南	6.41	河南	5.78	河北	6.58
6	河北	5.09	河北	4.60	河北	5.34	河南	4.80
7	辽宁	4.63	安徽	4.06	安徽	3.98	安徽	4.15
8	安徽	4.06	四川	3.43	江苏	3.27	湖北	3.54
9	四川	3.05	江苏	2.67	浙江	3.12	江苏	3.08
10	江苏	2.85	湖北	1.91	湖北	2.60	浙江	2.66

[①]　于潇. 建国以来东北地区人口迁移与区域经济发展分析 [J]. 人口学刊，2006（3）.

续表

序号	东北三省合计		辽宁省		吉林省		黑龙江省	
	地区	百分比	地区	百分比	地区	百分比	地区	百分比
11	湖北	2.32	浙江	1.76	四川	2.52	四川	2.23
12	浙江	2.17	山西	1.49	山西	2.08	北京	2.17
13	山西	1.67	湖南	1.26	港澳台	2.01	湖南	1.91
14	湖南	1.43	福建	1.13	湖南	1.56	山西	1.90
15	福建	1.26	重庆	0.94	福建	1.43	天津	1.70
16	北京	1.20	陕西	0.94	北京	1.38	江西	1.64
17	江西	1.09	江西	0.90	江西	1.24	广东	1.59
18	陕西	1.05	广东	0.89	陕西	1.15	福建	1.54
19	广东	1.05	北京	0.89	广东	1.09	陕西	1.39
20	天津	0.93	港澳台	0.75	天津	0.95	甘肃	1.10
21	港澳台	0.91	甘肃	0.73	重庆	0.85	云南	0.89
22	重庆	0.90	天津	0.71	甘肃	0.82	贵州	0.84
23	甘肃	0.81	贵州	0.59	新疆	0.81	上海	0.83
24	贵州	0.67	新疆	0.44	贵州	0.79	重庆	0.80
25	新疆	0.53	云南	0.40	海南	0.67	广西	0.70
26	云南	0.51	广西	0.36	上海	0.63	新疆	0.54
27	上海	0.47	上海	0.33	云南	0.55	海南	0.52
28	广西	0.45	青海	0.22	青海	0.54	港澳台	0.33
29	海南	0.32	宁夏	0.16	广西	0.53	宁夏	0.30
30	青海	0.29	海南	0.16	宁夏	0.32	青海	0.27
31	宁夏	0.22	西藏	0.11	西藏	0.10	西藏	0.10
32	西藏	0.10	—		—		—	

资料来源：根据中华人民共和国国家统计局网站（http://data.stats.gov.cn/）数据计算。

二　人口对外迁出现状

考察东北地区人口省际迁移特征，可获得的数据主要包括户口与现住地分离的人口和按现住地和五年前常住地分的人口数据。

按照户口与现居住地分离的统计口径考察东北地区对外迁出人口，计算 2010 年东北地区对外迁出人口的主要流向，按照百分比从高到低的顺序排序。将现居住地已经不在原户口所在省份的东北地区人口作为一个整体，考察东北地区人口迁移流向。可以看到所占比例最高的是东北地区内部，吉林省和黑龙江省人口向辽宁省的迁移，其次则是向北京市、山东省、天津市、河北省、内蒙古自治区、广东省、上海市等地的迁移。分省考察东北地区人口对外迁出的流向，可以发现除去东北三省之间的省际迁移，东北三省人口对外迁出，主要迁入地的前 9 位均为北京市、天津市、山东省、河北省、内蒙古自治区、广东省、上海市、江苏省和浙江省（见表 4-2）。

表 4-2 2010 年东北地区对外迁出人口的主要流向排序 （人户分离）

单位：%

序号	东北三省合计		辽宁省		吉林省		黑龙江省	
	地区	百分比	地区	百分比	地区	百分比	地区	百分比
1	辽宁	17.60	北京	24.44	辽宁	21.85	辽宁	22.30
2	北京	17.51	天津	8.08	北京	15.59	山东	15.98
3	山东	13.62	山东	7.77	山东	13.56	北京	15.79
4	天津	7.64	河北	7.40	黑龙江	8.78	河北	7.69
5	河北	6.70	内蒙古	7.23	天津	7.40	天津	7.60
6	内蒙古	5.67	广东	6.55	广东	5.42	内蒙古	5.60
7	广东	5.05	吉林	6.30	内蒙古	4.65	吉林	5.11
8	上海	4.46	上海	6.20	河北	4.34	广东	4.26
9	吉林	3.94	黑龙江	5.68	上海	4.29	上海	3.86
10	黑龙江	3.61	江苏	3.61	江苏	2.93	江苏	2.71
11	江苏	2.95	浙江	2.78	浙江	2.36	浙江	2.17
12	浙江	2.35	山西	1.33	福建	0.88	福建	0.79
13	福建	0.91	四川	1.26	山西	0.82	海南	0.74
14	山西	0.83	福建	1.24	四川	0.74	山西	0.63
15	四川	0.72	陕西	1.20	广西	0.66	河南	0.57
16	海南	0.71	河南	0.89	海南	0.63	四川	0.49
17	河南	0.65	湖北	0.87	河南	0.61	广西	0.48
18	陕西	0.65	广西	0.81	陕西	0.59	陕西	0.45

续表

序号	东北三省合计		辽宁省		吉林省		黑龙江省	
	地区	百分比	地区	百分比	地区	百分比	地区	百分比
19	广西	0.60	新疆	0.79	安徽	0.53	新疆	0.43
20	新疆	0.51	海南	0.75	湖南	0.51	湖北	0.37
21	湖北	0.50	安徽	0.74	湖北	0.47	安徽	0.37
22	安徽	0.49	湖南	0.73	云南	0.45	云南	0.33
23	湖南	0.44	江西	0.67	新疆	0.44	湖南	0.28
24	云南	0.43	云南	0.67	江西	0.36	江西	0.21
25	江西	0.35	甘肃	0.58	重庆	0.28	重庆	0.20
26	重庆	0.28	重庆	0.51	甘肃	0.26	宁夏	0.18
27	甘肃	0.27	宁夏	0.33	贵州	0.26	甘肃	0.16
28	贵州	0.21	贵州	0.32	宁夏	0.17	贵州	0.14
29	宁夏	0.21	青海	0.20	青海	0.13	青海	0.08
30	青海	0.12	西藏	0.05	西藏	0.02	西藏	0.02
31	西藏	0.02	—	—	—	—	—	—

资料来源：根据中华人民共和国国家统计局网站（http://data.stats.gov.cn/）数据计算。

按现住地和五年前常住地分的人口数据考察东北地区对外迁出人口。根据 2010 年人口普查资料长表数据中，"全国按现住地和五年前常住地分的人口数据"计算东北地区对外迁出人口的主要流向，按照百分比从高到低的顺序排序。将东北地区人口看作一个整体，可见东北地区常住人口对外迁移所占比例最高的是地区内的省际迁移，即吉林省、黑龙江省向辽宁省的迁移，2010 年长表数据计算这一迁移比例为 17.65%。除去东北地区内部的省际互迁后，东北地区常住人口对外迁移比重最高的是北京市，其次为山东省、河北省、天津市和广东省（见表 4 - 3）。

分省考察东北地区的人口对外迁移流向可以发现，东北地区内部互相迁移占本省外迁人口比重较高。辽宁省向吉林省、黑龙江省迁移人口占本省总迁出人口的比例分别为 6.80%、5.69%；吉林省向辽宁省、黑龙江省迁移人口占本省总迁出人口的比例分别为 22.28%、6.80%；黑龙江省向辽宁省、吉林省迁移人口占本省总迁出人口的比例分别为 23.21%、5.36%。

表 4-3 2010 年东北地区对外迁出人口的主要流向排序（常住地）

单位：%

序号	东北三省合计		辽宁省		吉林省		黑龙江省	
	地区	百分比	地区	百分比	地区	百分比	地区	百分比
1	辽宁	17.65	北京	20.15	辽宁	22.28	辽宁	23.21
2	北京	15.12	山东	7.87	北京	13.94	山东	15.14
3	山东	12.80	河北	7.18	山东	12.76	北京	13.44
4	河北	6.82	吉林	6.80	黑龙江	6.80	河北	7.85
5	天津	6.14	内蒙古	6.64	广东	5.98	天津	6.47
6	广东	5.35	广东	6.39	天津	5.63	吉林	5.36
7	内蒙古	4.89	上海	6.37	河北	4.77	广东	4.49
8	上海	4.60	天津	6.08	上海	4.23	内蒙古	4.45
9	吉林	4.16	黑龙江	5.69	内蒙古	4.23	上海	3.98
10	江苏	3.94	江苏	4.90	江苏	3.94	江苏	3.50
11	浙江	3.33	浙江	3.82	浙江	3.29	浙江	3.12
12	黑龙江	3.23	四川	1.96	四川	1.12	福建	0.88
13	四川	1.11	福建	1.60	福建	1.11	海南	0.86
14	福建	1.11	陕西	1.52	山西	0.97	四川	0.72
15	陕西	0.93	安徽	1.46	广西	0.90	广西	0.71
16	山西	0.91	山西	1.40	安徽	0.89	河南	0.70
17	安徽	0.84	湖北	1.31	陕西	0.87	陕西	0.69
18	广西	0.82	河南	1.07	河南	0.81	山西	0.65
19	海南	0.81	湖南	0.99	海南	0.74	湖北	0.56
20	河南	0.81	广西	0.95	湖北	0.71	安徽	0.52
21	湖北	0.78	江西	0.89	湖南	0.64	新疆	0.42
22	湖南	0.60	海南	0.81	江西	0.60	云南	0.42
23	江西	0.54	新疆	0.79	云南	0.52	湖南	0.40
24	新疆	0.53	重庆	0.77	新疆	0.51	江西	0.35
25	云南	0.50	甘肃	0.70	重庆	0.49	重庆	0.31
26	重庆	0.47	云南	0.65	贵州	0.43	甘肃	0.23
27	甘肃	0.39	贵州	0.51	甘肃	0.39	宁夏	0.22

续表

序号	东北三省合计		辽宁省		吉林省		黑龙江省	
	地区	百分比	地区	百分比	地区	百分比	地区	百分比
28	贵州	0.34	宁夏	0.42	宁夏	0.26	贵州	0.21
29	宁夏	0.28	青海	0.25	青海	0.15	青海	0.12
30	青海	0.16	西藏	0.06	西藏	0.02	西藏	0.02
31	西藏	0.02	—	—	—	—	—	—

资料来源：根据中华人民共和国国家统计局网站（http://data. stats. gov. cn/）数据计算。

对比东北三省的省际迁移比例可以发现，总的来说，吉林省和黑龙江省向辽宁省迁移的比例较高，而辽宁省向吉林、黑龙江两省迁移的比例就低得多，吉林省与黑龙江省之间的迁移比例也远低于向辽宁省的迁出比例（见表4-3）。

总体上，虽然排序略有不同，但东北三省迁出人口的迁入地基本相同。除去东北三省之间的相互迁移后，东北地区作为一个整体及分省对外迁出比例最高的9个地区分别为：北京市、山东省、河北省、天津市、广东省、内蒙古自治区、上海市、江苏省、浙江省（见表4-3）。由此可见，无论是按照短表数据的户籍人口计算，还是按照长表数据的常住地人口计算，东北地区人口向区域外迁出的主要迁入地点为北京市、山东省、河北省、天津市、广东省、内蒙古自治区、上海市、江苏省和浙江省。

2015年全国流动人口卫生计生动态监测调查数据，是根据流动人口卫生计生服务管理工作和政策研究的需要，按照随机原则在31个省（区、市）和新疆生产建设兵团流动人口较为集中的流入地抽取样本点，开展抽样调查，所以表4-4中的地区共计32个，这种调查结果对全国和各省具有代表性。根据动态监测调查数据，在调查前一个月前来调查地点居住且户籍在东北地区的全部跨省流动人口有15852人，其中少年儿童人口2423人、劳动年龄人口12950人、老年人口479人。劳动年龄人口的民族构成中，百分比最高的前4个民族为汉族93.17%、满族3.59%、朝鲜族1.82%、蒙古族0.76%。被调查对象均为2015年5月年龄在15周岁及以上的流动人口，其中少年儿童人口数据均为家庭成员代为回答获得。

表 4-4 2015 年东北地区跨省流出人口主要流向分布（动态监测）

单位：%

位次	迁入地	百分比	位次	迁入地	百分比	位次	迁入地	百分比
1	辽宁	22.52	12	浙江	1.51	23	四川	0.40
2	北京	13.29	13	广东	1.34	24	河南	0.34
3	天津	12.57	14	山西	1.14	25	江西	0.33
4	河北	10.77	15	广西	0.77	26	安徽	0.32
5	吉林	8.25	16	陕西	0.75	27	湖北	0.28
6	黑龙江	4.18	17	新疆	0.74	28	贵州	0.25
7	海南	3.95	18	甘肃	0.62	29	兵团	0.21
8	内蒙古	3.77	19	云南	0.61	30	重庆	0.18
9	上海	3.42	20	福建	0.54	31	西藏	0.18
10	山东	3.32	21	青海	0.51	32	湖南	0.11
11	江苏	2.33	22	宁夏	0.49			

资料来源：根据 2015 年全国流动人口卫生计生动态监测调查数据计算。

在调查中东北地区跨省对外迁移流动的人口中，与普查数据相类似的是，比例最高的跨省流动依然是东北地区内部跨省互相流动。吉林省和黑龙江省向辽宁省的跨省流动人口占了东北地区所有跨省流动人口的 22.52%。除去东北地区内部的跨省互相流动，东北人口对外流动的主要流入地为北京市、天津市、河北省，其次是海南省、内蒙古自治区和上海市、山东省、江苏省。虽然由于是抽样调查数据，不能据此认为东北地区对外流动人口就是按照这一百分比分布的，但总体上来说京津冀等地对东北地区流动人口的吸引力较大是客观事实。

这里需要单独指出的是，在这次抽样调查数据中，东北地区流出人口的流入地中海南省排名靠前，这与抽样调查的季节有关。海南省的流动型候鸟人口主要是到海南养老和过冬及短期往返的度假旅游人口，其中到海南养老的人口占流动型候鸟人口的比重达 41.2%，停留时间主要集中在每年的 11 月至次年的 4 月。相对全国其他地区而言，东北地区因为冬季特有的寒冷及供暖期、秸秆焚烧期的空气污染，每到冬季会有大规模的人口迁往温暖、生态环境好的地区，成为冬季全国"候鸟式"养老的主要迁出地。

每年 5 月，是海南省候鸟人口陆续返乡的季节，月初时候东北候鸟人口的比例还是很高的，如果调查时间推后两三个月，则这一调查比例会有不同。对于海南省的东北地区候鸟人口问题，后文还会有详尽阐述。

三 人口净迁移现状

根据 2010 年第六次人口普查数据计算我国 31 个地区的人口净迁入情况，按照人口净迁入从高到低的顺序进行排序。由于采用的是户籍人口和现住地分离的统计口径，所以数据上体现出来的是多年累积的结果。总体而言，不同性别人口的迁移数量排名情况区别不大，绝对数差异比较明显，全国主要的人口迁入地排名前 5 的地区为广东省、浙江省、上海市、北京市、江苏省，迁入人口中男性比女性分别多 224.72 万人、102.98 万人、72.12 万人、55.82 万人、11.78 万人。考察东北地区的人口迁入数量和全国排名：辽宁省的人口净迁入数量为 77.25 万人，全国人口净迁入排名为第 9 位；吉林省人口净迁入量为 -91.64 万人，即为人口净迁出 91.64 万人，全国排名第 17 位；黑龙江省人口净迁入量为 -204.73 万人，即为人口净迁出 204.73 万人，全国排名第 21 位（见图 4 - 5）。

表 4 - 5　2010 年我国各地区的人口净迁入排序（降序）

单位：万人，%

序号	人口净迁入				净迁入/户籍人口			
	地区	合计	男	女	男 - 女	地区	合计	男	女
1	广东	2061.72	1143.22	918.50	224.72	上海	61.52	66.62	56.42
2	浙江	997.00	549.99	447.01	102.98	北京	53.93	57.93	49.86
3	上海	872.67	472.39	400.27	72.12	天津	27.40	35.38	19.35
4	北京	677.02	366.42	310.60	55.82	广东	24.25	26.09	22.29
5	江苏	432.04	221.91	210.13	11.78	浙江	21.06	22.85	19.22
6	天津	271.84	176.39	95.45	80.94	福建	7.48	8.01	6.92
7	福建	264.63	145.91	118.72	27.19	新疆	7.38	8.56	6.15
8	新疆	149.44	88.21	61.23	26.98	江苏	5.76	5.84	5.69

序号	人口净迁入				净迁入/户籍人口			
	地区	合计	男	女	男－女	地区	合计	男	女
9	辽宁	77.25	44.27	32.98	11.29	西藏	3.81	5.32	2.26
10	内蒙古	37.66	38.43	－0.76	39.19	海南	3.69	4.36	2.95
11	海南	31.27	19.33	11.94	7.39	宁夏	2.26	2.94	1.55
12	宁夏	14.27	9.46	4.80	4.66	辽宁	1.82	2.06	1.57
13	西藏	11.02	7.79	3.23	4.56	内蒙古	1.54	3.08	－0.06
14	青海	7.63	7.42	0.21	7.21	青海	1.38	2.63	0.08
15	山西	－15.16	－3.67	－11.49	7.82	山西	－0.44	－0.21	－0.68
16	云南	－24.59	－1.25	－23.34	22.09	云南	－0.54	－0.05	－1.06
17	吉林	－91.64	－47.60	－44.03	－3.57	山东	－1.03	－1.38	－0.66
18	山东	－98.01	－66.87	－31.14	－35.73	陕西	－2.57	－2.77	－2.35
19	陕西	－98.62	－55.16	－43.46	－11.70	河北	－2.91	－3.33	－2.47
20	甘肃	－116.04	－65.35	－50.69	－14.66	吉林	－3.38	－3.46	－3.29
21	黑龙江	－204.73	－103.57	－101.15	－2.42	甘肃	－4.27	－4.65	－3.86
22	河北	－209.36	－122.06	－87.30	－34.75	黑龙江	－5.35	－5.33	－5.38
23	重庆	－256.17	－144.83	－111.34	－33.49	广西	－6.48	－6.77	－6.16
24	贵州	－328.53	－177.67	－150.86	－26.80	河南	－7.70	－8.58	－6.76
25	广西	－334.28	－183.36	－150.92	－32.44	重庆	－7.73	－8.43	－6.97
26	湖北	－487.62	－273.49	－214.13	－59.37	湖北	－7.90	－8.54	－7.20
27	江西	－518.75	－293.94	－224.80	－69.14	贵州	－7.90	－8.21	－7.56
28	湖南	－650.39	－360.44	－289.95	－70.49	四川	－8.64	－9.39	－7.85
29	四川	－777.66	－435.58	－342.07	－93.51	湖南	－9.19	－9.83	－8.50
30	河南	－803.41	－463.72	－339.69	－124.03	江西	－11.01	－11.93	－9.99
31	安徽	－890.51	－492.58	－397.93	－94.65	安徽	－12.98	－13.87	－12.02

资料来源：根据中华人民共和国国家统计局网站（http://data.stats.gov.cn/）数据计算。

　　进一步考察人口净迁入情况，将人口净迁移数量与当地户籍人口做比，计算人口净迁移数量占当地户籍人口的百分比，将其进行排序。这一比值的含义是每100个某地区户籍人口，对应多少户籍不在该地区但现居住在该地区的外省净迁入人口（正值）；或者每100个某地区户籍人口中，对应多少个户籍在本地但现居住地在外省的净迁出人口（负值）。31个地区中，净迁入对应百分比最高的几个地区分别为上海市、北京市、天津市、广东省、浙江省，百分比分别为61.52%、53.93%、27.40%、24.25%、21.06%。净迁出对应百分比最高的几个地区为安徽省、江西省、湖南省、四川省、贵州省，户籍在本省而现居地在省外的净迁出人口占户籍人口的百分比为12.98%、11.01%、9.19%、8.64%、7.90%（见表4-5）。分性别对这一指标进行考察，可以看到总体而言，迁移人口的这一百分比是男性高于女性的。

考察东北地区净迁移人口占本省户籍人口百分比。辽宁省作为人口净迁入省份，在表4-5中排名在第12位，这一比值为1.82%，男性为2.06%、女性为1.57%。吉林省作为人口净迁出省份，在表4-5中排名在第20位，如果是按照人口净迁出数量占户籍人口百分比由高到低排名，则应该排在全国第12位，户籍在本省而现居地在省外的净迁出人口占户籍人口的3.38%，其中男性人口占3.46%、女性人口占3.29%。黑龙江作为人口净迁出省份，在表4-5中排名在第22位，如果是按照人口净迁出数量占户籍人口百分比由高到低排名，则应排在全国第10位，户籍在本省而现居地在省外的净迁出人口占户籍人口的5.35%，男性人口占5.33%、女性人口占5.38%。

第二节　人口迁移流动特征与原因分析

东北地区是一个人口迁移流动很活跃的地区，既有人口向外流出也有人口对内流入，人口流动规模较大且特征鲜明。造成这种人口迁移流动现状的原因错综复杂又相互关联。

一　人口迁移特征分析

东北地区人口迁移特征主要包括：迁入人口男性较多，迁出人口女性较多；东北三省迁入人口来源、迁出人口流向相似性极高；从北向南梯次迁移特征明显，迁入人口受教育程度偏高等。

（一）迁入人口男性较多，迁出人口女性较多

不同年龄组的迁移人口性别比，是影响一个国家或地区人口性别结构的主要因素之一。由于 2015 年的全国 1% 人口抽样调查数据受样本量限制，黑龙江省迁入人口性别比计算结果明显不合理，所以此处只能利用 2010 年的人口普查数据进行分析。2010 年居住于东北地区、户口登记地在省外的迁移人口性别比为 124.83，也就是说总体上户籍登记地在省外的迁移人口中男性人口与女性人口的比例为 124.83:100，迁入人口中男性人口多于女性人口。分省而言，辽宁省从省外迁入的人口性别比为 125.40，吉林省从省外迁入的人口性别比为 118.36，黑龙江省从省外迁入的人口性别比为 128.87。这一迁移人口的性别特征与全国人口迁移性别特征是一致的，2010 年全国按照现住地与户籍所在地不同这一口径统计的省际迁移人口性别比为 128.89，同样是男性明显多于女性。

2010 年，户籍在东北地区、外出半年以上的人口占总人口的 15.64%，其中外出半年以上男性人口占男性人口总数的 15.43%，外出半年以上女性人口占女性人口总数的 15.86%，外出半年以上人口性别比为 99.79。分省来说，辽宁省户籍人口外出半年以上的占总人口的 17.67%，其中外出半年以上男性人口占男性人口总数的 17.42%，外出半年以上女性人口占女性人口总数的 17.92%，外出半年以上人口性别比为 99.09。吉林省外出半年以上人口占总人口的 14.61%，其中外出半年以上男性人口占男性人口总数的 14.24%，外出半年以上女性人口占女性人口总数的 14.98%，外出半年以上人口性别比为 97.84。黑龙江省外出半年以上人口占总人口的 14.12%，其中外出半年以上男性人口占男性人口总数的 14.06%，外出半年以上女性人口占女性人口总数的 14.19%，外出半年以上人口性别比为 102.24。

由此可见，东北地区无论是不同性别外出半年以上人口占各自性别总人口的比重，还是外出半年以上人口分性别的绝对数，均是女性更高一些。东北三省中，只有黑龙江省外出人口男性多于女性，但这种数量差异不能改变东北地区迁出人口女性多于男性的总体特征。结合前文户籍人口净迁

移计算结果,辽宁省人口净迁入男性比女性多 11.29 万人,吉林省人口净迁出男性比女性多 3.57 万人,黑龙江省人口净迁出男性比女性人口多 2.42 万人。截至 2010 年第六次人口普查,辽宁省的净迁入与吉林省、黑龙江省的净迁出人口性别差额互相抵消一部分后,仅因人口迁移而造成的东北地区男性人口比女性人口多 5.31 万人。

(二) 东北三省迁入人口来源、迁出人口流向相似性极高

计算不同地区与东北地区之间是省际净迁入关系还是净迁出关系,分省考察东北地区人口的迁移流向。表 4-6 中负值代表东北地区作为整体或者分省,对于其他各省属于人口净迁出地区,而正值则表示东北地区对应其他各省属于人口净迁入地区。

表 4-6 2010 年东北地区人口净迁移的流向

单位:万人

序号	东北地区		辽宁		吉林		黑龙江	
	地区	人口	地区	人口	地区	人口	地区	人口
1	北京	-84.41	北京	-23.89	辽宁	-23.62	辽宁	-51.19
2	山东	-44.68	天津	-7.35	北京	-20.99	北京	-39.53
3	天津	-36.03	上海	-5.93	山东	-14.16	山东	-34.59
4	广东	-23.05	广东	-5.57	天津	-9.79	天津	-18.89
5	河北	-21.43	海南	-0.59	广东	-7.08	河北	-16.93
6	上海	-21.26	河北	-0.58	上海	-5.73	广东	-10.41
7	江苏	-6.85	广西	-0.43	河北	-3.91	上海	-9.61
8	浙江	-5.97	新疆	-0.35	内蒙古	-2.92	内蒙古	-9.04
9	海南	-3.02	宁夏	-0.17	江苏	-2.59	江苏	-5.02
10	广西	-2.14	云南	-0.13	浙江	-1.88	浙江	-4.30
11	新疆	-1.68	西藏	0.05	广西	-0.73	海南	-1.73
12	内蒙古	-1.30	青海	0.09	海南	-0.70	福建	-1.26
13	山西	-1.16	浙江	0.21	山西	-0.56	吉林	-1.00
14	云南	-1.09	甘肃	0.26	福建	-0.50	广西	-0.98
15	福建	-1.04	陕西	0.30	新疆	-0.39	山西	-0.93

序号	东北地区		辽宁		吉林		黑龙江	
	地区	人口	地区	人口	地区	人口	地区	人口
16	陕西	-0.73	山西	0.33	云南	-0.38	新疆	-0.93
17	宁夏	-0.71	贵州	0.49	陕西	-0.37	陕西	-0.65
18	青海	-0.10	江西	0.65	宁夏	-0.17	云南	-0.58
19	西藏	0.01	福建	0.71	贵州	-0.13	宁夏	-0.38
20	甘肃	0.15	江苏	0.76	湖南	-0.11	青海	-0.13
21	贵州	0.31	湖南	0.93	甘肃	-0.10	贵州	-0.04
22	江西	0.83	重庆	1.64	青海	-0.06	西藏	-0.02
23	湖南	0.84	湖北	2.64	重庆	-0.02	甘肃	-0.01
24	重庆	1.62	山东	4.07	西藏	-0.01	重庆	0.00
25	湖北	4.22	四川	5.59	江西	0.01	湖南	0.01
26	四川	6.08	安徽	6.75	四川	0.45	四川	0.04
27	安徽	9.38	内蒙古	10.66	湖北	0.84	江西	0.18
28	河南	14.10	河南	11.31	黑龙江	1.00	湖北	0.74
29	—	—	吉林	23.62	安徽	1.24	河南	1.07
30	—	—	黑龙江	51.19	河南	1.72	安徽	1.39

资料来源：根据中华人民共和国国家统计局网站（http://data.stats.gov.cn/）数据计算。

将东北地区作为一个整体考察，则可以看到东北地区人口主要净迁出到北京市、山东省、天津市、广东省、河北省、上海市、江苏省、浙江省、海南省和广西壮族自治区，向这些地区净迁出人口数量分别为84.41万人、44.68万人、36.03万人、23.05万人、21.43万人、21.26万人、6.85万人、5.97万人、3.02万人、2.14万人。而向东北地区净迁入人口的省份主要包括：河南省、安徽省、四川省、湖北省、重庆市、湖南省、江西省等，从这些地区向东北地区净迁入人口数量分别为14.10万人、9.38万人、6.08万人、4.22万人、1.62万人、0.84万人、0.83万人。新中国成立后，大批的山东、河北等省的移民迁往东北地区，而现阶段东北地区人口向这些传统的人口净迁出地区形成了反向人口回流，大批户籍在东北地区的人口迁入山东省、河北省。同时，北京市、天津市、广东省、上海市等经济发达地区，对东北地区人口形成了巨大的拉力，成为东北地区对外迁出人口的主要迁入地区。

分省进行考察，辽宁省人口向北京市、天津市、上海市、广东省、海南省净迁出的数量最多，而从黑龙江省、吉林省、河南省、内蒙古自治区、安徽省等地区净迁入的人口数量最多。吉林省人口向辽宁省、北京市、山东省、天津市、广东省净迁出的数量最多，而从河南省、安徽省、黑龙江省、湖北省、四川省等地区净迁入的人口数量最多。黑龙江省人口向辽宁省、北京市、山东省、天津市、河北省净迁出的数量最多，而从安徽省、河南省、湖北省、江西省、四川省等地区净迁入的人口数量最多。

（三）从北向南梯次迁移特征明显，迁入人口受教育程度较高

从数据上观察，东北地区内部人口互相地省际迁移规律十分明显，计算去除相互抵消的部分后，黑龙江省向吉林省和辽宁省分别净迁出 1.00 万人和 51.19 万人；吉林省向辽宁省净迁出 23.62 万人；辽宁省则是东北地区内部人口迁移的净迁入地区，是东北地区内部省际迁移的主要目的地（见图 4 - 1）。这种迁移呈现明显的从北向南梯次迁移的特征。

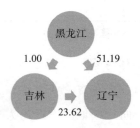

图 4 - 1　东北地区内部人口互相迁移流向

考察户籍在外省而居住在东北地区的迁入人口的文化水平。东北地区作为一个整体，其省际迁入人口中未上过学的占 1.55%、小学文化水平的占 18.68%、初中文化水平的占 49.13%、高中文化水平的占 12.59%、大学专科文化水平的占 6.24%、大学本科文化水平的占 11.02%、研究生文化水平的占 0.80%（见表 4 - 7）。东北三省的人口文化水平分布相差不多，吉林省接受了大学本科教育和研究生教育的人口百分比明显高于辽宁省和黑龙江省。

表 4 - 7　2010 年全国及东北地区省际迁入人口的受教育程度

单位：%

分类	地区	未上过学	小学	初中	高中	大学专科	大学本科	研究生
总人口	全国	1.50	17.32	52.84	16.76	6.07	5.04	0.47
	辽宁	1.34	19.45	52.37	12.53	5.76	7.85	0.70
	吉林	1.60	15.99	42.51	13.12	6.52	19.08	1.18
	黑龙江	2.24	18.37	43.69	12.32	7.67	14.91	0.80
	东北地区	1.55	18.68	49.13	12.59	6.24	11.02	0.80
男	全国	0.87	15.69	54.10	17.68	6.05	5.15	0.47
	辽宁	0.79	18.25	53.94	12.62	5.69	8.07	0.64
	吉林	1.04	14.98	44.28	13.79	6.55	18.38	0.98
	黑龙江	1.43	17.40	45.16	12.64	7.60	14.96	0.80
	东北地区	0.95	17.56	50.73	12.82	6.19	11.03	0.73
女	全国	2.32	19.43	51.21	15.59	6.09	4.91	0.46
	辽宁	2.02	20.97	50.40	12.42	5.84	7.58	0.77
	吉林	2.26	17.17	40.41	12.33	6.49	19.92	1.41
	黑龙江	3.30	19.64	41.78	11.89	7.76	14.84	0.79
	东北地区	2.29	20.08	47.12	12.31	6.30	11.01	0.88

资料来源：根据中华人民共和国国家统计局网站（http://data.stats.gov.cn/）数据计算。

　　对比全国省际迁移人口的平均受教育程度和东北地区省际迁入人口的受教育程度，可以看到无论是全国平均水平还是东北地区作为整体，所占比例最高的均为初中文化水平。全国平均水平的受教育程度分布是主要集中在初中文化程度，然后柱形图高度向两侧递减。而东北地区与全国平均水平的区别在于，虽然初中教育水平的也占绝大多数，总体上柱形图变化规律是从最高处向两侧减少，但东北地区受过大学本科教育的迁入人口比例明显高于全国，且高于本地区迁入人口中受过大学专科教育的人口（见图 4 - 2），这种柱形图分布是与全国平均水平不同的。

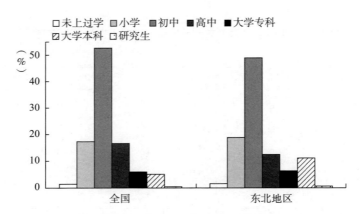

图 4-2　2010 年全国省际迁移及东北地区迁入人口受教育水平

二　人口迁移流动的原因分析

对于人口迁移的原因，一个重要的理论为 Push-pull Theory，即 "推-拉" 理论。此理论的中心思想是迁移行为是迁入地因素和迁出地因素两方面共同作用的结果。对于一个迁移者来说，迁移原因一是原住地产生一种推力，它包括经济因素、社会因素、政治因素、环境因素等多种因素；二是迁移者还受迁入地的拉力作用，同样的这种拉力也包括经济因素、社会因素、政治因素、环境因素等。最终导致迁移的是这种推力和拉力的合力，当推拉合力足够大时便产生了迁移行为。"推-拉" 理论能够很好地解释同一区域内有人迁入同时有人迁出的现象，是一种比较全面、深刻的人口迁移理论。由于推力和拉力都由错综复杂的综合因素构成，所以针对个体的迁移原因，具体的作用力强度是无法量化的，只能据此做整体迁移原因的判断和一般性分析。需要指出的是，"推-拉" 理论能够解释的只是自愿移民的部分，如果是由军事、政治、大规模建设需要等原因造成的强制性移民，不能够用该理论来进行解释。

进一步分析各地区人口向东北地区迁移的主要原因。人口对外迁移的动力包括迁出地的推力和迁入地的拉力，具体的迁移原因主要包括务工经商、学习培训、投亲靠友、婚姻嫁娶等。分省、分性别考察人口向东北地区迁移的主要原因：东北三省中吉林省和黑龙江省的人口迁入原因百分比从高到低的排序是完全一致的，辽宁省的人口迁入原因排序略有不同。从数值上看，吉林省和黑龙江省有着较大比例的学习培训迁入人口，而辽宁省这部分人口比例就比较低（见表4-8）。

表4-8 2010年分性别迁入东北三省的原因

单位：%

省份	合计		男		女	
	原因	百分比	原因	百分比	原因	百分比
辽宁	务工经商	55.48	务工经商	61.90	务工经商	47.43
	随迁家属	14.25	随迁家属	10.87	随迁家属	18.48
	学习培训	8.31	学习培训	8.12	学习培训	8.54
	投亲靠友	6.44	投亲靠友	5.57	婚姻嫁娶	8.22
	婚姻嫁娶	4.52	其他	5.18	投亲靠友	7.52
	其他	4.46	工作调动	3.33	拆迁搬家	3.72
	拆迁搬家	3.45	拆迁搬家	3.24	其他	3.56
	工作调动	2.86	婚姻嫁娶	1.58	工作调动	2.27
	寄挂户口	0.24	寄挂户口	0.23	寄挂户口	0.26
吉林	务工经商	40.97	务工经商	49.30	务工经商	31.11
	学习培训	21.54	学习培训	19.96	学习培训	23.42
	随迁家属	14.53	随迁家属	11.11	随迁家属	18.57
	婚姻嫁娶	6.47	投亲靠友	5.25	婚姻嫁娶	11.30
	投亲靠友	5.68	其他	4.37	投亲靠友	6.18
	其他	4.12	工作调动	3.95	其他	3.81
	拆迁搬家	3.45	拆迁搬家	3.44	拆迁搬家	3.45
	工作调动	3.02	婚姻嫁娶	2.38	工作调动	1.91
	寄挂户口	0.24	寄挂户口	0.23	寄挂户口	0.24
黑龙江	务工经商	43.69	务工经商	53.03	务工经商	31.65
	学习培训	20.11	学习培训	19.68	随迁家属	20.84
	随迁家属	14.99	随迁家属	10.45	学习培训	20.66
	婚姻嫁娶	7.27	投亲靠友	5.91	婚姻嫁娶	12.95
	投亲靠友	6.57	其他	3.38	投亲靠友	7.43

续表

省份	合计		男		女	
	原因	百分比	原因	百分比	原因	百分比
黑龙江	他	3.12	婚姻嫁娶	2.86	其他	2.79
	拆迁搬家	2.00	工作调动	2.47	拆迁搬家	2.05
	工作调动	1.98	拆迁搬家	1.96	工作调动	1.34
	寄挂户口	0.27	寄挂户口	0.26	寄挂户口	0.28

资料来源：根据中华人民共和国国家统计局网站（http://data.stats.gov.cn/）数据计算。

根据 2010 年数据，分性别考察人口迁入东北地区的原因，可见婚姻嫁娶这一项在东北三省中无论是按百分比排序还是百分比数值上，都存在明显的性别差异。辽宁省、吉林省、黑龙江省因婚姻嫁娶迁入的男性人口分别占 1.58%、2.38% 和 2.86%，而因婚姻嫁娶迁入的女性人口分别占 8.22%、11.30% 和 12.95%，女性人口因婚姻嫁娶而迁入东北地区的明显多于男性（见表 4-8）。

根据 2015 年全国流动人口卫生计生动态监测调查数据，统计户籍在东北地区的跨省流动人口的分性别流动原因，从高到低排序。比例最高的流出原因与比例最高流入原因一致，都是务工经商。排在第二位的是家属随迁，前两位的迁移理由的性别差异很明显，务工经商的男性人口比例较高，家属随迁的女性人口比例较高（见表 4-9）。排在对外跨省迁移原因第三位的是出生，即户籍依然在东北地区，是父母跨省流出后在流入地出生的人口，这部分人口占了全部对外跨省流出人口的 6.26%，这部分出生人口的性别比为 99.05。

表 4-9 2015 年东北地区人口跨省流出主要原因

单位：%

原因	指标	男	女	全部人口
务工经商	占本性别人口比例	68.21	51.32	59.99
	占全部人口比例	35.04	24.96	59.99
家属随迁	占本性别人口比例	20.12	35.44	27.57
	占全部人口比例	10.33	17.23	27.57

原因	指标	男	女	全部人口
出生	占本性别人口比例	6.07	6.47	6.26
	占全部人口比例	3.12	3.15	6.26
投亲靠友	占本性别人口比例	2.87	3.36	3.11
	占全部人口比例	1.48	1.63	3.11
学习培训	占本性别人口比例	1.14	1.22	1.18
	占全部人口比例	0.59	0.59	1.18
其他	占本性别人口比例	0.98	0.87	0.93
	占全部人口比例	0.5	0.42	0.93
婚姻嫁娶	占本性别人口比例	0.14	0.99	0.55
	占全部人口比例	0.07	0.48	0.55
拆迁搬家	占本性别人口比例	0.43	0.34	0.38
	占全部人口比例	0.22	0.16	0.38
参军	占本性别人口比例	0.05	0	0.03
	占全部人口比例	0.03	0	0.03
总计	占本性别人口比例	100.00	100.00	100.00
	占全部人口比例	51.37	48.63	100.00

资料来源：根据2015年全国流动人口卫生计生动态监测调查数据计算。

（一）区域内的总体经济发展原因

下岗失业是我国在20世纪90年代中后期大规模出现的一种经济现象，自那时起东北地区经济增长速度放缓。加之，东北地区作为传统的资本密集型的重工业基地，吸纳就业的能力不如轻工业，大批下岗工人形成新的贫困群体，就业的结构性矛盾十分突出。

东北地区的经济发展放缓是从20世纪90年代开始的，将1995～2015年全国各地区GDP增速从高到低进行排序，1995年东北三省的GDP增速分别为辽宁省7.1%、吉林省9.7%、黑龙江省9.2%，在全国排名分别为第29位、第23位、第25位，处于全国GDP增速的中下游水平（见表4-10）。2000年，东北地区GDP增速全国排名的位次变为辽宁省第20位、吉林省第17位、黑龙江省第28位；2005年，东北地区GDP增速全国排名的位次变为辽宁省第 14 位、吉林省第 17 位、黑龙江省第 21 位；2010 年，东北地区 GDP 增速全国排名的位次变为辽宁省第 11 位、吉林省第 16 位、黑龙江省第 20 位；2015 年，东北地区 GDP 增速全国排名的位次变为辽宁省第 31 位、吉林省第 28 位、黑龙江省第 29 位。可见东北地区的 GDP 增速在全国各地区的位次先从中下游上升到中游位置后，又陡然下降为 31 个地区中垫底的水平，分别为辽宁省 3.0%、吉林省 6.3%、黑龙江省 5.7%，位次分居全国的倒数第 1 名、倒数第 4 名和倒数第 3 名。东北地区经济发展速度放缓十分明显，而这种区域内的整体经济发展放缓必然形成对就业空间的压缩，形成对人口向外迁移流动的巨大推力，而这种劳动力资源的流失又会反过来影响区域经济的发展和产业结构的升级。

表 4 – 10　1995 ~ 2015 年我国各地区生产总值指数排序

单位：%

序号	1995 年		2005 年		2015 年	
	地区	指数	地区	指数	地区	指数
1	西藏	117.9	内蒙古	123.8	重庆	111.0
2	浙江	116.8	山东	115.2	西藏	111.0
3	广东	115.6	天津	114.7	贵州	110.7
4	江苏	115.4	江苏	114.5	天津	109.3
5	天津	114.9	河南	114.2	江西	109.1
6	河南	114.8	广东	113.8	福建	109.0
7	福建	114.6	河北	113.4	湖北	108.9
8	上海	114.3	广西	113.2	新疆	108.8
9	安徽	114.3	浙江	112.8	安徽	108.7
10	山东	114.0	江西	112.8	云南	108.7
11	河北	113.9	山西	112.6	江苏	108.5
12	湖北	113.2	四川	112.6	湖南	108.5
13	重庆	112.3	陕西	112.6	河南	108.3
14	北京	112.0	辽宁	112.3	青海	108.2
15	山西	112.0	青海	112.2	广西	108.1

续表

序号	1995 年		2005 年		2015 年	
	地区	指数	地区	指数	地区	指数
16	云南	111.7	吉林	112.1	甘肃	108.1
17	广西	111.4	湖北	112.1	浙江	108.0
18	四川	110.7	西藏	112.1	山东	108.0
19	陕西	110.4	北京	111.8	广东	108.0
20	甘肃	110.4	甘肃	111.8	宁夏	108.0
21	湖南	110.3	黑龙江	111.6	四川	107.9
22	内蒙古	110.1	安徽	111.6	陕西	107.9
23	吉林	109.7	福建	111.6	海南	107.8
24	宁夏	109.5	湖南	111.6	内蒙古	107.7
25	黑龙江	109.2	贵州	111.6	北京	106.9
26	新疆	109.1	重庆	111.5	上海	106.9
27	青海	108.0	上海	111.1	河北	106.8
28	贵州	107.5	宁夏	110.9	吉林	106.3
29	辽宁	107.1	新疆	110.9	黑龙江	105.7
30	江西	106.8	海南	110.2	山西	103.1
31	海南	103.8	云南	109.0	辽宁	103.0

资料来源：根据中华人民共和国国家统计局网站（http://data.stats.gov.cn/）数据计算。

城镇登记失业人员是指有非农业户口，在一定的劳动年龄内（16 周岁至退休年龄），有劳动能力，无业而要求就业，并在当地劳动保障部门进行失业登记的人员。[①] 城镇登记失业率是城镇登记失业人员与城镇单位就业人员（扣除使用的农村劳动力、聘用的离退休人员、港澳台及外方人员）、城镇单位中的不在岗职工、城镇私营业主、个体户主、城镇私营企业和个体就业人员、城镇登记失业人员之和的比。2015 年，东北三省城镇登记失业人员为 111.01 万人，东北三省的城镇登记失业率分别为 3.4%、3.5% 和 4.5%（见表 4 – 11）。

---

① 定义来自中华人民共和国国家统计局网站（http://data.stats.gov.cn/）的统计指标解释。

表 4 - 11　2005~2015 年我国各地区城镇登记失业率排序

单位：%

序号	2005 年		2010 年		2015 年	
	地区	失业率	地区	失业率	地区	失业率
1	辽宁	5.6	上海	4.4	黑龙江	4.5
2	四川	4.6	宁夏	4.4	湖南	4.1
3	宁夏	4.5	黑龙江	4.3	四川	4.1
4	黑龙江	4.4	湖北	4.2	上海	4.0
5	上海	4.4	湖南	4.2	云南	4.0
6	安徽	4.4	云南	4.2	宁夏	4.0
7	内蒙古	4.3	四川	4.1	内蒙古	3.7
8	湖北	4.3	西藏	4.0	福建	3.7
9	湖南	4.3	河北	3.9	河北	3.6
10	西藏	4.3	内蒙古	3.9	重庆	3.6
11	吉林	4.2	重庆	3.9	天津	3.5
12	广西	4.2	陕西	3.9	山西	3.5
13	贵州	4.2	吉林	3.8	吉林	3.5
14	云南	4.2	福建	3.8	辽宁	3.4
15	陕西	4.2	青海	3.8	江西	3.4
16	重庆	4.1	安徽	3.7	山东	3.4
17	福建	4.0	广西	3.7	陕西	3.4
18	河北	3.9	天津	3.6	贵州	3.3
19	青海	3.9	山西	3.6	青海	3.2
20	新疆	3.9	辽宁	3.6	安徽	3.1
21	天津	3.7	贵州	3.6	江苏	3.0
22	浙江	3.7	山东	3.4	河南	3.0
23	江苏	3.6	河南	3.4	浙江	2.9
24	海南	3.6	江西	3.3	广西	2.9
25	江西	3.5	江苏	3.2	新疆	2.9
26	河南	3.5	浙江	3.2	湖北	2.6
27	山东	3.3	甘肃	3.2	广东	2.5
28	甘肃	3.3	新疆	3.2	西藏	2.5
29	山西	3.0	海南	3.0	海南	2.3

序号	2005 年		2010 年		2015 年	
	地区	失业率	地区	失业率	地区	失业率
30	广东	2.6	广东	2.5	甘肃	2.1
31	北京	2.1	北京	1.4	北京	1.4

　　资料来源：根据中华人民共和国国家统计局网站（http://data. stats. gov. cn/）的数据计算。

　　从城镇登记失业率的全国从高到低排序的变化看，2005 年全国城镇登记失业率排名第一的地区为辽宁省，而吉林和黑龙江省分别排名为 11 名和第 4 名；2015 年全国城镇登记失业率排名第一的地区为黑龙江省，而吉林省和辽宁省的城镇登记失业率排名分别为第 13 名和第 14 名。虽然城镇登记失业率更多的是劳动社会保障部门从社会保障的角度出发的统计，与劳动社会保障部门的工作职能结合得更密切，难以反映失业的真实情况，但依然是衡量一个地区就业情况的重要指标。东北地区相对更高的城镇登记失业率能够在一定程度上反映东北地区的就业情况，而这种就业形势也对区域内劳动力人口形成了推力。

　　对外流出人口的行业分布与迁出地的整体就业结构有很大不同，2015 年全国流动人口卫生计生动态监测调查数据中，按照行业分，东北地区对外流出的劳动年龄人口中除去缺失项 21.51%（各种原因暂无工作），从事最多的行业是批发零售业（17.49%）、制造业（14.42%）、住宿餐饮业（11.94%）和居民服务、修理和其他服务业（11.71%）。去掉缺失项重新计算后，相关数据为批发零售业 22.28%、制造业 18.37%、住宿餐饮业 15.21% 和居民服务、修理和其他服务业 14.92%（见表 4-12）。

表 4-12　东北地区人口跨省流出后从事行业与本地人口从事行业

单位：%

东北地区跨省流出人口从事行业	百分比	东北地区内人口从事行业	百分比
批发零售	22.28	制造	21.22
制造	18.37	建筑	10.46
住宿餐饮	15.21	教育	10.05

东北地区跨省流出人口从事行业	百分比	东北地区内人口从事行业	百分比
居民服务、修理和其他服务	14.92	公共管理、社会保障和社会组织	9.73
交通运输、仓储和邮政	5.29	农林牧渔	7.32
建筑	4.74	交通运输、仓储和邮政	5.82
农林牧渔	4.20	采矿	5.42
信息传输、软件和信息技术服务	3.63	卫生和社会工作	5.39
文体和娱乐	1.45	金融	4.11
采矿	1.38	批发零售	4.02
教育	1.33	电煤水热的生产供应	3.32
卫生和社会工作	1.27	水利、环境和公共设施管理	2.55
房地产	1.22	科研和技术服务	2.51
金融	1.15	信息传输、软件和信息技术服务	1.98
科研和技术服务	1.08	房地产	1.84
租赁和商务服务	0.99	租赁和商务服务	1.68
电煤水热的生产供应	0.62	住宿餐饮	1.01
公共管理、社会保障和社会组织	0.41	文体和娱乐	0.92
水利、环境和公共设施管理	0.41	居民服务、修理和其他服务	0.66
国际组织	0.03	国际组织	—

资料来源：根据 2015 年全国流动人口卫生计生动态监测调查数据、中华人民共和国国家统计局网站（http://data.stats.gov.cn/）数据计算。

（二）收入差距产生的迁移流动动力

从 2014 年与 2015 年的城镇人均可支配收入从高到低的全国排名上看，辽宁省的城镇人均可支配收入均排位在全国第 9 名；吉林省和黑龙江省的城镇人均可支配收入 2014 年分别排在第 25 位和第 27 位，2015 年则进一步下降为第 27 位和第 30 位，即我国 31 个地区中的倒数第 2 位和第 5 位。而从消费的角度进行从高到低的排序，2014 年与 2015 年辽宁省的城镇人均消费支出均排在全国第 9 名；吉林省和黑龙江省的城镇人均消费支出 2014 年分别排在第 19 位和第 21 位，2015 年分别排在第 20 位和第 26 位（见表 4 - 13）。对比东北三省各自的城镇人均可支配收入和人均消费支出金额的排名，可以明显看出除了辽宁省收入与消费排名一致外,吉林省和黑龙江省的城镇人均可支配收入排名均低于人均消费支出的排名。这也就是说东北地区城镇人均可支配收入与人均消费支出之间的差额,相对于其他地区来说会小一些,2015 年辽宁省、吉林省和黑龙江省这一差额的数值分别为 9569 元、6928 元和7051 元。

表 4 - 13 我国各地区城镇人均可支配收入和人均消费支出排序

单位:元

序号	2014 年				2015 年			
	地区	收入	地区	消费	地区	收入	地区	消费
1	上海	48841	上海	35182	上海	52962	上海	36946
2	北京	48532	北京	33717	北京	52859	北京	36642
3	浙江	40393	浙江	27242	浙江	43714	浙江	28661
4	江苏	34346	天津	24290	江苏	37173	天津	26230
5	广东	32148	广东	23612	广东	34757	广东	25673
6	天津	31506	江苏	23476	天津	34101	江苏	24966
7	福建	30722	福建	22204	福建	33275	福建	23520
8	山东	29222	内蒙古	20885	山东	31545	内蒙古	21876
9	辽宁	29082	辽宁	20520	辽宁	31126	辽宁	21557
10	内蒙古	28350	湖南	18335	内蒙古	30594	山东	19854
11	湖南	26570	山东	18323	湖南	28838	重庆	19742
12	重庆	25147	重庆	18279	重庆	27239	湖南	19501
13	湖北	24852	四川	17760	湖北	27051	新疆	19415
14	安徽	24839	新疆	17685	安徽	26936	四川	19277
15	广西	24669	陕西	17546	江西	26500	青海	19201
16	海南	24487	海南	17514	陕西	26420	宁夏	18984
17	陕西	24366	青海	17493	广西	26416	陕西	18464
18	江西	24309	宁夏	17216	云南	26373	海南	18448
19	云南	24299	吉林	17156	海南	26356	湖北	18192
20	四川	24234	湖北	16681	新疆	26275	吉林	17973

续表

序号	2014 年				2015 年			
	地区	收入	地区	消费	地区	收入	地区	消费
21	河北	24141	黑龙江	16467	四川	26205	云南	17675
22	山西	24069	云南	16268	河北	26152	河北	17587
23	河南	23672	河北	16204	山西	25828	甘肃	17451
24	宁夏	23285	河南	16184	河南	25576	安徽	17234
25	吉林	23218	安徽	16107	西藏	25457	河南	17154
26	新疆	23214	甘肃	15942	宁夏	25186	黑龙江	17152
27	黑龙江	22609	西藏	15669	吉林	24901	西藏	17022
28	贵州	22548	贵州	15255	贵州	24580	贵州	16914
29	青海	22307	江西	15142	青海	24542	江西	16732
30	西藏	22016	广西	15045	黑龙江	24203	广西	16321
31	甘肃	21804	山西	14637	甘肃	23767	山西	15819

资料来源：根据中华人民共和国国家统计局网站（http://data. stats. gov. cn/）数据计算。

东北地区人均可支配收入和人均消费支出的整体情况有着明显的城乡差异，将 2014 年、2015 年的全国各地区农村人均可支配收入和人均消费支出从高到低排序，辽宁省的农村人均可支配收入均排在全国第 9 名；吉林省和黑龙江省的农村人均可支配收入 2014 年分别排在第 11 位和第 12 位，2015 年为第 11 位和第 13 位，均排在 31 个地区的中上游水平，且排名较为稳定。而从消费的角度进行排序，2014 年与 2015 年辽宁省的农村人均消费支出分别排在全国的第 19 位和第 15 位。吉林省和黑龙江省的农村人均消费支出 2014 年分别排在第 14 位和第 18 位，2015 年分别排在第 16 位和第 21 位，基本处于 31 个地区的中下游位置（见表 4-14）。对比东北三省农村人均可支配收入和人均消费支出金额的排名，东北地区农村人均可支配收入与人均消费支出之间的差额，与城镇部分正好相反，相对于其他地区来说会大一些，2015 年辽宁省、吉林省和黑龙江省这一差额的数值分别为 3184 元、2543 元和 2704 元。

表 4 – 14 我国各地区农村人均可支配收入和人均消费支出排序

单位：元

序号	2014 年				2015 年			
	地区	收入	地区	消费	地区	收入	地区	消费
1	上海	21192	上海	14820	上海	23205	上海	16152
2	浙江	19373	北京	14535	浙江	21125	浙江	16108
3	北京	18867	浙江	14498	北京	20569	北京	15811
4	天津	17014	天津	13739	天津	18482	天津	14739
5	江苏	14958	江苏	11820	江苏	16257	江苏	12883
6	福建	12650	福建	11056	福建	13793	福建	11961
7	广东	12246	广东	10043	广东	13360	广东	11103
8	山东	11882	内蒙古	9972	山东	12930	内蒙古	10637
9	辽宁	11191	湖南	9025	辽宁	12057	湖北	9803
10	湖北	10849	湖北	8681	湖北	11844	湖南	9691
11	吉林	10780	四川	8301	吉林	11326	四川	9251
12	黑龙江	10453	河北	8248	江西	11139	河北	9023
13	河北	10186	青海	8235	黑龙江	11095	安徽	8975
14	江西	10117	吉林	8140	河北	11051	重庆	8938
15	湖南	10060	重庆	7983	湖南	10993	辽宁	8873
16	内蒙古	9976	安徽	7981	海南	10858	吉林	8783
17	河南	9966	山东	7962	河南	10853	山东	8748
18	安徽	9916	黑龙江	7830	安徽	10821	青海	8566
19	海南	9913	辽宁	7801	内蒙古	10776	江西	8486
20	重庆	9490	宁夏	7676	重庆	10505	宁夏	8415
21	四川	9348	江西	7548	四川	10247	黑龙江	8391
22	山西	8809	新疆	7365	广西	9467	海南	8210
23	新疆	8724	河南	7277	山西	9454	陕西	7901
24	广西	8683	陕西	7252	新疆	9425	河南	7887
25	宁夏	8410	海南	7029	宁夏	9119	新疆	7698
26	陕西	7932	山西	6992	陕西	8689	广西	7582
27	云南	7456	广西	6675	西藏	8244	山西	7421

续表

序号	2014 年				2015 年			
	地区	收入	地区	消费	地区	收入	地区	消费
28	西藏	7359	甘肃	6148	云南	8242	云南	6830
29	青海	7283	云南	6030	青海	7933	甘肃	6830
30	贵州	6671	贵州	5970	贵州	7387	贵州	6645
31	甘肃	6277	西藏	4822	甘肃	6936	西藏	5580

资料来源：根据中华人民共和国国家统计局网站（http://data.stats.gov.cn/）数据计算。

1995 年东北三省的城镇单位在岗职工平均工资分别为辽宁省 4877 元、吉林省 4430 元、黑龙江省 4145 元，在全国排名分别为第 15 位、第 22 位、第 27 位，处于全国中游和下游水平（见表 4-15）。2000 年，东北地区城镇单位在岗职工平均工资全国排名的位次变为辽宁省第 11 位、吉林省第 19 位、黑龙江省第 20 位；2005 年，东北地区城镇单位在岗职工平均工资全国排名的位次变为辽宁第 9 位、吉林第 28 位、黑龙江第 25 位；2010 年，东北地区城镇单位在岗职工平均工资全国排名的位次变为辽宁省第 12 位、吉林省第 30 位、黑龙江省第 28 位；2015 年，东北地区城镇单位在岗职工平均工资位次变为辽宁省第 25 位、吉林省第 27 位、黑龙江省第 30 位。可见东北地区的城镇单位在岗职工平均工资全国排名中，除了辽宁省排名有起伏外，吉林省和黑龙江省城镇单位在岗职工平均工资全国排名总体上是在持续下降的，到2015 年三省位次分别降为全国倒数第 7 名、倒数第 5 名和倒数第 2 名。这种在岗职工平均工资上明显的地区差异，成为东北地区人口跨省迁移的主要动力之一。

表 4-15　我国各地区城镇单位在岗职工平均工资排序

单位：元

序号	1995 年		2005 年		2015 年	
	地区	平均工资	地区	平均工资	地区	平均工资
1	广东	8250	上海	34345	北京	113073
2	上海	7817	北京	34191	西藏	110980
3	西藏	7382	西藏	28950	上海	109279

续表

序号	1995 年		2005 年		2015 年	
	地区	平均工资	地区	平均工资	地区	平均工资
4	北京	7233	浙江	25896	天津	81486
5	天津	6501	天津	25271	浙江	67707
6	江苏	5943	广东	23959	江苏	67200
7	青海	5753	江苏	20957	广东	66296
8	浙江	5658	青海	19084	贵州	62591
9	甘肃	5493	辽宁	17331	宁夏	62482
10	海南	5340	宁夏	17211	重庆	62091
11	云南	5149	福建	17146	青海	61868
12	广西	5105	重庆	16630	新疆	60914
13	福建	5084	山东	16614	四川	60520
14	宁夏	5079	云南	16140	福建	58719
15	辽宁	4877	内蒙古	15985	海南	58406
16	河北	4839	四川	15826	山东	58197
17	湖南	4797	湖南	15659	内蒙古	57870
18	山西	4721	山西	15645	安徽	56974
19	安徽	4609	新疆	15558	陕西	56896
20	贵州	4475	广西	15461	湖北	55237
21	新疆	4468	安徽	15334	云南	55025
22	吉林	4430	甘肃	14939	广西	54983
23	陕西	4396	陕西	14796	甘肃	54454
24	山东	4375	河北	14707	湖南	53889
25	河南	4344	黑龙江	14458	辽宁	53458
26	江西	4211	湖北	14419	山西	52960
27	黑龙江	4145	海南	14417	吉林	52927
28	四川	3952	吉林	14409	河北	52409
29	湖北	3901	贵州	14344	江西	52137
30	内蒙古	3532	河南	14282	黑龙江	51241
31	重庆	—	江西	13688	河南	45920

资料来源：根据中华人民共和国国家统计局网站（http://data. stats. gov. cn/）数据计算。

　　2015 年全国流动人口卫生计生动态监测调查数据中，有关于过去一年家庭平均每月税后总收入（税后）的调查项，总体而言东北地区跨省流出人口的家庭月收入主要集中在 2001～10000 元，83.77% 的流动人口家庭月收入在这一区间。由于基于全部人口的统计包含非劳动年龄人口，虽然调查问卷是以家庭为单位的，儿童部分的收入理论上应该与家庭保持一致，但实际上还是有很多家庭在填写少年儿童或老年人家庭收入时填写了 0 元，所以去掉少年儿童人口和老年人口的收入后计算更为准确。在去掉 15 岁以下和 64 岁以上年龄人口后重新计算百分比，发现劳动年龄的东北地区流出人口的家庭月收入依然主要集中在 2001～10000 元，收入在这一区间的人口百分比上升为 84.72%。单区间观测，则东北地区跨省流出人口家庭平均收入最为集中的区间为 4001～6000 元/月（见表 4-16）。

表 4-16　2015 年东北地区跨省流出人口家庭月收入情况

单位：%

收入区间	全部人口	劳动年龄人口	收入区间	全部人口	劳动年龄人口
2000 元及以下	3.86	3.85	30001～40000 元	0.38	0.35
2001～4000 元	23.20	24.70	40001～50000 元	0.29	0.27
4001～6000 元	32.00	32.22	50001～60000 元	0.06	0.06
6001～8000 元	17.81	17.43	60001～70000 元	0.03	0.02
8001～10000 元	10.76	10.37	70001～80000 元	0.03	0.02
10001～14000 元	3.55	3.41	90001～100000 元	0.04	0.05
14001～18000 元	3.63	3.37	100001～150000 元	0.01	0.02
18001～22000 元	2.78	2.51	150001～200000 元	0.01	0.01
22001～26000 元	0.50	0.44	200001～250000 元	0.02	0.02
26001～30000 元	1.02	0.87			

资料来源：根据 2015 年全国流动人口卫生计生动态监测调查数据计算。

　　按照 2015 年的 1% 抽样调查数据计算东北地区跨省流出劳动年龄人口的家庭平均税后收入为 7177.08 元/月，即 86124.96 元/年，这里计算平均收入时的分母既包含未成年人也包含没有收入的劳动年龄人口，既有农村流动人口也有城市流动人口。《中国统计年鉴》上的数据显示：2015 年东北三省城镇单位就业人员平均工资为辽宁省 52332 元/年、吉林省 51558 元/年、黑龙江省 48881 元/年。2015 年东北三省城镇单位在岗职工平均工资分别为辽宁省 53458 元/年、吉林省 52927 元/年、黑龙江省 51241 元/年。2015 年东北三省居民人均可支配收入为辽宁省 24576 元/年、吉林省 18684 元/年、黑龙江省 18593 元/年。由于统计口径的不同，所以此处无法直接对比数值的大小，但依然可以看出收入差距对劳动力人口迁移流动的吸引力。

利用受教育水平、流动人口年龄和流动时间等与劳动年龄人口收入做回归分析，会发现流动人口的收入与受教育水平、所在行业、年龄有着显著的正相关关系，即受教育水平越高、年龄越大（劳动年龄范围内）的流动人口收入越高。由于抽样调查指标种类受限，不能建立拟合度较高的回归模型，故而这里不就此做深入的分析和预测。在东北地区跨省外流的劳动年龄人口中，未上过学的有 0.90%，上过小学的有 10.78%，受过初中教育的有 48.19%，受过高中或中专教育的有 21.09%，受过大学专科教育的有 9.97%，受过大学本科教育的有 8.23%，受过研究生教育的有 0.84%。

（三）资源型城市问题在区域内比较突出①

东北地区第二产业在三次产业中所占比例较高、产业结构偏重，由于资源型城市众多、资源型产业密集，东北地区的产业发展具有一定的特殊性。由于一大批大型矿产地的发现勘查和成功开发，东北地区先后建起一批资源型城市。所谓资源型城市，是指主要功能是向社会提供矿产品及其初加工品等资源型产品的一类城市，在资源型城市中，产业结构中资源型产业一般占据主导或支柱产业的地位，支柱产业鲜明而单一。资源型产业是国民经济发展过程中的先期投入产业，肩负着为国民经济提供原料和形成积累的任务。

作为我国资源型城市最为集中的地区，东北地区的煤炭和石油等矿产类型资源型城市占据了很大的比重，这些资源型城市面临资源日渐枯竭的局面并产生大量下岗职工，多因素共同作用使东北地区成为下岗失业的多

---

① 本部分参考了笔者前期成果：李雨潼，王海红．我国资源型城市的劳动力就业问题探析［J］．人口学刊，2008（8）。

发地区。资源型城市是东北地区一个特殊的城市类型，对东北地区的经济社会发展有着重要的影响。

第一，资源型城市在资源开采鼎盛时期过后，都会经历经济衰退期，伴随而来的是痛苦高失业过程。东北地区资源型城市经济是"因矿而兴"的，随着资源不断开采，也必然随着资源的枯竭而"因矿而衰"。长期以来，资源型城市经济增长是片面依赖资源开采数量增加所取得的，而资源开采增加会导致劳动力数量的不断扩张，因此逐渐积累了大量低素质劳动力。随着经济的发展、产业结构的升级调整，低素质劳动力大量被淘汰在所难免。

第二，经济结构单一，就业需求不足。资源型城市多数是在计划经济时期由国家通过重点项目的集中投资形成的，产业结构单一，城市对矿业的依赖性很大，同时过于集中的国有经济产生了很大的"挤出效应"，使非国有经济成分较难活跃和成长起来。东北地区的众多资源型城市在经济结构调整过程中，受到的冲击非常大，经济结构自身调整的弹性很小，可替代产业发展滞后，在资源逐渐枯竭的发展阶段，原有的单一城市产业结构适应不了资源渐渐枯竭的局面，经济增长和效益大幅度下滑。随着资源的枯竭，就业岗位不足的问题就会突出地表现出来。

第三，职工素质普遍偏低阻碍再就业顺利进行。资源型城市人文环境建设先天不足，文化教育比较落后，与非资源型城市相比，职工素质普遍较低。新中国成立初期，国家对能源原材料产品需求巨大，企业对技术贡献重视不够，片面地以劳动力数量的投入来扩张生产规模，大量的低素质劳动力被容纳到企业中来，与此同时，企业长期忽略对在岗人员进行继续教育和技能培训，造成职工素质低下，技能单一。随着经济体制改革的深入，人们对下岗、失业等问题的认识已经发生了很大程度的转变，但是，相对于发展更快的经济和市场来说，这种转变还是滞后的，观念转变的滞后阻碍了下岗人员再就业的顺利进行。

第四，企业办社会负担重，社会保障体系难以发挥作用。在市场经济体制下，一般企业不必承担过多社会职能。但资源型城市的资源型企业则不然，他们普遍要承担较多的社会职能，不得不谋求所在区域的公共福利。

这主要是因为受资源赋存条件及地质开采条件制约，资源开采与加工企业大多数分散在山区或偏离中心城市的地区，在企业建立之前当地并没有城镇，因而企业往往不得不建立整套的自我服务体系，形成一个较为完整的小社会，即所谓的"企业办社会"现象。由于受计划经济影响，东北地区资源型企业承担社会职能的现象更为突出。随着资源性产业的发展，几乎所有规模较大的资源型企业都自办幼儿园、小学、医院等机构，企业自己提供交通、通信、水暖电供应、住房、消防等后勤服务，企业自身形成了庞大的自我服务体系，有的企业从事社会职能的职工数以千计。沉重的办社会负担，影响了企业的积累和生产效率的提高。许多老工业企业跟不上经济结构调整的步伐，被迫停产或半停产，甚至宣布破产，结果引起大量的老工业企业职工下岗失业。①

（四）气候与环境原因

东北地区大部分属于温带大陆性季风气候，但由于纬度高，冬季寒冷而漫长，夏季温暖而短促，夏季高温多雨，冬季寒冷干燥。东北地区是我国纬度位置最高的区域，纬度本身造成的冬季寒冷加之北面与东西伯利亚为邻，西部为蒙古高原，致使北冰洋来的寒潮和西伯利亚极地大陆气团经常入侵，导致气温陡降冬季更加寒冷。虽然近年来在全球气候变化的大背景下，东北地区的气候变化也非常明显，气温升高及降水的减少逐步加剧了东北地区的暖干化发展态势。但对比全国其他地区，东北地区依然属于冬季寒冷、夏温不高、全年平均温度低、年极端最高气温与年极端最低气温的温差大的地区。

将全国各省会城市和直辖市的平均温度从低到高进行排序，并将各省会城市温差从高到低排序。可见东北三省的省会城市哈尔滨、长春和沈阳的年平均温度分别排在全国的最低、第3低和第7低的位置，而年极端气温之间的温差则排在全国最大、第3大和第4大的位置（见表4-17）。冬季寒冷漫长、夏季温暖短暂的气候特征，加之与此密切相关的区域生活习惯

---

① 于立，孟韬，姜春海.资源枯竭型国有企业退出问题研究［M］.经济管理出版社，2004.

和饮食习惯,形成了一系列的地方病。这种气候条件会对部分人口尤其是老年人口形成对外迁移流动的推力。东北的气候特征,是东北地区候鸟人口冬季迁移的最主要原因之一。

表 4 – 17 2015 年我国主要城市平均温度、温差数值及其排序

单位:℃

序号	城市	平均温度	城市	温差
1	哈尔滨	5.6	哈尔滨	64.9
2	西宁	6.4	乌鲁木齐	61.3
3	长春	7.2	长春	59.5
4	呼和浩特	7.7	沈阳	58.1
5	兰州	8.3	兰州	55.3
6	乌鲁木齐	8.8	呼和浩特	54.4
7	沈阳	9.0	银川	53.2
8	拉萨	9.5	太原	52.3
9	银川	10.7	西宁	51.2
10	太原	11.3	济南	50.0
11	北京	13.7	石家庄	48.9
12	天津	13.7	天津	48.6
13	石家庄	14.6	北京	48.1
14	济南	15.0	西安	46.2
15	贵阳	15.2	郑州	45.7
16	西安	15.2	上海	43.3
17	郑州	15.9	合肥	42.8
18	昆明	16.2	南京	42.2
19	南京	16.4	拉萨	42.1
20	合肥	16.7	武汉	41.6
21	武汉	16.8	杭州	41.3
22	重庆	16.8	重庆	38.7
23	上海	17.0	长沙	37.4
24	长沙	17.4	南昌	36.5

续表

序号	城市	平均温度	城市	温差
25	杭州	17.5	贵阳	35.9
26	南昌	18.7	福州	35.4
27	成都	19.6	成都	35.1
28	福州	20.7	南宁	34.8
29	南宁	22.2	昆明	33.0
30	广州	22.3	广州	32.8
31	海口	25.3	海口	27.7

资料来源：根据中华人民共和国国家统计局网站（http://data.stats.gov.cn/）数据计算。

东北地区是我国传统的老工业基地，产业结构偏重，主要特点是重工业比重大，高新技术产业比重小；国有工业比重大，外资、私营工业比重小等。东北地区的经济发展一直以工业为主，在工业结构内部又以重工业为主，产业结构重型化特征比较明显，造成能源消费总量较大。长期以来，东北地区一直是我国重要的能源生产基地，在我国现有的技术水平下，工业生产过程中煤烟型污染较为突出。这种地区功能定位，必然导致碳排放量的上升。能源消费结构中煤炭消费比例过高，是东北地区能源消费结构的一个突出问题。

能源消费过程中会排放大量的二氧化碳和二氧化硫等气体，破坏生态环境、影响居民健康。一般而言，能源消费强度变化、消费结构变化、技术进步、节能政策的实施等都会影响碳排放量。能源强度作为衡量能源效率的重要指标，在国家层面上定义为全国总能源消费量与国内生产总值之比，在行业和部门层面定义为行业或部门的能源消费与行业或部门增加值之比。从整体上看，东北地区的能源消费强度高于全国平均水平。加之，东北地区冬季寒冷，采暖期较长，整个采暖期主要以燃煤供暖为主，这种采暖方式会造成大量的废弃物和粉尘排放，严重污染环境，而这种高耗能的采暖方式短期内难以改变，对区域内空气质量的影响较大。总体而言，东北地区在现有的能源消费格局下，空气质量受到巨大影响。

利用"空气质量达到及好于二级的天数"，从高到低对全国的省会城市

101

及直辖市进行排序，并对比各主要城市的空气质量指标数据。可见按"空气质量达到及好于二级的天数"评判全国空气质量，各主要城市中空气质量最好的是昆明市和海口市，东北三省的省会城市空气质量均排在全国主要城市的中下游，分别为第19位、第22位和第26位（见表4－18）。如果按照PM2.5平均浓度进行排序，则东北三省的省会城市PM2.5年平均浓度排名为全国第5高、第6高、第10高，意即按照这一指标衡量空气质量，东北三省省会城市空气质量第5差、第6差、第10差。如果按照二氧化硫年平均浓度作为衡量标准，则东北三省省会城市空气质量全国第2差、第6差、第7差。

表4－18　2015年我国主要城市"空气质量达到及好于二级的天数"排序

单位：μg/m³，mg/m³，天

序号	城市	二氧化硫年平均浓度	二氧化氮年平均浓度	可吸入颗粒物（PM10）年平均浓度	一氧化碳日均值第95百分位浓度	臭氧（O₃）最大8小时第90百分位浓度	细颗粒物（PM2.5）年平均浓度	空气质量达到及好于二级的天数
1	昆明	17	30	56	1.4	110	30	350
2	海口	5	14	40	0.9	103	22	349
3	福州	6	33	56	1	119	29	344
4	贵阳	17	28	61	1.1	120	39	340
5	南宁	13	33	72	1.3	117	41	324
6	拉萨	10	21	59	1.1	142	26	313
7	广州	13	47	59	1.4	145	39	312
8	南昌	19	31	75	1.4	131	43	311
9	西宁	31	38	106	2.8	126	49	295
10	重庆	16	45	87	1.5	127	57	292
11	呼和浩特	34	39	103	3.2	145	43	276
12	银川	64	39	112	2.5	125	51	259
13	长沙	18	38	76	1.5	147	61	257
14	上海	17	46	69	1.5	161	53	252
15	兰州	23	53	120	3.1	132	52	252

序号	城市	二氧化硫年平均浓度	二氧化氮年平均浓度	可吸入颗粒物（PM10）年平均浓度	一氧化碳日均值第95百分位浓度	臭氧（O₃）最大8小时第90百分位浓度	细颗粒物（PM2.5）年平均浓度	空气质量达到及好于二级的天数
16	西安	24	44	126	3.4	145	58	250
17	杭州	16	49	85	1.5	169	57	242
18	合肥	16	33	92	1.8	108	66	238
19	长春	36	45	107	1.8	151	66	237
20	南京	19	50	97	1.7	171	57	231
21	太原	71	38	114	3.1	131	62	230
22	哈尔滨	40	51	103	1.8	106	70	227
23	乌鲁木齐	15	52	133	3.6	122	66	218
24	天津	29	42	117	3.1	142	70	216
25	成都	14	53	108	2	183	64	211
26	沈阳	66	48	115	2.2	155	72	207
27	武汉	18	52	104	1.8	170	70	189
28	北京	14	50	102	3.6	203	81	186
29	石家庄	47	51	147	4.3	148	89	180
30	郑州	33	58	167	2.7	159	96	136
31	济南	47	53	163	2.7	176	90	124

资料来源：根据中华人民共和国国家统计局网站（http：//data.stats.gov.cn/）数据计算。

前文述及的人口迁移"推 - 拉"理论中，"推力"和"拉力"都涉及自然环境因素，自然资源枯竭、环境恶化为"推力"，而温和的气候条件、优良的空气质量则为"拉力"。人类对环境的需求因其不同的需求层次分为生存型、发展型与享乐型，无论哪一种类型的需求在得不到满足的条件下都可形成迁移的动力。东北地区的空气质量与特殊的气候条件形成合力，对区域内人口向外迁移形成"推力"，是东北地区人口对外迁移流动的重要原因之一。

（五）地缘条件与民族构成

东北地区是个由多民族组成的移民地区，将东北地区作为一个整体，则 2010 年占总人口比例最高的少数民族为满族，占总人口的百分比为 6.35%，其次是朝鲜族，占总人口的百分比为 1.47%。单从朝鲜族人口和满族人口内部分布看，朝鲜族人口和满族人口绝大多数聚居在东北地区，中国境内的朝鲜族人口 87.80% 居住在东北地区，东北三省中吉林省的朝鲜族人口最多，占全国朝鲜族人口的 56.81%；满族人口的 66.92% 聚居在东北地区，其中辽宁省的满族人口最多，占全国满族人口的 51.38%（见表 4 - 19）。区域内民族构成对区域内的经济、社会和文化都会产生影响，区域内百分比较高的民族对区域内发展的影响也会较大。

表 4 - 19　2010 年朝鲜族、满族在东北地区的分布

单位：%

地区	朝鲜族			满族		
	小计	男	女	小计	男	女
辽宁	13.08	13.06	13.11	51.38	50.92	51.87
吉林	56.81	56.81	56.81	8.34	8.49	8.17
黑龙江	17.90	18.03	17.78	7.20	7.67	6.69
东北地区	87.80	87.90	87.70	66.92	67.09	66.73

资料来源：根据中华人民共和国国家统计局网站（http://data.stats.gov.cn/）数据计算。

东北地区的人口迁移，不仅有国内迁移，还有跨境迁移，相对全国其他地区而言，东北地区的人口跨境迁移数量较多。由于地缘关系和民族认同感，以及在语言、文化、生活方式等方面的高度相似性，东北地区的朝鲜族人口的跨国迁出比例较高，有学者根据 2011 年国家人口计生委开展的流动人口及影响因素调查数据，计算出吉林省延边朝鲜族地区流出人口中跨境流出的人数占比 57.3%，其中到韩国的人口占到 53.2%。朝鲜族外出人口的平均年龄为 38.3 岁。年龄在 30 ~ 55 岁的人口占到了总外出人口的一半以上。迁移者的受教育程度主要集中在初中水平，占到全部流动人口的 63.5%，约有 29.3% 的人口是高中或者中专水平甚至读过大学。[①]

同一民族的便利条件及民族认同感，对边境地区人口跨境流出的作用

---

① 杨雪，马肖曼. 延边朝鲜族地区人口迁移家庭化及影响因素研究 [J]. 人口学刊，2015（5）.

十分显著。跨境流出增加了家庭收入,加快了流出地的经济发展和城市化进程,也使跨境流出人口婚姻的稳定性降低,流出地婚姻市场的挤压现象加剧,间接导致流出地出现人口负增长和劳动力人口趋于老龄化的现象。与国内流动人口相比,朝鲜族人口的跨境流出倾向是汉族人口的 12.257倍,满族人口的跨境流出倾向是汉族人口的 2.645 倍。自 1992 年中韩建交以后,延边地区朝鲜族人口跨境流出逐渐频繁,由于朝鲜族人口的民族特性,再加上其与韩国人之间沟通无障碍且文化相通,因此朝鲜族跨国流动的比例高、跨境流出的倾向十分明显。[①]

第三节 小结

第一,根据 2010 年"全国按现住地和五年前常住地分的人口数据"计算东北地区对内迁入人口的主要来源。将东北地区作为一个整体考察,可见东北地区省际人口迁入中占据百分比最高的是地区内迁移,而辽宁省是主要的迁入地区,黑龙江省则是主要的迁出地区。除去东北地区内部的省际迁移,从区域外向东北地区迁移人口最多的前 5 个地区分别为:内蒙古自治区、山东省、河南省、河北省和安徽省。东北地区人口向区域外迁出的主要迁入地点为北京市、山东省、河北省、天津市、广东省、内蒙古自治区、上海市、江苏省和浙江省。

第二,根据 2010 年第六次人口普查数据计算我国 31 个地区的人口净迁入情况,按照人口净迁入从高到低的顺序进行排序。辽宁省的人口净迁入数量为 77.25 万人,全国人口净迁入排名为第 9 位;吉林省人口净迁入量为 -91.64 万人,即为人口净迁出 91.64 万人,全国排名第 17 位;黑龙江省人口净迁入量为 -204.73 万人,即为人口净迁出 204.73 万人,全国排名第 21 位。考察东北地区净迁移人口占本省户籍人口百分比。辽宁省作为人口净迁入省份,其排名在第 12 位,这一比值为 1.82%。吉林省作为人口净迁出省份排名在第 20 位,该比值为 3.38%;黑龙江作为人口净迁出省份排名

---

① 杨雪,王化波等.吉林省边境地区人口跨境流出及影响因素分析 [J].人口学刊,2013 (5).

在第 22 位，该比值为 5.35%。

第三，东北地区人口迁移特征主要包括：迁入人口男性较多，迁出人口女性较多；东北三省迁入人口来源、迁出人口流向相似性极高；从北向南梯次迁移特征明显，迁入人口受教育程度偏高等。截至 2010 年第六次人口普查，辽宁省人口净迁入男性比女性多 11.29 万人，吉林省人口净迁出男性比女性多 3.57 万人，黑龙江省人口净迁出男性比女性人口多 2.42 万人。将东北地区作为一个整体考察，东北地区人口主要净迁出到北京市、山东省、天津市、广东省、河北省、上海市、江苏省、浙江省、海南省和广西壮族自治区。而向东北地区净迁入人口的地区主要包括河南省、安徽省、四川省、湖北省、重庆市、湖南省、江西省等。东北三省之间的互相省际迁移规律十分明显，这种迁移呈现明显的从北向南梯次迁移的特征。

第四，东北地区人口迁移现状形成的主要原因包括：区域内的总体经济发展增速放缓、收入差距产生的迁移动力、资源型城市问题在区域内比较突出、气候与环境原因等。东北地区的经济发展放缓是从 20 世纪 90 年代开始的，2015 年，东北地区 GDP 增速全国排名的位次为辽宁省倒数第 1 名、黑龙江省倒数第 3 名和吉林省倒数第 4 名，经济发展放缓形成对人口向外迁移流动的巨大推力。2015 年，全国城镇登记失业率最高的地区为黑龙江省，东北三省辽宁、吉林和黑龙江的城镇在岗职工平均工资全国第 7 低、第 5 低和第 2 低，收入差异成为东北地区人口跨省迁移的主要动力之一。东北地区是我国资源型城市最为集中的地区，大量资源型城市面临资源日渐枯竭的局面并产生大量下岗职工，外出寻求就业机会成为东北地区人口对外迁移的又一主要动力。2015 年，如果按照 PM2.5 年平均浓度衡量空气质量，东北三省省会城市沈阳、哈尔滨和长春空气质量在全国主要城市中第 5 差、第 6 差、第 10 差；如果按照 SO_2 年平均浓度衡量，则东北三省省会城市沈阳、哈尔滨和长春空气质量在全国主要城市中第 2 差、第 6 差、第 7 差，区域内环境质量也是不可忽视的对外迁移推力。另外，东北地区的人口跨境迁移数量较多，民族构成对边境地区的人口跨境流出的作用十分显著。

第五章　东北地区人口性别结构

人口的自然结构是按人口的自然生物学指标进行划分的人口结构，与人口再生产有着密切关系；人口自然结构是过去长期人口自然变动的结果，又是将来人口自然变动的基础。人口的自然结构主要包括人口的年龄结构和性别结构，是最基本的人口结构，对一个地区的经济、社会、文化发展均具有重要的影响。人口性别结构，是一个国家或地区的人口中男性人口与女性人口的比例关系，这种结构的合理性对一个国家和地区的发展至关重要。合理的性别结构、协调的两性发展是社会公正的重要体现，是构建和谐社会与实现人口可持续发展的重要基础。人口性别结构受生理因素、自然环境、社会、经济以及文化等因素的共同制约，同时又会对社会和谐、家庭稳定以及经济发展均产生重要影响。

一个国家或地区的性别结构，通常有两种表示方式，一种是男性人口和女性人口在总人口中各自所占的百分比；另一种是性别比，即男性人口与女性人口数量之比，一般以女性人口为100，本书所计算的各种分类下的性别比均为此种形式。若不考虑战争等特殊因素的作用，一个国家或地区人口性别结构的主要决定因素包括：出生人口性别比、不同年龄组分性别死亡率、迁移人口性别比[1]。从人口的生物学属性上看，人口性别比的变化规律就应该是出生人口性别比高，随着年龄增加逐渐降低，到了婚配年龄正好达到均衡状态，这是人口的自然规律。[2]

---

[1]　田雪原，翟振武，李竞能. 人口学［M］. 浙江人民出版社，2004.

[2]　本章部分参考了笔者前期成果：李雨潼. 中国人口性别结构分析［J］. 人口学，2013（6）。

第一节 人口性别结构变化的纵向与横向对比分析

新中国成立以来，我国共进行了6次人口普查，从历次人口普查数据看，我国人口性别比是逐渐下降的。第一次人口普查时，全国总人口性别比为107.56，到第六次人口普查时全国总人口性别比下降为105.20。经验数据表明世界上绝大多数国家总人口的性别比范围在95和102之间[1]，图5-1将正常人口性别比范围的上限102作为纵坐标的最小值，所有柱形图均在横轴的上方（见图5-1）。由此可见，历次普查年份的人口性别比均明显大于102，虽然我国人口性别比呈现逐渐下降的变化趋势，但总体而言我国总人口性别比一直是偏高的。

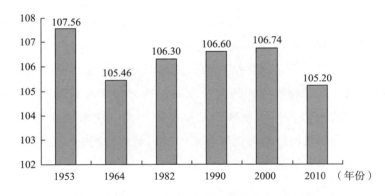

图5-1 我国第1~6次人口普查总人口性别比

资料来源：中华人民共和国国家统计局.中国统计年鉴2012［M］.中国统计出版社，2012。

同时，数据表明中国人口出生性别比偏高问题长期存在。在总体偏高的同时，中国人口性别比和出生人口性别比也存在着明显的地区差异。东北地区人口性别结构纵向随时间推移的变化规律明显，横向与全国其他地区的对比的特征也很鲜明。[2]

---

① 陈卫，宋健.中国人口的年龄性别结构［J］.人口研究，2006（2）.

② 李雨潼.中国人口性别结构分析［J］.人口学，2013（6）.

一　东北地区人口性别结构变化历程

第一次人口普查时东北地区人口性别比高于全国平均水平，这与新中国成立初期东北老工业基地建设期间大量迁入男性人口有着直接关系，随着第三产业的发展以及家属的迁入，东北地区的人口性别比逐渐下降。从历次人口普查数据中可以看出，全国人口性别比与东北地区的人口性别比总体上都呈下降趋势，东北地区的人口性别比下降幅度与下降速度都明显大于全国平均水平。从近年来东北三省的人口性别比变化看，各省的人口性别比均明显低于全国平均水平，一个国家正常的性别比范围在 95 和 102 之间，从变化趋势看东北地区的人口性别比正在逐年趋近于正常值（见图 5 - 2）。

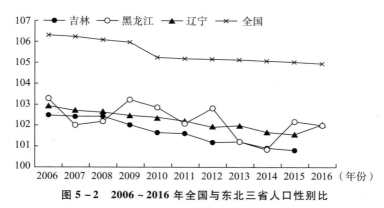

图 5 - 2　2006 ~ 2016 年全国与东北三省人口性别比

资料来源：中华人民共和国国家统计局. 中国统计年鉴 2016. 中国统计出版社，2012；《中华人民共和国 2016 年国民经济和社会发展统计公报》，见 http:∥www. stats. gov. cn／。

二　东北地区人口性别结构与其他地区对比

利用 2000 年、2010 年的人口普查数据以及 2015 年 1% 抽样调查数据，按照人口性别比从高到低对我国 31 个地区进行排序，以此了解东北地区人口性别比在全国范围内处于什么位置。因为数据来源与前文不同数值上会有微小差异，但因为与表 5 - 1 中同年数据来源一致所以不影响各地区性别比横向对比和分析。

表 5-1　2000~2015 年我国各地区人口性别比排序

序号	2000 年		2010 年		2015 年	
	地区	性别比	地区	性别比	地区	性别比
1	广西	112.73	天津	114.52	天津	120.43
2	海南	112.54	海南	112.58	广东	113.51
3	云南	110.06	广东	108.98	海南	110.48
4	贵州	110.02	广西	108.26	北京	109.45
5	湖南	108.96	内蒙古	108.17	青海	109.29
6	北京	108.93	云南	107.90	上海	108.37
7	湖北	108.61	青海	107.40	山西	107.49
8	陕西	108.20	陕西	106.92	浙江	107.37
9	江西	108.16	新疆	106.87	贵州	107.12
10	重庆	107.98	北京	106.75	甘肃	106.18
11	甘肃	107.59	江西	106.67	宁夏	106.16
12	新疆	107.24	贵州	106.31	江西	106.12
13	山西	107.21	上海	106.19	福建	105.71
14	内蒙古	107.10	福建	105.96	广西	105.57
15	四川	106.97	湖南	105.80	云南	104.98
16	青海	106.69	西藏	105.70	安徽	104.90
17	安徽	106.57	浙江	105.69	山东	104.45
18	河南	106.46	山西	105.56	内蒙古	104.32
19	福建	106.29	湖北	105.55	新疆	104.12
20	上海	105.68	宁夏	104.99	湖北	104.12
21	浙江	105.51	甘肃	104.42	河南	103.99
22	宁夏	105.26	安徽	103.39	江苏	103.01
23	吉林	104.89	四川	103.13	湖南	102.98
24	黑龙江	104.54	黑龙江	102.85	陕西	102.59

续表

序号	2000 年		2010 年		2015 年	
	地区	性别比	地区	性别比	地区	性别比
25	辽宁	104.01	河北	102.84	西藏	102.33
26	天津	103.81	吉林	102.67	河北	102.15
27	广东	103.68	重庆	102.61	吉林	102.02
28	河北	103.63	辽宁	102.54	黑龙江	101.59
29	西藏	102.67	山东	102.33	四川	100.89
30	江苏	102.55	河南	102.05	重庆	100.60
31	山东	102.50	江苏	101.52	辽宁	100.45
	东北地区	104.42	东北地区	102.68	东北地区	101.24
	全国	106.30	全国	104.90	全国	105.02

资料来源：根据中华人民共和国国家统计局网站（http://data.stats.gov.cn/）数据计算。

　　2000 年，东北地区的总体人口性别比为 104.42，全国人口性别比为106.30。分省考察东北三省的人口性别结构情况，东北三省人口性别比从高到低为：吉林省性别比 104.89，排名为第 23 位；黑龙江省性别比 104.54，排名为第 24 位；辽宁省性别比 104.01，排名为第 25 位。2010 年，东北地区的总体人口性别比为 102.68，全国人口性别比为 104.90。分省考察，东北三省人口性别比从高到低为：黑龙江省性别比 102.85，排名为第 24 位；吉林省性别比 102.67，排名为第 26 位；辽宁省性别比 102.54，排名为第 28位。2015 年，东北地区的总体人口性别比为 101.24，全国人口性别比为105.02。东北三省人口性别比从高到低为：吉林省性别比 102.02，排名为27 位（倒数第 5）；黑龙江省性别比 101.59，排名为 28 位（倒数第 4）；辽宁省性别比 100.45，排名为 31 位（倒数第 1）（见表 5-1）。

　　2000~2015 年，无论是将东北地区作为一个整体计算，还是单独计算三省各自的人口性别比，都是低于全国平均水平的。前文述及全国人口性别比一直明显偏高，在这一问题上东北地区显然是略好于全国平均水平的。总人口的性别比正常范围在 95 和 102 之间，按照人口普查数据计算的 2000~2010 年的人口性别比变化，无论是全国平均还是东北地区，人口性别比数值上都是逐渐减小的。2015 年全国平均人口性别比相对于 2010 年有所升高，而东北地区的人口性别比则降低到 101.24 这一正常值。东北三省中只有吉林省的总人口性别比在保留两位小数点的情况下，才略略高于正常值上限 102，辽宁省和黑龙江省的人口性别比都已经降为正常值。

第二节　人口性别结构特征

经过多年发展，东北地区的性别结构变化明显，到第六次人口普查时，东北地区的性别结构形成了以下几个主要特征。

一　出生人口性别比偏高

出生人口性别比作为人口性别比的主要决定因素之一，一直备受关注，我国政府高度重视出生人口性别比失衡问题，积极采取措施进行综合治理，取得了一定的成效。我国出生婴儿性别比偏高现象也一直是人口研究的重点。

出生婴儿性别比的计算公式为：

$$出生性别比(SRB) = \frac{B_m}{B_f} \times 100 \ = 活产男婴人数 / 活产女婴人数 \times 100$$

根据生物学一般规律，在人的生命周期内，男性的死亡概率始终高于女性，性别比是随年龄增高而逐渐下降的。不同国家，不同地区以及不同民族的人口出生性别比不完全相同，一般差距并不很大。出生人口性别比一般为 103 ~ 107，男多女少；到 20 岁前后人口性别比达到均衡点，为 100 左右、男女相当；进入老年期后的人口性别比下降到 100 以下，男少女多。[①] 出生人口性别比还是一个在大数定律作用下表现稳定的人口统计指标，对统计数量比较敏感。但是世界上一些每年出生人口只有数千人的国家，大部分年份的出生人口性别比也是处于正常值范围内的。[②]

---

① 原新. 对我国出生性别比失衡人口规模的判断 [J]. 人口研究，2007 (6).
② 刘爽. 出生人口性别比的变动趋势及其影响因素——一种国际视角的分析 [J]. 人口学刊，2009 (1).

2015 年，全国加权平均的出生人口性别比为 112.59，东北地区作为整体的加权平均出生人口性别比为 111.04，东北三省分省出生人口性别比则为辽宁省 113.35、吉林省 106.34、黑龙江省 112.00。可见虽然东北三省的出生人口性别比均低于全国平均水平，但东北地区整体上出生人口性别比明显偏高。东北地区政府部门高度重视出生人口性别比失衡问题，积极采取措施进行综合治理，但从数据看，治理措施并没有取得理想效果，东北地区出生人口性别比依然明显偏高。

出生人口性别比有着明显的城乡差异，利用 2000 年和 2010 年人口普查长表数据和 2015 年 1% 抽样调查数据考察这种城乡差异。从整体上看，无论是对全国还是将东北地区作为一个整体进行考察，乡村和镇的出生人口性别比都明显大于城市人口性别比；分省进行考察，则会发现部分省份的部分年份不符合这一规律。如吉林省 2000 年的出生人口性别比就是城市大于乡村，同年的黑龙江省出生人口性别比也是城市大于乡村（见表 5-2）。

表 5-2　全国及东北地区分城乡出生人口性别比

地区	2000 年			2010 年			2015 年		
	城市	镇	乡村	城市	镇	乡村	城市	镇	乡村
全国	114.2	119.9	121.7	118.3	122.8	122.1	110.4	115.2	114.8
辽宁	107.7	112.2	115.3	110.2	114.3	115.4	110.2	130.0	106.0
吉林	110.7	112.7	108.6	109.8	119.5	117.9	103.3	146.2	107.9
黑龙江	108.7	110.0	106.0	113.8	111.0	117.3	107.1	101.5	123.0
东北地区	108.7	111.5	110.6	111.3	114.3	116.8	107.7	122.7	112.1

资料来源：根据中华人民共和国国家统计局网站（http://data.stats.gov.cn/）人口普查数据计算；2015 年人口 1% 抽样调查资料。

利用 2015 年分孩次的抽样调查数据，考察东北地区人口性别比。2015 年，中国第一孩到第五孩的性别比分别为 109.78、113.28、147.47、160.25、132.77，均明显高于出生人口性别比正常值，且符合随着孩次升高性别比升高的基本规律。同年，辽宁省第一孩到第三孩的性别比分别为 113.46、105.56、161.16；吉林省第一孩到第三孩的性别比分别为 112.78、111.01、191.08；黑龙江省第一孩到第三孩的性别比分别为 110.89、

113

111.24、298.20。东北三省前三个孩子的出生人口性别比均明显高于出生人口性别比 103 ~ 107 的正常范围，从第四个孩子开始出生人口性别比陡降，且吉林省与黑龙江省抽样数据中均无第五孩（见表5-3）。这种变化规律与全国的从第一个孩子到第五个孩子出生人口性别比均明显高于正常值略有不同。

表 5-3　2015 年全国及东北三省分孩次的出生人口性别比

地区	合计	一孩	二孩	三孩	四孩	五孩
全国	113.54	109.78	113.28	147.47	160.25	132.77
辽宁省	111.40	113.46	105.56	161.16	51.96	0.00
吉林省	112.99	112.78	111.01	191.08	29.17	—
黑龙江省	111.75	110.89	111.24	298.20	0.00	—

资料来源：2015 年 1% 抽样调查数据。

由此可见，在总人口性别比逐渐趋近于正常值的情况下，东北地区人口出生性别比偏高的现象依然明显。从这种明显偏高的出生人口性别比可以看出，除去环境因素和气候条件等自然因素的影响，东北地区人为性别选择因素对出生人口性别比的影响较大。

将出生人口性别比正常范围的下限 103 作为纵轴最小值，考察 1990 ~ 2015 年我国出生人口性别比变化规律。从 1990 年到 2015 年，我国出生人口性别比和东北地区出生人口性别比，经历了一个先升后降的变化过程，总体而言均明显高于正常值上限。全国出生人口性别比最高值出现在 2000 年，出生人口性别比达 119.92，最低值出现在 1990 年，出生人口性别比为 111.45。东北地区出生人口性别比最高值出现在 2010 年，出生人口性别比为 111.24，最低值出现在 1990 年，出生人口性别比为 108.69（见图 5-3）。

分省考察东北三省的出生人口性别比变化，可以看到三省的出生人口性别比变化规律是不同的。辽宁省出生人口性别比始终大于 107，即始终大于正常值上限，且 2015 年出生人口性别比与之前几个人口普查年份相比，有明显的上升。吉林省的出生人口性别比，在 3 个普查年份的变化呈现逐渐上升的变化趋势，到 2015 年降到正常值范围内。然而对比分孩次抽样调查

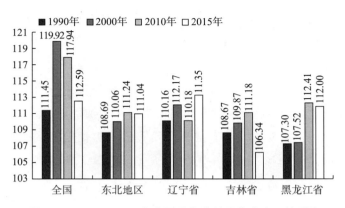

图 5 - 3　1990～2015 年全国及东北地区出生人口性别比

的出生人口性别比合计数，该统计口径计算的 2015 年吉林省出生人口性别比为 112.99，两个计算结果均出自 2015 年抽样调查数据，故而可能是抽样调查的样本偏差造成的不同。黑龙江省的出生人口性别比始终大于正常值上限，虽然 2015 年比 2010 年略降，出生人口性别比数值却依然明显偏高。

　　现阶段，我国人口性别比已经明显超出了正常范围，从区域变化看，近年来东北地区的出生人口性别比治理取得了进展，但总体上出生人口性别比偏高现象仍比较明显。从出生人口性别比变化的历程看，东北地区的性别比偏高不是一个短期的现象，也很难在短期内恢复到正常水平。影响出生人口性别比的因素很多，主要包括人口学因素、社会经济因素、自然生物因素等。具体而言，人口学因素包括出生胎次、遗传基因、父母年龄等；社会经济因素包括经济条件、文化传统、制度政策等；自然因素包括地理位置、气候条件等。而造成出生性别比严重失衡的原因主要包括遗弃、杀害、瞒报、漏报、选择性人工流产等。[①]

　　我国悠久的历史传统造成生育文化中根深蒂固的男孩偏好，在我国目前的社会养老保障体系下，广大农村地区依然普遍存在"养儿防老"的思维模式。自我国人口控制政策实施以来，育龄夫妇由于多生多育的生育意愿得不到满足，便在生育数量既定的前提下更加强化了生育的性别偏好。

---

①　本部分参考了笔者前期成果：李雨潼. 中国人口性别结构分析［J］. 人口学，2013（6）。

而现代医学技术为这种性别偏好提供了选择手段，胎儿的性别选择逐渐成为影响我国出生人口性别比的重要因素之一。在重男轻女观念的影响下，很多地区的部分家庭在不同性别新生儿的照料上存在巨大的差异，女孩被遗弃甚至被杀害的概率也明显高于男孩。这种弃溺现象以及对女婴的漏报和瞒报，在统计数据上将原本明显偏高的男婴比例推得更高。

这种情况下，需要从根本上减轻育龄夫妇对男性婴儿的偏好，减少出生人口性别的人为选择、女婴的弃溺、人工流产等。同时由于统计失真也会对人口性别比数据造成影响，所以还要严格统计制度，防止女婴的瞒报、漏报，以减少出生人口性别比上的统计失真。

要降低人口性别比，归根结底是要提高女性人口的社会地位，要规范媒体舆论引导方向，完善法律体系建设。杜绝媒体各种方式的性别歧视宣传，营造性别平等的社会舆论氛围。保障女性人口受教育的权利，减少学龄女孩不能就学的现象，避免就业歧视、维护妇女的劳动权益，保障女性享有与男性平等的就业机会，共享社会经济资源和社会发展成果。鼓励女性从自身做起，培养独立自主意识、增强自信心、积极提高自身的科学文化素质与职业竞争力，提高自身综合素质和经济实力，真正做到与男性人口平等。

完善法律体系建设，用法律保障妇女受教育的权利，减少学龄女孩不能就学的现象，通过扫盲、职业培训等方式提高妇女受教育水平。加大宣传力度，同时注意工作方法，如工作中的"独女户""双女户"等常见提法，虽然这种划分的目的是为了更好地帮助这些家庭，但这种提法与分类帮助本身就暗含了男女不平等的观念。一个真正做到性别平等的社会大氛围，会从根本上减少性别选择的内在动力。

建立、健全、完善社会保障和养老制度，是降低人口出生性别比的关键手段之一。东北地区已经进入老龄化社会，在现阶段的生育政策与生育观念下，对未来养老问题的预期与担忧会在一定程度上转化为对生育男孩的心理需求，进而推高出生人口性别比。想要降低出生人口性别比，改变生育过程中的男性偏好，不能仅仅靠宣传、靠政策和法律等强制手段，最主要的要从"养儿防老"思想的经济根源入手，建立、健全、完善社会保障和养老制度，从根本上减少育龄夫妇在养老需求上对男孩的心理依赖，进而减少生育过程中人为的性别选择。①

二　不同年龄组人口性别比差异明显

不同年龄组分性别死亡率是总人口性别比的决定性因素之一，对总人口性别比的影响至关重要。人口的分年龄性别结构是过去生育、死亡、迁移变化的结果，也在很大程度上决定了未来的人口变化。从一般规律上来说，出生人口性别比要略大于100，之后随着时间推移，同一出生队列的人口因为男性人口死亡数量始终大于女性，所以性别比逐渐下降，到婚育年龄降为100左右，达到平衡以实现人类的正常繁衍和延续。

东北三省的总人口中分年龄组人口性别比数值差异较大，由图5－4可见低年龄组的人口性别比明显偏高，随着年龄增加人口性别比逐渐降低，到了高龄组则明显降低到100以下。从全国及东北三省分年龄组人口性别比的曲线变化规律看，全国与东北三省的分年龄组人口性别比曲线区别较大，东北三省的曲线变化比较剧烈，虽然总体上也是呈现随着年龄升高人口性别比逐渐降低的变化规律，但曲线起伏较大且不平滑。东北三省的变化规

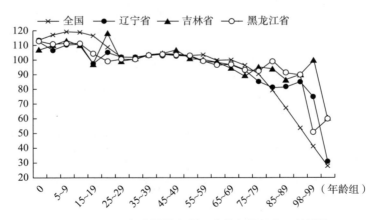

图5－4　2015年全国及东北三省分年龄组人口性别比

---

① 本部分参考了笔者前期成果：李雨潼. 中国人口性别结构分析 ［J］. 人口学，2013（6）。

律与全国的变化规律不一致是正常的现象。中国不是一个移民国家，所以全国人口可以看作一个封闭人口，封闭人口的性别比变化主要受生物学属性影响，符合随着年龄增长人口性别比逐渐降低的生物学规律，但东北地区人口不是处于一个封闭的状态，所以人口性别比变化规律不仅由生物学规律决定，还受人口迁移规模、年龄、性别比的巨大影响。

以东北地区分年龄组人口性别比曲线变化最为剧烈的吉林省为例：2015年抽样调查数据显示，吉林省户口登记地在省内的迁移人口有71605人，其中男性人口34438人，女性人口37167人，女性迁出人口多于男性2729人。户口登记地在省外的迁移人口有8142人，其中男性3896人、女性4246人，女性迁入人口多于男性350人。计算净迁出人口的性别比为92.8，净迁出人口中女性人口比男性人口多2379人。吉林省多年均为人口净迁出省份，且净迁出人口中一直女性多于男性，这也是在出生人口性别比明显偏高的情况下，到了婚龄人口性别比能达到相对均衡状态的主要原因之一。

总体上，东北地区人口性别结构优于全国平均水平，属于相对正常的总人口性别比水平，但分年龄组分析东北地区人口性别结构，则人口性别结构不合理的现象比较明显。人口性别结构不合理会造成一系列的影响，而婚龄人口性别结构不合理造成的影响则最为直接和明显。如吉林省20~24岁人口的性别比为118.3，辽宁省10~14岁人口性别比为111.76，这样的人口性别比必然会给这一年龄段的人口未来婚配带来一系列问题。由于法律规定婚龄为女20岁、男22岁，加之中国99.5%以上的妇女在35岁以前结婚，终身结婚率几乎等于1[1]，而中国夫妇年龄在丈夫小于妻子1岁和丈夫大于妻子4岁之间最为集中[2]。换言之，我国法定婚龄人口起始于20岁，结婚年龄主要集中在39岁以前。在未进入婚龄之前，人口的性别比偏高的负面影响尚不明显，但随着时间推移各低年龄组人口必然会陆续进入婚龄，人口性别结构不合理对婚姻市场的影响也将逐渐明显。

从人口的生物学属性上看，人口性别比的变化规律就应该是出生人口

---

[1] 曾毅，张震等. 人口分析方法与应用 [M]. 北京大学出版社，2011.
[2] 韦艳，董硕. 中国初婚模式变迁——基于婚姻表的分析 [J]. 人口与经济，2013（2）.

性别比高，随着年龄增加逐渐降低，到了婚配年龄正好达到均衡状态，这是自然规律导致的。虽然东北地区的人口结构大体上也符合这一变化规律，使整体上的人口性别结构表现出良性发展的趋势，但要注意到在明显偏高的出生人口性别比条件下，婚龄人口能够达到均衡状态是受了迁移人口性别比、死亡人口性别比的很大影响。

近年来，东北三省出生人口性别比一直偏高，低年龄组人口性别比总体上偏高，随着年龄增加到了婚龄组人口性别比逐渐降低。改变这一年龄段人口性别比数据的原因主要有两个：一是分性别死亡率的差异在婚龄组比较明显，男性人口死亡率明显偏高；二是分性别的人口净迁移数量差异，由于迁出的劳动年龄人口中女性人口更多所以婚龄人口性别比有所降低。需要注意的是，结婚年龄组也属于劳动年龄组，劳动年龄组人口净迁出对东北地区经济发展产生负向影响，不利于区域经济发展。

东北地区劳动年龄人口的死亡率数据要引起重视，应针对东北地区不同性别死亡率差异进行专项研究，从医学、社会学、环境学、营养学等多个学科和不同角度对东北地区男性人口死亡率偏高现象进行深入研究分析，并寻求解决办法。东北地区冬季较长，特殊的气候特征造就了特殊的区域生活方式，也形成了一系列具有区域特征的地方疾病，在对这些疾病进行研究的同时，要通过各种途径增强对疾病形成原因、危害以及预防和治疗办法的宣传，降低发病率，提高人口身体素质。[①]

东北地区是人口净迁出地区，迁出人口中女性人口数量多于男性，因此影响了东北地区人口性别比，单纯从人口性别均衡的角度考虑，这是有利于人口结构的合理化的，但需要引起重视的是婚龄、育龄女性的大量迁出，会导致未来区域内人口出生数量的降低，不利于区域内人口年龄结构的调整，不利于应对日益严重的老龄化问题。因此要努力发展区域经济，留住本地的女性婚龄人口、吸引外地的婚龄男性人口，从而在促进区域人口结构合理化的同时促进区域经济发展。

---

① 李雨潼，张剑宇. 从抚养比变化看东北地区人口老龄化 [J]. 人口学刊，2010（6）.

三　性别结构城乡差异明显

在总体偏高的同时，东北地区人口性别比还存在非常明显的城乡差异。2000 年，将东北地区作为整体的城市人口性别比为 99.8、镇人口性别比为 102.2、乡村人口性别比为 106.2。分省计算东北三省的城乡人口性别比，三省性别比城乡对比均为乡村＞镇＞城市。2010 年，东北地区作为整体的城市人口性别比为 100.8、镇人口性别比为 102.6、乡村人口性别比为 104.6。分省计算东北三省的城乡人口性别比，城市人口性别比最低的是吉林省，镇人口性别比最低的辽宁省，而乡村人口性别比最低的是黑龙江省。2015 年抽样调查人口数据显示，东北地区作为整体的城市人口性别比为 98.9、镇人口性别比为 100.8、乡村人口性别比为 104.1。分省计算东北三省的城乡人口性别比，除吉林省外均为人口性别比乡村＞镇＞城市，城市人口性别比最低的是黑龙江省，镇人口性别比最低的吉林省，而乡村人口性别比最低的是辽宁省（见表 5-4）。

表 5-4　全国及东北地区、东北三省分城乡人口性别比

地区	2000 年			2010 年			2015 年		
	城市	镇	乡村	城市	镇	乡村	城市	镇	乡村
全国	102.2	103.4	106.3	104.7	105.3	104.9	104.1	106.3	105.0
辽宁省	99.1	101.9	106.2	100.8	101.9	105.1	98.8	101.7	102.7
吉林省	100.1	102.7	106.7	100.0	103.4	104.6	101.9	97.5	104.1
黑龙江省	100.8	102.1	105.9	101.5	102.6	104.1	97.3	102.4	105.5
东北地区	99.8	102.2	106.2	100.8	102.6	104.6	98.9	100.8	104.1

资料来源：根据中华人民共和国国家统计局网站（http：//data. stats. gov. cn/）人口普查数据计算；2015 年人口 1% 抽样调查资料。

将东北地区作为整体的人口性别比变化绘制成图。从 2000 年到 2015 年，东北地区城市人口和镇人口的性别比先升后降，而乡村人口的性别比则是随着时间推移一直在降低。人口迁移通常是从农村到城市递进式的转移，迁移人口的性别结构对迁入地和迁出地性别结构的变化均有重要影响。

将城市、镇和乡村历年人口分别看作一个整体，对比城乡人口性别比差异。可以看到东北地区城市人口性别比小于镇人口性别比，镇人口性别比小于乡村人口性别比，从城市到乡村的人口性别比是逐渐升高的。而且虽然东北地区乡村人口性别比随着时间推移逐渐降低，但乡村人口性别比最低值明显高于 3 年中城市人口性别比和镇人口性别比最高值（见图 5 - 5），东北地区人口性别比的城乡差异十分明显。

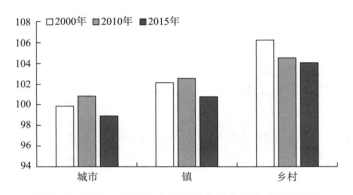

图 5 - 5　2000 ~ 2015 年东北地区整体人口分城乡性别比

总体而言，东北地区人口出生性别比偏高问题长期存在。出生人口性别比偏高、低龄年龄组人口出生性别明显比高于高龄年龄组，意味着在没有大规模迁移或能改变人口结构的分性别死亡率的情况下，当这一批少年儿童进入婚龄之后，将造成明显的婚姻挤压现象。[1] 性别比偏高问题导致的后果是多方面的，婚龄人口不平衡只是其中重要的一个方面，其他重要的方面还很多。尤其是出生人口性别比偏高所体现的性别歧视问题，女婴出生权被人为剥夺的问题，女婴在幼年期不能得到平等照顾问题，女性社会地位和职业选择不平等问题等。

第三节　小结

第一，东北三省的人口性别比均明显低于全国平均水平，从变化趋势

---

① 李雨潼. 中国人口性别结构分析［J］. 人口学刊，2013（6）.

看东北地区人口性别比正在逐年趋近于正常值。在总人口性别比逐渐趋近于正常值的情况下，东北地区人口出生性别比偏高的现象依然明显。从这种明显偏高的出生人口性别比可以看出，除去环境因素和气候条件等自然因素的影响，东北地区人为性别选择因素对出生人口性别比的影响较大。经过多年实践，东北地区在治理出生人口性别比偏高问题上取得了一定的经验，但治理办法仍需进一步完善。

第二，现阶段东北地区出生人口性别比偏高现象依然明显，且很难在短期内恢复到正常水平。出生人口性别比偏高、低龄年龄组人口出生性别比明显高于高龄年龄组，意味着在没有大规模迁移或能改变人口结构的分性别死亡率的情况下，当这一批少年儿童进入婚龄之后，将造成明显的婚姻挤压现象。

第三，总体上东北地区人口性别结构优于全国平均水平，属于相对正常的总人口性别比水平，但分年龄组分析东北地区人口性别结构就会发现人口性别结构不合理现象还是比较明显的。人口性别结构不合理会造成一系列的影响，而不同年龄组中婚龄人口性别结构不合理造成的影响则最为直接和明显。性别比偏高问题导致的后果是多方面的，婚龄人口不平衡只是其中重要的一个方面，其他重要的方面还很多。尤其是出生人口性别比偏高所体现的性别歧视问题，女婴出生权被人为剥夺的问题，女婴在幼年期不能得到平等照顾问题，女性社会地位和职业选择不平等问题等。

第四，在总体偏高的同时，东北地区人口性别比还存在非常明显的城乡差异。东北地区城市人口性别比小于镇人口性别比，镇人口性别比小于乡村人口性别比，从城市到乡村的人口性别比是逐渐升高的。而且虽然东北地区乡村人口性别比随着时间推移逐渐降低，但乡村人口性别比最低值明显高于城市人口性别比和镇人口性别比最高值，东北地区人口性别比的城乡差异十分明显。

第六章　东北地区人口年龄结构

人口年龄结构是指一定时点、一定地区各年龄组人口在全体人口中的比重，通常用百分比表示。一个国家或地区的人口结构不仅对该地区、该时点与未来人口发展的类型、速度和趋势有重大影响，而且对该地区、该时点与未来社会经济发展具有重大影响。影响一个地区人口年龄结构的直接因素主要包括：出生率、分年龄组死亡率、分年龄组迁移率。

第一节　人口年龄结构变化历程及现状

自 1990 年以来，东北地区人口年龄结构变化较大，人口金字塔迅速从增长型转变为缩减型，从人口年龄结构的变化方式到人口年龄结构的现状都具有明显的区域特征。

一　东北地区整体人口的年龄结构变化历程及现状

首先将东北三省作为一个整体，对其区域内的总的人口年龄结构变化历程及现状进行考察。根据 1990 年、2000 年、2010 年人口普查数据及 2015 年 1% 人口抽样调查数据计算东北地区整体的人口年龄结构，并与全国平均水平进行对比。因为前面三组是用普查数据计算的，2015 年则是用 1% 抽样调查数据计算的，所以最后一组的人口年龄结构数值误差会略大一些。

1990 年，全国和东北地区人口年龄结构变化总体上具有很高的相似性，从 0 ~ 4 岁组开始到 100 岁及以上组，总体上各年龄组所占的比例呈现先降、再升、再降的变化规律（见表 6 - 1）。全国人口中所占比例最高的是 0 ~ 4 岁、15 ~ 19 岁、20 ~ 24 岁年龄组。东北地区作为一个整体，占总人口比例最高的年龄组为 20 ~ 24 岁、25 ~ 29 岁和 15 ~ 19 岁，均为劳动年龄组。

表 6 - 1 1990 ~ 2015 年全国及东北地区年龄结构

单位：%

年龄组	1990 年		2000 年		2010 年		2015 年	
	全国	东北	全国	东北	全国	东北	全国	东北
0 ~ 4 岁	10.30	8.78	5.55	4.15	5.67	3.65	5.83	3.29
5 ~ 9 岁	8.79	7.90	7.26	5.62	5.32	3.86	5.51	3.69
10 ~ 14 岁	8.60	8.47	10.09	8.64	5.62	4.24	5.18	3.97
15 ~ 19 岁	10.63	10.12	8.29	7.54	7.49	5.89	5.47	4.22
20 ~ 24 岁	11.12	10.93	7.61	7.69	9.56	8.67	7.30	5.92
25 ~ 29 岁	9.22	10.63	9.46	9.37	7.58	7.14	9.35	8.39
30 ~ 34 岁	7.42	9.34	10.25	10.42	7.29	7.77	7.38	7.32
35 ~ 39 岁	7.64	8.62	8.78	10.20	8.86	9.33	7.07	7.85
40 ~ 44 岁	5.64	5.74	6.54	8.77	9.36	10.08	8.56	9.27
45 ~ 49 岁	4.34	4.26	6.88	8.17	7.92	9.62	9.01	9.86
50 ~ 54 岁	4.04	4.08	5.09	5.47	5.91	8.23	7.58	9.29
55 ~ 59 岁	3.69	3.55	3.73	3.79	6.10	7.49	5.60	7.99
60 ~ 64 岁	3.01	2.87	3.36	3.55	4.40	4.92	5.68	7.27
65 ~ 69 岁	2.33	2.06	2.80	2.74	3.08	3.23	3.99	4.65
70 ~ 74 岁	1.60	1.27	2.06	1.98	2.47	2.66	2.64	2.90
75 ~ 79 岁	0.97	0.81	1.28	1.13	1.79	1.76	1.93	2.17
80 ~ 84 岁	0.47	0.40	0.64	0.50	1.00	0.97	1.19	1.24
85 ~ 89 岁	0.17	0.14	0.24	0.20	0.42	0.37	0.52	0.54
90 ~ 94 岁	0.03	0.03	0.06	0.05	0.12	0.10	0.16	0.15
95 ~ 99 岁	0.01	0.00	0.01	0.01	0.03	0.02	0.03	0.02
100 岁及以上	0.00	0.00	0.00	0.00	0.00	0.00	0.00	0.00

资料来源：根据中华人民共和国国家统计局网站（http://data.stats.gov.cn/）人口普查数据计算；2015 年人口 1% 抽样调查资料。

对比 1990 年全国与东北地区人口年龄组的分布，0～24 岁的低龄区间各 5 岁小组占全国总人口比重均高于其占东北地区总人口比重。而 25～44 岁这一青壮年年龄区间中各 5 岁小组，在东北地区总人口中的比重明显高过在全国总人口中的比重。45 岁以后的各年龄组，总体上又是全国的比重超过了东北地区的（见图 6－1）。这一非常明显的分段变化规律，说明了东北地区的人口结构与全国平均水平相比，是中间大两头小，青壮年劳动力丰富、少年儿童和老年人口比重均较小，人口负担轻的人口结构。

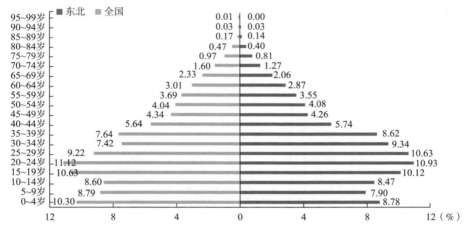

图 6－1　1990 年全国与东北地区人口年龄结构

1990 年，东北地区人口结构处于人口红利期，且人口红利大于全国平均水平。此时由东北地区和全国人口年龄结构组成的示意图，虽然底部略小于中间部分，但依然呈现大体上的塔形，整体形状为缩减型。由于某一时点的人口年龄构成是过去几十年甚至上百年人口过程的结果，所以从图 6－1 上可以看出，全国和东北地区的人口结构都在 1970 年后从增长型快速转变为缩减型，经过一段时间的人口出生率降低，又在靠近 1990 年的 5 年区间里，人口出生率有所提升。

经过 10 年的发展，到 2000 年全国及东北地区的人口年龄结构与 1990 年相比已经有了很大的变化。全国和东北地区人口年龄结构变化曲线总体上的相似性有所降低，从 0～4 岁组开始到 100 岁及以上组，全国人口各年龄组所占的比例呈现上升、下降、再升、再降、再升、再降的曲折变化规律；而东北地区则呈现上升、下降、再升、再降的变化规律。全国人口中占比例最高的前 3 个年龄组为 10～14 岁、25～29 岁和 30～34 岁。东北地区人口中占比例最高的前 3 个年龄组为 30～34 岁、35～39 岁和 25～29 岁（见图 6－2）。无论是全国还是东北地区，2000 年人口比重最高的年龄组都恰好对应的是 1990 年时占总人口比重最高的 3 个年龄组，由此可见全国及东北地区这一时间段内没有出现超过这 3 个年龄区间人口比例的新的生育高峰期。

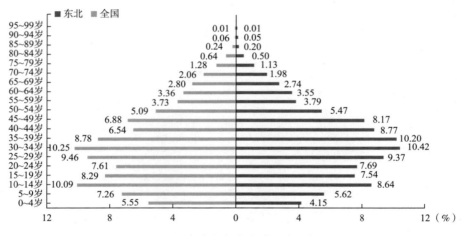

图 6－2　2000 年全国与东北地区人口年龄结构

对比全国和东北地区人口年龄结构的差异。总体而言，0～29 岁年龄组占全国总人口比重均高于其占东北地区总人口比重（仅 20～24 岁组，全国该比例低于东北地区 0.08 个百分点）。而且与 1990 年低龄组人口所占比例相比，东北地区数值上与全国总体水平的差距进一步扩大，东北地区人口出生率下降速度大于全国总体水平。30～64 岁这一劳动年龄组，占东北地区总人口比重明显高过占全国总人口比重。从 65 岁进入老年组后，该比例数值变为全国高于东北地区，即老年人口所占比例全国高于东北地区。此时的示意图，可以看出底部已经有明显的缩小，即在 1990～2000 年这个时间段里，无论是全国还是东北地区，人口出生率迅速降低，人口金字塔也转变为缩减型，少年儿童人口比例明显快速降低。

2010 年，全国和东北地区人口年龄结构变化曲线整体继续向上推移，随着 2000 年时的高龄老年人口从示意图上退出，新增的两组低年龄人口有其自身的变化特点。就全国而言，不同于前些年随着时间推移新增人口在总人口中比重逐渐下降的变化规律，2010 年全国的 0~4 岁人口数量明显多于 5~9 岁人口（见图 6-3），即在这两段时间区间里人口出生率是增加的。

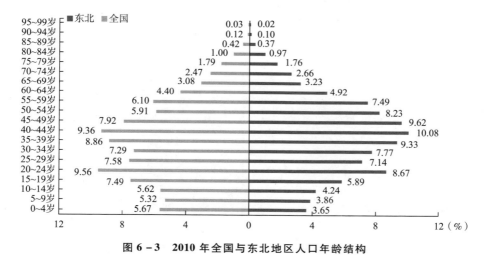

图 6-3 2010 年全国与东北地区人口年龄结构

就东北地区而言，如果按照 5 年的时间间隔去对应之前的 25 年人口出生率，可见新出生人口是随着时间推移每 5 年递减的。总体而言，全国和东北地区年龄结构中占比例最高的前 3 个年龄组依然对应着 1990 年时比例最高的 3 个年龄组。这说明从 1990 到 2010 年，随着时间的推移，人口的出生、死亡和迁移，虽然改变着人口的整体结构，但这种改变总体上是人口结构图不断向上推移，并没有由于任何原因而使原有的人口队列在总人口中的比例有大幅度的改变，所以原有人口在总人口中的比例没有太大的波动。此时的示意图已经向梭形转化，全国人口结构与东北地区人口结构呈现不同的变化特征，全国人口的 0~4 岁组人口比例与上一个 10 年相比，有所提升，而东北地区人口结构图中最底部的少年儿童人口比重持续缩减的特征十分明显。

2015 年抽样调查数据显示，新的人口年龄结构示意图继续向上推移并

增加了一组新生人口，即 0~4 岁组。由图 6-4 可以清晰地看到新增的一组
人口延续了 2010 年人口结构变动时的特征，即从全国人口的角度看，最近
5 年出生的人口占总人口的比重明显高于上一个 5 年出生人口占总人口的比
重，每个 5 年出生的人口数量呈递增状态。从东北地区的角度看，近 15 年
的变化规律与全国正好相反，新出生人口是随着时间推移每 5 年递减的，少
年儿童人口在东北地区总人口中的比例逐年降低。

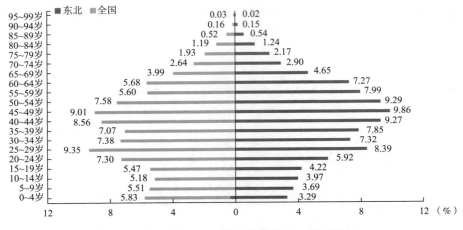

图 6-4 2015 年全国与东北地区人口年龄结构

对比全国与东北地区人口年龄结构的变化规律，可见东北地区人口年
龄结构的两头小中间大特征非常明显，而全国的人口年龄结构变化规律则
不同，虽然总体上也呈现不规则的中间大两头小的形状，但近年来最底部
的青少年儿童人口比例有所增加，没有呈现东北地区那种少年儿童人口比
例逐渐降低的变化趋势。

总的来说，无论是利用普查数据还是利用抽样调查数据，绘制由全国
人口年龄结构与东北地区人口年龄结构共同组成的示意图，会发现东北地
区在新中国成立初期时少年儿童人口比重是高于全国平均水平的，全国和
东北地区人口生育率的几个高峰时期呈现在人口结构图上的变化特征基本
相同。全国少年儿童人口比例近年有所提升，而东北地区则在近 30 年来少
年儿童人口比例持续下降并始终低于全国平均水平。

二　东北三省的人口年龄结构变化历程及现状

利用 1990 年人口普查数据计算，将东北三省分年龄组人口所占百分比绘制成年龄结构曲线，可见辽宁、吉林、黑龙江三省的人口结构整体相似性很高，35 岁以后的部分几乎重合（见图 6－5）。1990 年，东北三省的人口结构均呈明显的中间大两头小特征，人口负担较轻，处于人口红利期。

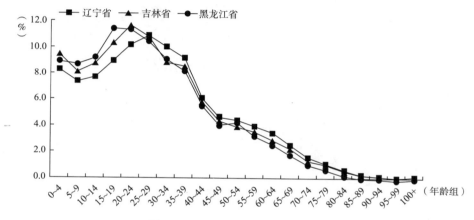

图 6－5　1990 年东北三省年龄结构

2000 年，辽宁、吉林、黑龙江三省的人口结构依然十分类似，总体上依然呈中间大两头小的结构特征，只是与 1990 年相比曲线更加曲折。三省之间对比，吉林省和黑龙江省的曲线变化相似度更高，辽宁省曲线在 10～34 岁这一大的年龄阶段所占百分比更低些，而在 35 岁之后所占百分比相较于吉林和黑龙江省更高些，低龄组人口比例更小些（见图 6－6）。

2010 年，东北三省的人口年龄结构曲线在低龄组几乎重合，相似度进一步提高（见图 6－7）。而且对比 1990 年和 2000 年的人口年龄结构曲线，可以发现东北三省的每 5 年新出生人口占总人口比重，在以非常相似的速度逐渐降低，而 65 岁及以上的老年人口比重则在逐渐增加。东北三省的人口年龄结构始终在以相似度极高的方式逐渐发生着转变，老龄化程度逐渐加深。

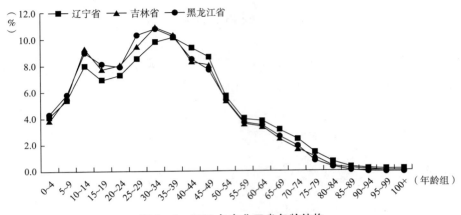

图 6 - 6　2000 年东北三省年龄结构

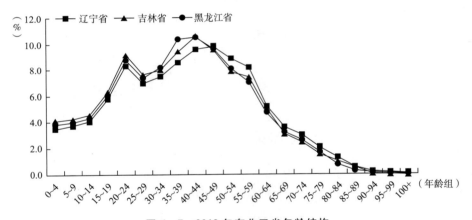

图 6 - 7　2010 年东北三省年龄结构

　　根据 2015 年全国人口抽样调查资料，计算东北三省的人口年龄结构。可见与之前的 3 个普查年份数据相比，新出生的人口在总人口中所占比例进一步下降，而随着年龄结构曲线的向后推移，老年人口所占比例升高，且东北三省在年龄结构曲线的中间部分差异还略明显，可以看出是三条不同的曲线，在曲线的首段和末段则三省几乎重合，相似性非常高（见图 6 - 8）。可见东北三省新出生人口所占比例逐年降低，老年人口所占比例逐年增高的变化趋势是非常一致的。

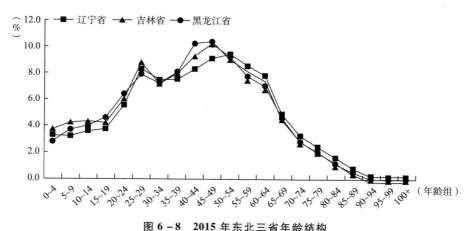

图 6 - 8 　 2015 年东北三省年龄结构

第二节　人口年龄结构变化特征

人口年龄结构变动对社会经济发展最显著的影响之一就是人口抚养比的变化。我国已经进入老龄化社会，并且人口老龄化具有老年人口基数大、老龄化速度快、老龄化速度快于经济发展速度、各地区老龄化程度差异大等特点，老年人口抚养比作为反映一个地区老龄化程度的重要指标，引起了国内外学者的关注。东北地区是我国传统的工业基地，也是传统的移民地区，该地区的经济、文化、社会、人口发展均有明显的区域特征，其人口抚养比变化也有着自身的特点。

一　抚养比存在被低估现象

总抚养比也称总负担系数，指人口总体中非劳动年龄人口数与劳动年龄人口数之比，通常用百分比表示。说明每 100 名劳动年龄人口大致要负担多少名非劳动年龄人口，用于从人口角度反映人口与经济发展的基本关系。计算公式为：

$$GDR = \frac{P_{0 \sim 14} + P_{65+}}{P_{15 \sim 64}} \times 100\%$$

其中：GDR 为总抚养比，$P_{0\sim14}$ 为 0～14 岁少年儿童人口数，P_{65+} 为 65 岁及以上的老年人口数，$P_{15\sim64}$ 为 15～64 岁劳动年龄人口数。

老年人口抚养比也称老年人口抚养系数。指某一人口中老年人口数与劳动年龄人口数之比。通常用百分比表示。用以表明每 100 名劳动年龄人口要负担多少名老年人。老年人口抚养比是从经济角度反映人口老化社会后果的指标之一。计算公式为：

$$ODR = \frac{P_{65+}}{P_{15\sim64}} \times 100\%$$

少年儿童抚养比也称少年儿童抚养系数。指某一人口中少年儿童人口数与劳动年龄人口数之比，通常用百分比表示，以反映每 100 名劳动年龄人口要负担多少名少年儿童。计算公式为：

$$CDR = \frac{P_{0\sim14}}{P_{15\sim64}} \times 100\%$$

2006～2016 年，东北地区的总抚养比始终明显低于全国平均水平。东北三省总抚养比数值上差异不大，始终处于同一区间。从曲线变化规律上看，辽宁省、黑龙江省的曲线与全国平均水平虽数值差异较大，但曲线走势相似度较高。吉林省总抚养比在这一时间区间内数值变化较大，但总体走势依然是曲折中上升的（见图 6－9）。

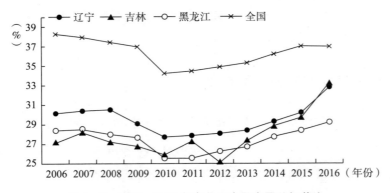

图 6－9　2006～2016 年东北三省及全国总抚养比

对 2011～2015 年我国 31 个地区的总抚养比进行从低到高的排序，5 年间全国总抚养比第 3 低的始终是东北三省中的一个省份，其总抚养比仅高于直辖市北京市、上海市或天津市。东北三省始终处于前 8 名内（见表 6 - 2），说明与全国其他大多数地区相比，东北地区的总抚养比是偏低的，也就是说东北三省的总负担系数是偏低的。

表 6 - 2 2011 ~ 2015 年我国 31 个地区总抚养比排序（升序）

单位：%

序号	2011 年		2012 年		2013 年		2014 年		2015 年	
	地区	总抚养比	地区	总抚养比	地区	总抚养比	地区	总抚养比	地区	总抚养比
1	上海	19.3	上海	21.2	北京	22.7	北京	23.0	天津	25.7
2	北京	21.3	北京	21.9	上海	25.0	上海	24.7	北京	26.2
3	黑龙江	24.6	吉林	25.0	辽宁	26.0	黑龙江	26.6	黑龙江	27.3
4	天津	25.7	辽宁	25.5	黑龙江	26.5	浙江	27.6	上海	28.5
5	内蒙古	25.9	黑龙江	26.5	浙江	26.8	吉林	28.8	内蒙古	29.2
6	浙江	26.9	浙江	26.7	吉林	27.3	辽宁	28.8	吉林	29.7
7	吉林	27.3	内蒙古	27.8	内蒙古	28.7	天津	29.0	广东	30.5
8	辽宁	28.4	天津	28.5	天津	29.3	内蒙古	29.7	辽宁	30.7
9	福建	30.6	陕西	30.4	山西	31.1	山西	30.5	浙江	31.9
10	陕西	30.7	广东	30.5	广东	31.5	广东	32.9	山西	32.0
11	江苏	31.2	山西	31.0	湖北	33.1	福建	33.7	陕西	34.0
12	广东	31.2	江苏	32.7	陕西	33.2	甘肃	33.9	江苏	35.6
13	山西	31.5	湖北	33.1	福建	33.4	青海	34.1	湖北	35.9
14	湖北	32.3	福建	33.9	江苏	34.4	陕西	34.3	甘肃	36.0
15	河北	34.7	甘肃	34.8	甘肃	34.8	江苏	34.8	福建	36.2
16	甘肃	34.7	海南	35.8	山东	36.0	湖北	35.6	青海	37.3
17	山东	35.7	山东	36.3	海南	36.8	宁夏	36.1	宁夏	37.9
18	宁夏	35.9	河北	37.1	河北	36.9	海南	36.4	云南	38.0
19	青海	36.0	新疆	37.5	青海	37.1	山东	37.5	山东	38.9
20	新疆	36.2	云南	37.6	新疆	37.4	云南	38.3	海南	39.4
21	海南	36.6	西藏	38.0	宁夏	37.6	河北	38.8	河北	39.7
22	云南	37.5	青海	38.2	云南	39.0	新疆	38.9	四川	40.5

续表

序号	2011 年		2012 年		2013 年		2014 年		2015 年	
	地区	总抚养比	地区	总抚养比	地区	总抚养比	地区	总抚养比	地区	总抚养比
23	西藏	38.7	宁夏	38.9	西藏	39.7	安徽	39.5	重庆	40.6
24	四川	39.3	四川	39.0	江西	40.3	湖南	41.2	新疆	40.7
25	湖南	39.6	安徽	39.7	湖南	40.5	重庆	41.6	安徽	40.8
26	重庆	39.8	重庆	41.5	重庆	40.6	河南	42.2	西藏	41.4
27	安徽	39.9	河南	41.6	安徽	40.8	江西	42.8	湖南	42.1
28	江西	41.0	江西	42.1	四川	41.5	西藏	43.0	江西	44.0
29	河南	41.9	湖南	42.4	河南	42.2	四川	43.3	河南	44.6
30	广西	46.0	广西	46.9	广西	44.4	贵州	45.6	贵州	46.9
31	贵州	49.9	贵州	47.3	贵州	45.7	广西	45.8	广西	47.9

资料来源：根据中华人民共和国国家统计局网站（http://data.stats.gov.cn/）人口普查数据计算。

抚养比反映了人口总体中非劳动年龄人口数与劳动年龄人口数的比例分配，在一定程度上体现了一个国家或地区的劳动力负担人口数，但事实上无论是全国还是东北地区的抚养比都一定程度上存在被低估的现象。抚养比的分母为劳动年龄人口，而众所周知，随着青少年受教育年限的延长，15～64 岁的人口中有相当一部分并没有进入劳动力市场，而是在校求学，这部分人口的存在使分母被高估，而抚养比被低估。东北地区与国内其他地区相比，文盲率尤其是女性文盲率低，男女受教育程度差别小，东北地区教育的高度发展给女性提供了更多的受教育机会[①]，这种相对较高的受教育程度和相对较长的受教育年限，使东北地区的抚养比被低估现象略显著于其他地区。

二　少年儿童人口比例不断下降

从图 6 - 10 中可以直观看出，2006～2016 年全国平均的少年儿童抚养比与黑龙江省、辽宁省的走势大抵相同，均呈总体逐渐降低的变化规律，

---

① 景跃军，王福江. 中国人口文化程度的性别差异及成因探析 [J]. 人口学刊，1994（3）.

只有吉林省的少年儿童抚养比呈现曲折上升的变化规律（见图 6-10）。全国平均的少年儿童抚养比明显大于东北地区，这是东北地区明显偏低的出生率导致的直接结果。

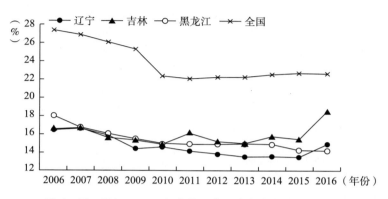

图 6-10　2006~2016 年东北三省及全国少年儿童抚养比

对 2011~2015 年我国 31 个地区的少年儿童抚养比进行从低到高的排序，5 年间仅有 3 个直辖市和 1 个省份的少年儿童抚养比低于东北三省，这 4 个地区为上海市、北京市、天津市和浙江省（见表 6-3）。从人口构成上看，这几个少年儿童抚养比低于东北三省的地区，均为全国各地区中净迁入人口占总人口百分比最高的地区之一，而东北地区则属于人口净迁出地区（参见表 4-5）。由此可见，同样是少年儿童抚养比偏低，东北地区是由分子小造成的，而其他 4 个地区则受分母较大的影响。即东北三省的少年儿童抚养比偏低是由低生育率造成的，而其他 4 个地区少年儿童抚养比偏低受大量迁入的劳动年龄人口的很大影响。

表 6-3　2011~2015 年我国 31 个地区少年儿童抚养比排序（升序）

单位：%

序号	2011 年		2012 年		2013 年		2014 年		2015 年	
	地区	抚养比	地区	抚养比	地区	抚养比	地区	抚养比	地区	抚养比
1	上海	9.90	上海	10.30	上海	11.70	北京	12.50	上海	12.00
2	北京	10.60	北京	11.40	北京	12.20	上海	12.60	天津	12.70
3	天津	13.40	辽宁	13.00	辽宁	13.10	辽宁	13.20	北京	12.80

续表

序号	2011 年		2012 年		2013 年		2014 年		2015 年	
	地区	抚养比	地区	抚养比	地区	抚养比	地区	抚养比	地区	抚养比
4	辽宁	14.60	天津	15.10	天津	14.50	天津	13.90	黑龙江	13.50
5	黑龙江	14.60	吉林	15.30	吉林	15.00	黑龙江	14.70	辽宁	13.90
6	浙江	16.00	黑龙江	15.30	浙江	15.10	浙江	15.40	吉林	15.50
7	吉林	16.20	浙江	15.60	黑龙江	15.20	吉林	15.70	内蒙古	16.90
8	江苏	17.10	江苏	17.50	内蒙古	17.70	内蒙古	17.60	浙江	17.00
9	内蒙古	17.20	内蒙古	17.70	江苏	17.90	江苏	18.60	江苏	18.40
10	湖北	18.90	陕西	18.30	湖北	19.90	山西	19.40	山西	19.90
11	陕西	19.60	湖北	18.70	陕西	20.10	陕西	20.00	陕西	20.20
12	福建	20.60	山西	20.60	山西	20.60	重庆	21.60	湖北	20.60
13	山东	21.10	广东	21.40	山东	21.00	山东	21.70	广东	20.90
14	山西	21.20	山东	22.00	广东	21.90	湖北	21.70	重庆	21.90
15	重庆	22.40	甘肃	22.30	重庆	21.90	广东	21.90	四川	22.30
16	广东	22.60	福建	22.40	福建	22.50	甘肃	21.90	山东	22.70
17	四川	22.60	四川	22.60	甘肃	22.80	四川	23.20	甘肃	23.30
18	甘肃	22.70	重庆	23.20	四川	23.40	福建	23.50	福建	23.90
19	河北	23.70	河北	24.60	河北	24.40	青海	24.50	安徽	25.00
20	湖南	25.00	安徽	25.30	海南	25.60	安徽	24.90	河北	25.50
21	安徽	25.20	海南	25.90	湖南	25.70	河北	25.80	湖南	26.20
22	云南	26.90	湖南	26.50	安徽	26.00	湖南	25.80	云南	26.40
23	海南	27.20	云南	26.90	青海	27.20	海南	26.00	海南	27.60
24	新疆	27.20	新疆	28.20	江西	27.60	云南	26.20	青海	27.60
25	青海	28.00	青海	28.50	云南	27.80	宁夏	26.80	宁夏	27.70
26	宁夏	28.40	河南	29.10	宁夏	27.90	新疆	29.40	河南	30.30
27	河南	29.40	宁夏	29.70	新疆	28.60	江西	29.60	新疆	30.70
28	江西	30.30	西藏	30.50	河南	29.50	河南	29.80	江西	30.90
29	西藏	32.00	江西	30.60	广西	31.00	广西	31.90	贵州	33.00
30	广西	32.10	广西	33.20	贵州	32.20	贵州	32.20	西藏	33.30
31	贵州	36.20	贵州	33.80	西藏	32.50	西藏	35.10	广西	33.50

资料来源：根据中华人民和共和国国家统计局网站（http://data. stats. gov. cn/）人口普查数据计算。

三 人口老龄化程度不断加深

当一个社会 65 岁及以上老年人口占总人口的例上升到 7% 时，这个社会就称为老龄化社会。2016 年，辽宁、吉林、黑龙江三个省份的 65 岁及以上老年人口所占比例分别为 13.51%、11.02%、11.6%，所以东北地区已经处于老龄化社会。由此可见，东北地区的人口老龄化，是在人口红利期的老龄化，一方面老年人口比例的不断攀升给社会经济带来了一系列的影响，另一方面人口机会窗口又为社会经济的快速发展提供了有利条件。

2006 ~ 2016 年，东北三省的老年人口抚养比呈现与全国平均水平不同的变化规律。从变化曲线上看，东北地区的三个省份老年人口抚养比曲线走势相似度较高，均为曲折中总体明显上升。辽宁省与黑龙江省的曲线走势基本一致，辽宁省略高于其他两个省份并始终高于全国平均水平，而全国平均的老年人口抚养比变化曲线则呈现平稳的逐年上升的变化规律（见图 6 – 11）。

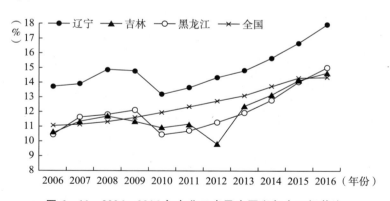

图 6 – 11 2006 ~ 2016 年东北三省及全国老年人口抚养比

对 2011 ~ 2015 年我国 31 个地区的老年人口抚养比进行从低到高的排序，可见东北三省中黑龙江省的老年人口抚养比最低，5 年间均排名在前 15 名及以内，在 31 个地区中排在中等偏低的位置，而吉林省和辽宁省除 2012 年外均排名在前 15 名及以外，属于中等偏高的水平。吉林省和辽宁省的老年人口抚养比排序总体上呈现向下的变化规律，2015 年辽宁省的老年人口抚养比全国排名为第 28 名，即老年人口抚养比全国第 4 高（见表 6-4）。对比前文东北地区总抚养比排序和少年儿童抚养比排序可以看出，东北地区的总抚养比较低主要是由少年儿童抚养比低造成的。在总抚养比全国较低的同时，人口老龄化程度不断加深的现象不容忽视。

表 6-4　2011～2015 年我国 31 个地区老年人口抚养比排序（升序）

单位：%

序号	2011 年		2012 年		2013 年		2014 年		2015 年	
	地区	抚养比	地区	抚养比	地区	抚养比	地区	抚养比	地区	抚养比
1	西藏	6.70	西藏	7.50	西藏	7.20	西藏	7.90	西藏	8.10
2	宁夏	7.40	广东	9.10	新疆	8.80	宁夏	9.20	广东	9.60
3	青海	8.10	宁夏	9.20	广东	9.50	青海	9.50	青海	9.70
4	广东	8.60	新疆	9.30	宁夏	9.70	新疆	9.50	新疆	10.00
5	内蒙古	8.70	吉林	9.70	青海	9.80	福建	10.10	宁夏	10.20
6	新疆	9.00	青海	9.70	北京	10.50	北京	10.50	云南	11.60
7	上海	9.40	海南	9.90	山西	10.50	海南	10.50	海南	11.80
8	海南	9.40	内蒙古	10.10	福建	10.90	广东	11.00	山西	12.10
9	黑龙江	10.00	山西	10.40	内蒙古	11.00	山西	11.10	福建	12.30
10	福建	10.00	北京	10.50	云南	11.10	黑龙江	11.90	内蒙古	12.40
11	山西	10.20	云南	10.70	海南	11.20	甘肃	12.00	甘肃	12.70
12	云南	10.60	上海	10.90	黑龙江	11.30	内蒙古	12.10	天津	12.90
13	北京	10.70	浙江	11.10	浙江	11.70	上海	12.10	江西	13.00
14	江西	10.80	黑龙江	11.20	甘肃	12.00	云南	12.10	北京	13.50
15	浙江	10.90	福建	11.50	吉林	12.30	浙江	12.30	黑龙江	13.80
16	河北	11.00	江西	11.50	河北	12.60	河南	12.50	贵州	13.90
17	吉林	11.10	陕西	12.10	江西	12.60	河北	12.90	陕西	13.90
18	陕西	11.10	河北	12.50	河南	12.70	吉林	13.10	河北	14.20
19	甘肃	12.00	辽宁	12.50	辽宁	12.90	江西	13.20	吉林	14.20
20	天津	12.30	河南	12.50	陕西	13.10	贵州	13.40	河南	14.20
21	河南	12.50	甘肃	12.50	湖北	13.20	湖北	13.90	广西	14.40
22	湖北	13.40	天津	13.40	上海	13.30	广西	13.90	浙江	14.90
23	贵州	13.60	贵州	13.50	广西	13.40	陕西	14.30	湖北	15.30
24	辽宁	13.80	广西	13.70	贵州	13.50	安徽	14.50	安徽	15.70

续表

序号	2011 年		2012 年		2013 年		2014 年		2015 年	
	地区	抚养比	地区	抚养比	地区	抚养比	地区	抚养比	地区	抚养比
25	广西	13.90	山东	14.30	天津	14.80	天津	15.10	湖南	16.00
26	江苏	14.20	湖北	14.30	安徽	14.80	湖南	15.40	山东	16.20
27	山东	14.60	安徽	14.40	山东	14.90	辽宁	15.70	上海	16.50
28	湖南	14.60	江苏	15.30	湖南	14.90	山东	15.80	辽宁	16.80
29	安徽	14.70	湖南	15.80	江苏	16.50	江苏	16.30	江苏	17.20
30	四川	16.80	四川	16.40	四川	18.10	重庆	20.00	四川	18.20
31	重庆	17.40	重庆	18.30	重庆	18.60	四川	20.00	重庆	18.70

资料来源：根据中华人民共和国国家统计局网站（http://data.stats.gov.cn/）人口普查数据计算。

　　面对区域内的人口老龄化加深现象，一方面要重视人口老龄化给区域内经济社会发展带来的影响，另一方面要从根本上转变观念，摒弃将老年人视为纯粹的社会负担的思维方式。将老年产业作为一个消费群体不断增大的新的经济增长点，予以重视并规划、引导其健康发展。一般而言，随着年龄增加人的消费欲望和消费水平会下降，故而老年人口比重的不断增加会影响一个地区的消费结构和消费水平。但这种消费水平的下降并不是绝对的，老年人消费能力的下降与产品供给结构直接相关，当市场中适合老年人的商品不能满足老年人实际需要时，他们自然会降低消费欲望和消费水平，而合理的产品结构、适合老年人的产品，就能挖掘出老年人口的消费潜能，并形成新的经济增长点。

　　随着老龄化程度的加深，东北地区养老保障体系一直在不断完善，但完善程度依然滞后于实际需要。养老保障体系建设是一个全国性、长期性的工作，东北地区要分析区域的经济、社会、文化、地理、气候条件等特征，分析区域的特殊性，有针对性的、因地制宜地提出适合本地实际情况的系列措施。现阶段，家庭养老的功能正在逐渐弱化，但在未来相当长的一个时期内，家庭养老依然是主要养老模式，要重视和加强老年服务体系的建设，使社区服务与居家养老相结合，对老年人合法权益予以保护，制定社区照料服务条例，努力将社区照料服务发展成一个完备的产业。要营造尊老爱老的社会氛围，弘扬敬老养老的传统美德，确保老年人口老有所养。

四 处于红利较高的人口红利期

人口变动过程中，会形成一个少年儿童抚养比与老年人口抚养比都比较低的时期，即总人口"中间大，两头小"的年龄结构，使劳动力供给充足、社会负担相对较轻。年龄结构的这种状态将带来劳动力增加、储蓄和投资增长、人力投资增加和妇女就业机会增加等，从而对社会经济发展有利，人口学家称这段时期为"人口机会窗口"或"人口红利"期。根据国内学者研究，人口抚养比为 47% ~ 50% 便为人口红利期，而人口抚养比小于 44% 则为红利更高的"人口暴利期"[1]，从全国的总抚养比看，中国正处于人口暴利期，而东北三省的人口抚养比相对全国其他省份略低，这也就意味着现阶段东北地区的劳动年龄人口更为充足，处于优于全国平均水平的人口红利期。

从 2006 ~ 2016 年辽宁省的数据看，2006 年辽宁省的总抚养比为30.13%，其中少年儿童抚养比为 16.41%，而老年人口抚养比为 13.72%；2016 年，辽宁省的总抚养比为 32.78%，其中少年儿童抚养比为 14.85%，而老年人口抚养比为 17.94%。与 2006 年相比，2016 年的老年人口抚养比上升了 4.22 个百分点，少年儿童抚养比降低了 1.56 个百分点，两者综合作用的结果是总抚养比上升了 2.65 个百分点（见表 6 - 5）。

表 6 - 5 2006 ~ 2016 年辽宁省抚养比

单位：%

年份	总抚养比	少年儿童抚养比	老年人口抚养比
2006	30.13	16.41	13.72
2007	30.40	16.54	13.86
2008	30.62	15.72	14.90
2009	29.15	14.38	14.77
2010	27.76	14.59	13.17

---

① 陈友华. 人口红利与人口负债：数量界定、经验观察与理论思考 [J]. 人口研究，2005 (6).

续表

年份	总抚养比	少年儿童抚养比	老年人口抚养比
2011	27.78	14.17	13.61
2012	28.15	13.84	14.31
2013	28.43	13.63	14.80
2014	29.26	13.62	15.64
2015	30.22	13.52	16.70
2016	32.78	14.85	17.94

资料来源：辽宁省统计局. 辽宁省统计年鉴 2016. 中国统计出版社，2016；《辽宁省 2016 年国民经济和社会发展统计公报》（http://www. ln. stats. gov. cn/）。

从 2006～2016 年吉林省的数据看，2006 年吉林省的总抚养比为27.2%，其中少年儿童抚养比为 16.7%，而老年人口抚养比为 10.5%；2016 年，吉林省的总抚养比为 33.14%，其中少年儿童抚养比为 18.47%，而老年人口抚养比为 14.67%。与 2006 年相比，2016 年的老年人口抚养比上升了 4.17 个百分点，少年儿童抚养比上升了 1.77 个百分点，两者综合作用的结果是总抚养比上升了 5.94 个百分点（见表 6-6）。

表 6-6　2006～2016 年吉林省抚养比

单位：%

年份	总抚养比	少年儿童抚养比	老年人口抚养比
2006	27.2	16.7	10.5
2007	28.1	16.8	11.3
2008	27.2	15.6	11.6
2009	26.7	15.4	11.3
2010	25.8	14.9	10.9
2011	27.3	16.2	11.1
2012	25.0	15.3	9.7
2013	27.3	15.0	12.3
2014	28.8	15.7	13.1
2015	29.7	15.5	14.2
2016	33.14	18.47	14.67

资料来源：中华人民共和国国家统计局（http://www. stats. gov. cn/）；《吉林省 2016 年国民经济和社会发展统计公报》（http://www. jl. stats. gov. cn/）。

从 2006～2016 年黑龙江省的数据看，2006 年黑龙江省的总抚养比为 28.3%，其中少年儿童抚养比为 18.0%，而老年人口抚养比为 10.3%；2016 年，黑龙江省的总抚养比为 29.2%，其中少年儿童抚养比为 14.2%，而老年人口抚养比为 15.0%。与 2006 年相比，2016 年的老年人口抚养比上升了 4.7 个百分点，少年儿童抚养比降低了 3.8 个百分点，两者综合作用的结果是总抚养比上升了 0.9 个百分点（见表 6－7）。

表 6－7　2006～2016 年黑龙江省抚养比

单位：%

年份	总抚养比	少年儿童抚养比	老年人口抚养比
2006	28.3	18.0	10.3
2007	28.4	16.8	11.6
2008	27.9	16.1	11.8
2009	27.6	15.5	12.1
2010	25.4	15.0	10.4
2011	25.5	14.9	10.7
2012	26.1	14.9	11.2
2013	26.8	14.9	11.9
2014	27.8	15.0	12.8
2015	28.2	14.2	14.0
2016	29.2	14.2	15.0

资料来源：黑龙江省统计局．黑龙江省统计年鉴 2016. 中国统计出版社，2016；《黑龙江省 2016 年国民经济和社会发展统计公报》（http://www. hlj. stats. gov. cn/）。

从上述分析中可知，东北地区的人口抚养比相对较低，而这种抚养比相对较低的现状主要是由出生率较低、少年儿童抚养比较低造成的。东北地区的人口结构总体变动特征为：老年人口比重不断攀升，少年儿童人口比重不断下降。正是由于少年儿童人口比例的不断降低，总抚养比才呈现不断下降的变化规律，从而老年人口抚养比的增加没有在总抚养比上直接体现出来。

计划生育政策的推行加速了中国的人口转变，使中国提前进入人口红利阶段，而东北地区的生育率一直低于全国平均水平，严格的人口控制不仅加速了人口红利的到来，也加速了人口老龄化进程，长期看来这种少年儿童人口比例不断下降、老年人口比例不断上升的人口结构对经济发展及区域建设都很不利。即便处于人口红利期，也预示着未来的人口结构存在重大问题。虽然现阶段东北地区的人口结构特征尚处于人口红利期，但从发展趋势不难看出丰富的劳动力资源将很快转变成对经济增长产生遏制作用的老年人口负担，人口红利期之后便是人口负债时期，东北地区应利用人口红利期尽力发展，为未来的人口负债时期做好准备。

要清醒地认识到人口机会窗口是短时期的人口结构利好，如果不能顺利地将丰富的劳动力资源转化为真正的人力资源，进而形成社会经济发展成果积累，未来人口机会窗口关闭、面临人口负债挑战时便会十分被动。因此要在人口红利期打好基础，加快产业结构调整，利用人口红利期的劳动力资源优势，深入分析东北地区劳动力资源特点，有针对性地鼓励发展适合本地劳动力资源的产业，尤其是第三产业。鼓励创新性产业发展，增加创新产业对劳动力的吸纳，加大对劳动密集型企业的扶持力度，将劳动力人口资源有效地转化为人力资源。①

第三节　小结

第一，对比全国平均的与东北地区人口年龄结构的变化规律，可见东北地区人口年龄结构的两头小中间大特征非常明显，而全国的人口年龄结构变化规律则不同，虽然总体上也呈现不规则的中间大两头小的形状，但近年来最底部的青少年儿童人口比例有所增加，没有呈现东北地区那种少年儿童人口比例逐渐降低的变化趋势。总的说来，无论是利用普查数据还是利用抽样调查数据，绘制由全国人口年龄结构与东北地区人口年龄结构共同组成的示意图，会发现东北地区在新中国成立初期时，少年儿童人口

---

① 本部分参考了笔者前期成果：李雨潼，张剑宇. 从抚养比变化看东北地区人口老龄化［J］. 人口学刊，2010（6）。

比重是高于全国平均水平的，全国和东北地区人口生育率的几个高峰时期呈现在人口结构图上的变化特征基本相同。全国少年儿童人口比例在近年有所提升，而东北地区则在近30年来少年儿童人口比例持续下降并始终低于全国平均水平。

第二，对2011～2015年我国31个地区的总抚养比进行从低到高的排序，发现与全国其他大多数地区相比，东北地区的总抚养比是偏低的。抚养比反映了人口总体中非劳动年龄人口数与劳动年龄人口数的比例分配，在一定程度上体现了一个国家或地区的劳动力负担人口数，但事实上无论是全国还是东北地区的抚养比都在一定程度上存在被低估的现象。抚养比的分母为劳动年龄人口，而随着青少年受教育年限的延长，劳动年龄人口中有相当一部分还在校求学，这部分人口的存在使分母被高估，而抚养比被低估。东北地区与国内其他地区相比，文盲率尤其是女性文盲率低，相对较高的受教育程度和相对较长的受教育年限，使东北地区的抚养比被低估现象略大于其他地区。

第三，全国平均的与黑龙江省、辽宁省的少年儿童抚养比曲线走势大抵相同，均呈总体逐渐降低的变化规律，只有吉林省的少年儿童抚养比呈现曲折上升的变化规律。全国平均的少年儿童抚养比是明显大于东北地区水平的，这是东北地区明显偏低的出生率导致的直接结果。对2011～2015年我国31个地区的少年儿童抚养比进行从低到高的排序，31个地区中仅有3个直辖市和1个省份少年儿童抚养比低于东北三省，这4个地区为上海市、北京市、天津市和浙江省。从人口构成上看，这几个少年儿童抚养比低于东北三省的地区，均为净迁入人口占总人口百分比最高的地区之一，而东北地区则属于人口净迁出地区。由此可见，同样是少年儿童抚养比偏低，东北地区是由低生育率造成的，而其他4个省市则受大量迁入的劳动年龄人口的很大影响。

第四，东北地区已经处于老龄化社会，在总抚养比全国较低的同时，人口老龄化程度不断加深的现象不容忽视。对2011～2015年我国31个地区的老年人口抚养比进行从低到高的排序，吉林省和辽宁省的老年人口抚养比排序总体上呈现向下的变化规律，2015年辽宁省的老年人口抚养比全国第 4 高。2006~2016 年，东北地区的老年人口抚养比呈现与全国平均水平不同的变化规律。从变化曲线上看，东北地区的三个省份老年人口抚养比曲线走势相似度较高，均为曲折中总体明显上升。辽宁省与黑龙江省的曲线走势基本一致，辽宁省略高于其他两个省份并始终高于全国平均水平，而全国平均的老年人口抚养比变化曲线则呈现平稳的逐年上升的变化规律。

第五，东北地区的人口抚养比处于人口暴利期，这也就意味着现阶段东北地区的劳动年龄人口更为充足，处于优于全国平均水平的人口红利期。东北地区的人口抚养比相对较低的现状主要是由出生率较低、少年儿童抚养比较低造成的。东北地区的人口结构总体变动特征为：老年人口比重不断攀升，少年儿童人口比重不断下降。正是由于少年儿童人口比例的不断降低，总抚养比呈现不断下降的变化规律，从而老年人口抚养比的增加没有在总抚养比上直接体现出来。东北地区的生育率一直低于全国平均水平，严格的人口控制不仅加速了人口红利的到来，也加速了人口老龄化进程，长期看来这种少年儿童人口比例不断下降、老年人口比例不断上升的人口结构对经济发展及区域建设都很不利。即便处于人口红利期，也预示着未来的人口结构存在重大问题。

第七章　东北地区新型养老方式

——"候鸟式"异地养老

异地养老是一种在非出生地、非户籍所在地的养老方式，包括长期性迁居养老和季节性休闲养老，"异地"的说法是相对之前长期居住地而言的。"候鸟式"异地养老，则是指短期或长期选择更舒适的气候和环境，季节性前往异地休闲养老的一种新型养老模式。"候鸟式"异地养老是一个近年来逐渐流行起来的，规模越来越大的新型养老方式。国外异地养老现象开始比较早，跨省甚至跨国养老的现象比较普遍，我国的异地养老潮流才刚刚开始，现阶段还是以跨省"候鸟式"异地养老为主，跨国养老人口还是很少。[①]

我国地域辽阔，区域差异大。部分区域生态环境恶化、雾霾频发，对具有迁移能力的老年人口形成巨大的迁移"推"力，而越来越多的具有良好生态环境条件的区域，将吸引异地养老人口作为新的经济增长点，不断完善服务并加大宣传攻势，形成巨大的迁移"拉"力，"推"力和"拉"力共同作用必然导致"候鸟式"异地养老人口规模越来越大。对这种日益成为趋势的养老方式进行研究，有利于探索适合我国国情的养老模式。随着异地养老人口规模不断扩大，如 2009 年大连市成立的"国内异地养老协作网"等相应的各种机构不断建立，服务不断完善。作为一种影响力日益

---

① 本章部分参考了笔者前期成果：李雨潼．"候鸟式"异地养老人口生活现状研究——以海南省调查为例［J］．人口学刊，2018（1）。

增大的养老方式，无论学术界如何评价，这种养老方式都会越来越常见，采取这种养老方式的老年人口规模都会越来越大。

相对全国其他地区而言，东北地区因为冬季特有的寒冷及供暖期、秸秆焚烧期的空气污染，大批原居住在东北地区的老年人口，每到冬季就大规模地迁往温暖、生态环境好的地区，成为冬季全国"候鸟式"异地养老的主要迁出地。东北三省中的黑龙江省，由于夏季凉爽，空气质量好，吸引了大批老年人口夏季迁入，加之省政府力推"候鸟式"异地养老产业，夏季迁入黑龙江省避暑养老的人口逐年增加，2015年全国约有65万名老年人到黑龙江养老、休闲旅游。黑龙江省政府将"候鸟式"异地养老作为新兴产业力推，提出打造镜泊湖、兴凯湖和五大连池景区的"两湖一池"候鸟养老服务基地的设想，吸引了大批来自国内外的"候鸟式"异地养老人口。如此一来，黑龙江省成了冬季异地养老人口的主要迁出区，又是夏季异地养老人口的迁入区。

东北地区老年人口冬季迁移的最主要迁入区为海南省，每年老年人口的大规模迁入，对海南省的物价水平、消费方式、旅游资源、自然环境、经济发展都带来了巨大影响，而这种养老方式也对老年人本身的身体素质、心理素质、消费观念等带来巨大改变。对海南省候鸟老人进行调查走访，发放问卷，所搜集的数据和所发现的问题都具有较强的代表性。

为了更加深入地对"候鸟式"异地养老方式进行分析，笔者带领"候鸟"式异地养老问题研究课题组采取了问卷调查的方式来了解"候鸟式"异地养老人口的基本特征、经济状况、健康和照料状况、家庭状况、精神文化生活、退休前的职业、对未来养老方式的选择、异地养老遇到的各种问题等。本章所使用的数据均来自这次问卷调查，本次调查地区设定为海南省，调查对象为特定季节居住在海南省的"候鸟式"异地养老人口，问卷载体为纸质问卷。共发放问卷263份，回收240份，有效问卷224份，有效的问卷中东北地区"候鸟老人"比例占据了61.61%，即138份。被调查对象严格限制为60岁及以上的老年人口，特定的年龄阶段使得相当大一部分的老年人口由于老花眼等原因无法直接自行填写问卷，只能以问答方式由调查员进行沟通并完成问卷填写，这种填写方式虽然增加了时间成本却也有利于保证调查问卷的完成质量。

第一节　东北地区候鸟老人基本现状及迁居后生活改变

随着海南国际旅游岛建设步伐的加快，海南自然秀丽的风光，清新的空气，吸引了全国各地的"候鸟式"人口，海南省的"候鸟式"人口主要包括"候鸟式"异地养老、度假、旅游人口①。2015 年海南省候鸟人口总量达 115 万人，比 2010 年"六普"时增加 56.15 万人，增长 95.4%，候鸟人口呈逐年增多趋势。其中常住型（连续居住时间半年以上）的候鸟人口为 48.32 万人，流动型（连续居住时间不满半年）的候鸟人口为 66.68 万人。"六普"及 2015 年 1% 人口抽样调查结果显示：海南省的常住型候鸟人口主要包含到海南就读的高校学生、务工及经商人员；流动型的候鸟人口主要是到海南养老和过冬及短期往返的度假旅游人口，其中到海南养老的人口占流动型候鸟人口的比重达 41.2%，停留时间主要集中在每年的 11 月至次年的 4 月。②

一　东北地区候鸟老人基本现状

本次问卷调查采取分层随机抽样的方法，在海口市区与三亚市区、乐东黎族自治县各随机抽取住宅小区、随机选择老年人口进行调查，调查时间为 2017 年 5 月。由于调查开始的时间大部分候鸟人口已经离开海南省回到原住地，所以平均每个小区能够调查到的候鸟老人约为 10 人左右。对东北地区候鸟老人的分析，仅选取有效的 224 份问卷中原居住地为东北地区的 138 份问卷进行分析。本章关于东北候鸟老人各项指标的计算、分析均是针对本次调查中的东北候鸟老人。

（一）东北地区候鸟老人年龄、文化、婚姻、子女数等现状

本次调查中，东北地区候鸟老人男性数量占 42.03%，女性数量占

---

① 旅游人口与普通游客的区分标准是旅游人口是在海南买房及租房居住，而普通游客则是短期住宿酒店。

② 本部分数据由海南省统计局提供。

57.97%，性别比为72.50。从调查对象的年龄分布上看，东北地区候鸟老人以60～69岁的低龄老年人口为主，这一年龄段的老年人占调查对象的53.62%。本次调查中没有遇到85～89岁这一年龄区间的东北地区候鸟老人，调查到的年龄最大的老年人在90～94岁这一年龄区间，占调查总人数的4.35%。从被调查老年人的受教育情况看，所占比例最高的是高中文化程度的老年人口，占总人口的36.23%，接受过大专、大学及以上教育的老年人口比例达到28.99%，对比2015年人口1%抽样调查结果，全国60岁以上老年人口受教育水平分布为未上过学22.36%、小学46.12%、初中21.31%、高中7.01%、大学专科1.96%、大本以上1.23%。可见东北地区候鸟老人的受教育程度高于全国平均水平，文化水平较高。

从调查对象的婚姻情况上看，绝大多数调查对象是已婚有配偶的老年人，而且很多调查对象在问卷填写过程中也是夫妻两个人同时填写。由表7-1可以看出，东北地区候鸟老人婚姻情况中有81.16%是有配偶的老人。结合问卷选项"在海南候鸟期间与谁同住"（多选）的答案：配偶79.71%、子女7.25%、父母4.35%、其他亲友4.35%、独居11.59%、其他1.45%，可以知道候鸟老年人口绝大多数是已婚有配偶并与配偶一同采取"候鸟式"异地养老的。这里"其他"这一选项，是在走访中，有两位候鸟老人是跟着雇主一起到海南的保姆，所以他们是与雇主住在一起的。

表7-1　海南省的东北候鸟老人基本现状

单位：%

年龄分布情况		受教育情况		婚姻情况		现有子女数	
年龄组	百分比	分类	百分比	分类	百分比	数量	百分比
60～64岁	30.43	未上过学	1.45	未婚	2.90	0个	2.90
65～69岁	23.19	小学	7.25	有配偶	81.16	1个	39.13
70～74岁	18.84	初中	26.09	离异	1.45	2个	28.99
75～79岁	5.80	高中	36.23	丧偶	14.49	3个	18.84
80～84岁	17.39	大专	10.14	其他	—	4个及以上	10.14
90～94岁	4.35	大学及以上	18.84	—		—	

从调查对象的现有子女情况看，无子女的比例很小，只有 2.90%，比例最高的是有 1 个孩子的老年人，这部分老年人口比例为 39.13%。可见，东北地区候鸟老人的主体为低龄老年人，而这部分老年人又多数是成年独生子女的父母。虽然候鸟老人往往都是与亲朋好友相约在同一个区域内居住，或者在迁入地有亲友，但"候鸟式"异地养老毕竟是从原居住地前往一个陌生的地方，适应新的环境、结识新的朋友都需要时间，所以有配偶的陪伴，相对而言适应新居所的能力更强些。在调查过程中，很多老人都会提及如果不是有老伴可以互相照应，子女是不会同意父亲或母亲采取这种养老方式的，是否有配偶对老年人口是否采取"候鸟式"异地养老方式具有重要影响，有配偶、有子女的老年人更倾向于采取"候鸟式"异地养老的方式。

（二）东北地区候鸟老人的收入、消费现状

从在海南的东北地区候鸟老人的收入情况看，现阶段收入主要集中在 6000 元/月以下，其中无收入的占 1.45%，收入为 2000 元/月以下的占 14.49%，收入为 2001～4000 元/月的占 40.58%，收入为 4001～6000 元/月的占 28.99%，收入为 6001～8000 元/月的占 8.70%，收入为 8001～10000 元/月的占 1.45%，收入为 10001～15000 元/月的占 2.90%，收入为 15000 元/月以上的占 1.45%。

从调查结果看，东北地区候鸟老人中 81.16% 是自己承担生活费，8.70% 是完全由子女承担生活费，8.70% 是由自己与子女共同承担生活费，另外还有 1.45% 的候鸟老人与雇主生活在一起，生活费由雇主承担。每年定期往返于海南与原居住地，候鸟老人定期迁移的主要消费包括在海南的生活费用及往返海南的交通费用。无论哪一种收入水平的老人每年往返交通费基本是固定的，主要集中在 2001～4000 元，交通费用主要和原居住地与海南的距离有关。每年往返海南的交通费 1001～2000 元的占 1.45%，2001～4000 元的占 63.77%，4001～6000 元的占 33.33%，6000 元以上的占 1.45%。

每年往返海南的交通费用由老人自己承担的占 62.32%，完全由子女承担的占 15.94% , 由老人与子女共同承担的占 20.29% 。此外调查对象中还有 1.45% 的人是以保姆身份与雇主一起前往海南的, 生活与交通费用由雇主承担。

在调查候鸟老人在东北地区和海南省过冬的月消费时发现, 虽然很多人抱怨海南省的物价会季节性偏高, 但总体来说在海南过冬的日常消费会低于在东北地区的日常消费, 其中很重要的原因是到海南过冬后, 减少了在东北地区过冬时候的人情开销, 而且东北地区冬季的水果、蔬菜也会季节性价格偏高。

对比调查对象在海南和在东北过冬的月消费的自我评估, 发现候鸟老人无论是在海南过冬还是在东北地区过冬, 其月消费金额都主要集中在 4000 元以下, 在海南省月消费在 4000 元以下的占 78.26% , 在东北地区月消费在 4000 以下的占 65.21% (见表 7 - 2)。很明显, 在海南过冬的月消费在 4000 元以下的百分比高于在东北过冬的月消费, 而在较高的消费水平上, 海南省的百分比就低于东北地区。也就是说, 总体上东北地区的候鸟老人在海南过冬的月消费低于在东北过冬的月消费。调查对象中在海南月消费明显偏高的那部分老人, 多数是因为到海南后增加了旅游的次数, 旅游消费占了很大比例。

表 7 - 2 在海南过冬与在东北过冬的消费对比

单位:% , 百分点

冬季月消费金额	在海南过冬	在东北地区过冬	海南 - 东北
2000 元及以下	42.03	30.43	11.60
2001~4000 元	36.23	34.78	1.45
4001~6000 元	11.59	21.74	~10.15
6001~8000 元	1.45	5.80	- 4.35
8001~10000 元	2.90	0.00	2.90
10001~20000 元	4.35	2.90	1.45
20001~30000 元	1.45	2.90	- 1.45
30000 元以上	0.00	1.45	- 1.45

注:本部分对月消费的统计中没有包含购房成本的每月均摊。

二　东北地区候鸟老人迁居原因及迁居后生活的改变

在回答最初来海南的原因这个问题的时候，东北地区候鸟老人中有39.13%表示是为躲避雾霾或原住地污染、喜欢海南的环境、认为适合养老；有37.68%的老人表示原来有一些地方病（如心血管、糖尿病），在海南环境好养身体；另有21.74%的老人表示是为了与原来住得较远的亲友一起候鸟、就近居住、互相照应、"抱团"养老；另有10.14%的老人表示定期往返海南是为了投奔儿女；4.35%的老人是到海南投奔亲友；31.88%的老人是在儿女鼓励、资助下选择"候鸟式"异地养老的，27.54%是旅游后自行决定。由于多数候鸟老人往返海南的原因是多方面的，所以几项百分比加总要大于100%。"候鸟式"异地养老人群在形成一定的迁居规律后，会慢慢适应每年在两个气候、地理位置、环境、接触人群均截然不同的地区各生活一段时间的生活状态，两种生活方式和环境定期转换。在新迁入的养老地区会形成新的生活格局和新的社交圈，同时会培养新的兴趣爱好，最终会形成一种全新的生活方式，而这种全新的转变对这部分老人老有所养、老有所乐具有重大影响。

（一）原居住地与迁居地的空气质量对比

东北地区的经济发展一直以工业为主，在工业结构内部又以重工业为主，产业结构重型化特征比较明显。在我国现有的技术水平下，重工业的发展要消耗大量的不可再生资源，工业生产过程中煤烟型污染较为突出。我国单位面积采暖能耗为同气候条件下发达国家的2~3倍。东北地区冬季寒冷，采暖期较长，整个采暖期主要以燃煤和电力供暖为主，这种采暖方式会造成大量的废弃物和粉尘排放，严重污染环境，而这种高耗能的采暖方式短期内又难以改变，对区域内空气质量的影响较大。

长期以来，东北地区经济的发展对汽车、石化等产业过度依赖，这一格局在短期内打破会有较大的难度，而这些支柱性产业都属于传统高耗能产业，造成的空气污染比较严重。东北地区的能源消费强度高于全国平均水平，能源消费总量中煤炭所占的比例基本保持在70%以上，能源消费过

程中会排放大量的 CO_2、SO_2 等气体，对环境产生重大影响。在我国，城市人口人均能源消费为农村人口的 3.5~4 倍，人口城市化意味着城市人口比例的不断增加，而城市人口比例的上升意味着能源消费的增加。与此同时，城市化进程必然会推动道路交通等城市基础设施的大规模建设以及住房的建设。为了满足这些建设工程的需要，必然要加大相应原材料的生产，也必然会因此增加高耗能产业的空气污染物排放量。①

选择东北三省的省会城市与海南候鸟人口比例较大的城市——三亚市，对比其空气质量：2014~2016 年，三亚市空气质量优良天数占全年百分比分别为 97.5%、98.1%、99.2%；沈阳市空气质量优良天数占全年百分比分别为 52.3%、56.7%、68.0%；长春市空气质量优良天数占全年百分比分别为 65.5%、64.9%、79.5%；哈尔滨市空气质量优良天数占有效监测天数百分比分别为 66.3%、63.1%、77.0%。从空气质量优良天数的对比中可以直观看出，三亚市的空气质量不仅明显好于东北三省的省会城市，且空气优良天数还在逐年稳步增加。进一步对比几个城市主要空气质量指标可以发现，三亚市所有的主要空气污染物年平均浓度都低于东北三省的省会城市（见表 7-3）。由此可见，东北地区候鸟老人之所以选择三亚市作为每年冬天迁居地，寻求更好的空气质量是极其重要的一个原因。

表 7-3　迁入与迁出城市空气质量主要指标对比

单位：$\mu g/m^3$，mg/m^3

年份	城市	PM10	PM2.5	SO_2	NO_2	CO	O_3
2016	三亚市	28	14	3	13	0.9	100
	沈阳市	94	54	47	40	1.7	162
	长春市	78	46	28	40	1.6	141
	哈尔滨	74	52	29	44	2.0	106
2015	三亚市	32	17	3	13	0.8	113
	沈阳市	115	72	66	48	2.2	155

---

① 李雨潼. 基于 3E 协调度分析的黑龙江省低碳经济发展路径研究 [J]. 求是学刊, 2013 (1).

续表

年份	城市	PM10	PM2.5	SO$_2$	NO$_2$	CO	O$_3$
2015	长春市	107	66	36	45	1.8	151
	哈尔滨	103	70	40	51	1.8	106
2014	三亚市	35	19	2	14	0.9	114
	沈阳市	124	74	82	52	—	—
	长春市	118	68	41	47	1.5	132
	哈尔滨	111	72	57	52	—	—

资料来源：三亚市数据由三亚市环保局提供，东北三省省会城市数据来源于各城市环保局官网公开数据。

（二）东北地区候鸟老人迁居前后身体状况对比

"候鸟式"异地养老人群选择养老新居所，首先要考虑的必然是居住环境和气候条件。问卷设置了"最初来海南的原因"这一问题，各种原因中躲避原居住地污染这一项占了最高的百分比。从前文对比可知，海南省空气质量明显优于东北地区，新的环境、新的空间、新的生活圈子，给绝大多数候鸟老人的生活习惯带来了巨大的改变。相较于东北地区冬季老年人出行不便，迁居到海南的老年人明显增加了室外活动时间，也增加了运动量，这对老年人的生理健康、心理健康都有极大的好处。

调查中有37.68%的老人表示原来有一些地方病，到海南养老与身体状况有很大的关系。本次调查中，东北地区候鸟老人中有44.93%表示自己非常健康没有疾病，而身体有疾病的老年人到海南之前主要有的病症包括：心血管类疾病、糖尿病、风湿类疾病、肿瘤类疾病和气管、呼吸道类疾病等。在对比迁居前后的健康水平变化的选项中，92.31%的老人表示到海南后没有新增疾病，有7.69%的老人表示新增了皮肤类疾病，如紫外线过敏等。

在迁居海南后健康水平变化自评这部分，东北地区的候鸟老人中有7.25%认为健康水平没有明显提升，86.96%的人认为健康水平略有提升或有明显提升；另外，还有4.35%的人表示原有的一些老毛病基本痊愈（见表7-4）。由此可见，"候鸟式"异地养老方式对老年人的身体健康水平是有明显的正向作用的，考虑到随着老年人年龄增加身体健康水平自然会逐渐下降的自然规律，"候鸟式"养老方式对老年人的健康水平提升的作用还要超过本章所列的数据。

表 7 - 4　东北地区候鸟老人迁居前原有疾病及迁居后健康水平变化自评

单位：%

"候鸟"养老前原有疾病	百分比	"候鸟"养老后健康水平变化自评	百分比
心血管类疾病	30.43	没有明显提升	7.25
糖尿病	14.49	略有提升	39.13
风湿类风湿类疾病	1.45	有明显提升	47.83
呼吸道类疾病	14.49	原有老毛病基本痊愈	4.35
其他疾病	1.45	不适应，健康水平下降	1.45
没有疾病	44.93	—	—

（三）社区亲友互助式家庭养老模式分析

"候鸟式"异地养老人口因为对住所灵活的重新选择得以与亲友毗邻而居，形成了亲密的人际关系先于社区存在的社区亲友互助养老方式，即形成了全新的"抱团养老"格局。这种新型的社区互助养老方式在我国现阶段老龄化程度日益加深、空巢家庭日渐增多，养老方式亟待创新的情况下具有较强现实意义

"候鸟式"异地养老方式的形成，往往建立在一系列客观条件基础上，这些客观条件主要包括：经济基础、身体状况、出行习惯、对新事物的适应能力、新居所的环境条件等。从调查结果看，采取"候鸟式"异地养老的人群在决定定期往返于原居地与新居地之前，往往都是通过亲友介绍对新居地产生兴趣，之后通过旅游或者拜访亲友的方式先了解新居地。在决定采取"候鸟式"异地养老并在新居地安顿下来后，又会鼓励尚未采取此种养老方式的亲友也加入此行列，并尽力为亲友提供各种便利条件，如提供住所等。经过这种层层叠加的辐射效应，就会逐渐在区域内形成一个沾亲带故的关系网，相互之间或者直接，或者间接的都是亲友关系，最终形成所谓"抱团养老"的社区养老格局。

　　调查中有 21.74% 的老人表示选择这种"候鸟式"生活，主要是为了与原来住得较远的亲友一起就近居住、互相照应，即所谓的"抱团"养老。这些老年人口在异地养老之前可能在某一个城市分散居住，也可能分散居住于不同城市，因为异地养老对居住地的重新选择得以与亲友毗邻而居，这些能够在老年阶段聚集在一起的亲人和朋友往往志趣相投、年龄相仿、经济实力相当、文化素质相差无几，兴趣爱好、家庭结构、身体状况、性格等彼此都非常了解，经过大半生的情感累积，感情极为深厚。这种亲厚的人际关系，使彼此间的互动、互相照顾和帮助的意愿很强烈，情感、时间、体力甚至是经济上的互相补充都是天然存在的，不需外力的鼓励和引导，且这种互相照顾比通常意义上的社区互助要全面和细致得多。

　　对海南省的东北地区候鸟老人日常生活的调查表明，主要与邻近小区的亲友（老朋友）打交道的占 52.17%，主要与邻近小区的新朋友（老乡）打交道的占 36.23%，主要与同样候鸟的在海南的亲友打交道的占 39.13%，主要与定居在海南的亲友打交道的占 8.70%，其他占 1.458%。调查对象中，24.64% 的老年人表示除子女外在海南没有亲友，46.38% 的老年人表示在海南有 1~5 个亲友，18.84% 的老年人表示有 6~10 个亲友，5.80% 的老年人表示有 11~15 个亲友，另外还有 4.35% 的老年人表示有 30 个以上的亲友。由此可见，采取"候鸟式"异地养老之后，虽然老人们远离了原居所，但因为重新选择居住地反而能够与亲近的朋友或亲人生活在同一个小区域内。

　　这种社区亲友互助式家庭养老模式，往往在聚居之前就会有一两位具有组织能力的老年人把大家聚到一起，在聚居形式形成之后这几位核心人物会继续发挥作用，形成一个小团体。如果规模适合，还可以共同聘请钟点工、保姆、保健医生等照顾大家日常生活，还会定期组织聚会、旅游、小比赛，安排各种娱乐活动，一起庆祝传统节日等。由于都是多年沉淀下来的以家庭为单位的亲密关系，相互之间的子辈、孙辈也往往互相熟悉，所以子女们也可以形成一种轮流探望老人的方式，既可以缓解独生子女没有精力经常探望父母的问题，又在很大程度上减少了子女牵挂老人的心理负担。这种社区亲友互助养老模式与以往的社区养老、居家养老等均有明显不同，是一种关系更为亲密的、共同生活在一个区域内的老年人互助养老模式，相互之间对对方生活的参与程度更深、相互间依赖更重，这种关系更为牢固，遇有分歧也更容易达成共识。

以调查过程中走访的三亚市某小区为例，小区只有两栋楼共计 20 余户，其中有五户居民为年龄均超过了 60 岁的兄弟姐妹，其他的住户均是这五户中某一户的亲戚或者多年的老朋友。小区建设最初，这五户人家中有两兄弟率先购买了这里的住房，决定采用"候鸟式"异地养老，当小区建成后两兄弟又动员、鼓励了家里的三个姐姐在同一栋楼里买了房产。原本这五户人家分散居住在吉林市、长春市和深圳市等不同城市，平时难得相聚，更无法互相照顾。由于选择同一个小区购买房产，并每年居住半年左右，五户空巢老人得以互相照顾。体会了"候鸟式"异地养老的好处后，五户人家各自鼓励亲友购买同一小区的房产，逐渐形成了以这五户人家为核心的亲友聚集小区。

小区会定期举行一些活动，尤其是在特殊的节日都会提前做出节日活动计划。小区时时有聚餐，经常会短距离集体出游，还会经常请一些医生给大家测血压、测血糖和做健康咨询，活动费用往往是 AA 制，且每次活动账目公开。

上述小区只是海南省众多候鸟小区的一个缩影，这些小区如果住户不多往往就形成一个团体，如果是比较大的小区则会形成几个小的团体。在表示海南有除子女以外的亲友的东北地区候鸟老人中，69.23% 的人表示最近的亲友住在同小区或者邻近小区，非常方便日常生活中互相照应。13.46% 的人表示最近的亲友不在一个小区，但在 5 公里内；11.54% 的人表示最近的亲友居住在 10~15 公里以内，来往十分方便；5.77% 的人表示亲友不在一个城市。这种亲密关系先于居住区域存在的新型社区互助养老方式，在很大程度上缓解了空巢老人的孤寂感，老年人之间互相照应、互相陪伴，丰富了老年人生活的同时，减少了子女的负担。这种迁入新居住地形成的养老方式，是一种能够切实保障老年人老有所养、老有所乐的新型社区互助养老方式，在我国现阶段老龄化程度不断加深、养老方式亟待创新的背景下，有着极其重要的意义。

（四）全新的心理状态，新增的日常活动与爱好

由于调查时间为 5 月，是很多候鸟老人已经离开海南回到原住地避暑的季节，尚留在海南的候鸟老人以在海南生活多年、对五月海南气候炎热适应度较高的老年人为主。调查对象中绝大多数已经连续多年采取"候鸟式"异地养老方式。在走访过程中，经常能够遇到一些兴奋地讲述海南生活的老人，很明显海南的生活已经让他们形成了一种全新的心理状态。

概括而言，远离了原来的生活圈子、少了人情往来，除节省了很多人情费用之外，也少了在原有环境中与老同事、老相识之间不自觉的攀比。离开了几十年织就的复杂人际关系网，衣着、出行、生活水准、儿女婚嫁、日常活动都不用再考虑是否会惹人品评，新的心理状态和生活模式，让老人心理上无形的压力小了很多。另外，被老人们反复提及的是，因为离开了生活了几十年的环境，当一些相识多年的熟人或朋友出现一些意外、重病甚至身故的负面情况时，心境会因为距离遥远受到的影响较小，更多时候因为人不在本地，获得负面消息的时间有滞后，知情时已经时过境迁，因此产生的负面情绪波动也会比较小。

生活空间的转变和生活环境的变化，给候鸟老人带来了巨大的改变，这种变化最直接的体现便是到了新居住地后新增的日常活动和爱好。在老人们自述的新增日常活动和爱好中，比例最高的是岛内的短途旅行，占23.19%（见表 7-5）。海南岛因其风光秀美、地形地貌的多样性，形成中部山区和周边沿海不同的独特景致。热带雨林、石林、大型湖泊水库、众多瀑布、海湾海角、沙滩礁石等可供岛内休闲、游览的选择十分丰富多样。从而吸引着到海南"候鸟式"异地养老人群结伴出游，丰富了老年人的晚年生活，也拉动了当地的旅游经济。

表 7-5　候鸟老人到海南后新增的活动与爱好

单位：%

新增日常活动与爱好	百分比	新增日常活动与爱好	百分比
岛内旅游	23.19	钓鱼	10.14
游泳	21.74	太极拳、体操	8.70

新增日常活动与爱好	百分比	新增日常活动与爱好	百分比
打牌、打麻将	15.94	泡温泉	8.70
散步、徒步	11.59	参加合唱团	7.97
朋友喝茶聊天、聚会	8.70	网络游戏、看电视	5.80
广场舞	11.59	各种乐器	3.62
打排球、乒乓球	10.14	购物	2.90

在各种新增的活动中，诸如游泳、钓鱼、泡温泉等，是由于海南独特的自然优势提供了便利而新增的爱好。多数候鸟老人集中的住宅小区都建有免费的游泳池，海南的地热资源比较丰富，温泉众多且有很多小区是温泉入户的，又由于海南岛内河流湖泊众多，钓鱼比较方便，所以这些便利条件促使老人们有了新的爱好。而打牌、打麻将、太极拳、乒乓球等，则是原来就有此爱好，但条件不允许只能偶尔为之，到海南后却可以成为日常生活的一部分。据老人们自述，在北方由于天气原因，很多活动只能在室内进行，这就大大地限制了活动的方便程度和活动频率。但海南省诸多小区的建筑与北方不同，一楼不做住宅而是架空建成车库或者公共活动区域。这样的公共区域内避日遮雨又空气清新，很多小区又会提供足够用的公用桌椅、乒乓球案和健身器材，业主无论是打牌、打麻将、打球、喝茶聊天，还是打太极拳、跳舞都非常的便利。由此，大大增加了此类活动的频率，使候鸟老人的生活非常充实，同时又便于结交新朋友、建立新的社交圈。

由于生活空间和生活方式的改变，多数东北地区候鸟老人的生活状态优于其选择"候鸟式"异地养老之前的生活状态。在回答"到海南后生活状态总体自评"这一问题时，60.87%的老人表示迁居后的生活更加快乐；23.19%的老人回答状态跟在原居住地差不多；18.84%的老人认为生活更加充实；7.25%的老人认为生活更加方便；4.35%的老人感觉这个问题说不清。另外，也有2.17%的老人认为在海南的生活不及在原居住地方便。

第二节　东北地区候鸟老人生活中遇到的主要问题

虽然"候鸟式"异地养老给老年人生活中带来了很大的改变，对他们的身体健康和心理状态都有很大的益处，但定期的长途往返、生活地区的巨大改变也带来了诸多的问题和不便。

一　医疗保险跨省异地报销问题、养老保险待遇认证问题

由于特殊的年龄阶段，候鸟老人对就医问题格外关注，而在"候鸟式"异地养老过程中最大的问题便是就医难问题。调查中，有 98.6% 的老年人表示在海南生活最大的问题是看病难、医疗水平不够、医保卡异地使用受限制太多等。首先是海南省整体的医疗水平与东北地区相比有明显差距。其次，异地就医结算问题始终是候鸟老人最关心的问题。2016 年底，我国医疗保险已经基本实现全国联网，启动跨省异地安置退休人员住院医疗费用直接结算工作，这是一项惠民利民的好政策，但现阶段直接结算还仅限于住院部分，非住院部分的门诊就医还是采取现金垫付、回原居住地报销的方式。以吉林省为例：2016 年 11 月，吉林、海南两省异地就医直接结算已正式开通，申请人需持申请表、海南省户口或身份证或居住证原件和复印件、参保人的医保卡、经办人身份证到省社会医疗保险局窗口办理。办理手续后，异地就医需到指定的医院，住院部分可以持医保卡直接支付，非住院部分的医疗费用需现金垫付后回原居住地报销。办理了异地结算相当于医疗保险手续转出，如果想回原居住地使用医保卡，需要再次申请，且变更申请内容需要六个月之后才可以。

从现阶段的政策看来，虽然目前已经获得了很大的进步，但与候鸟老人需要的，在原居住地与迁入地之间同等方便地使用医保卡支付，还有着很大的距离。候鸟人口现在可以申请异地定点医院就医、结算，直接结算仅限于住院部分，门诊需要现金垫付。由于患者及家属并不清楚具体需要多少钱，所以往往为了资金充足而提前准备超过实际需要的资金，从而增

加了压力，加之部分老人由于记不住密码等原因，不习惯使用银行卡支付而携带大额现金就医，这样对老年人来说既不方便也不安全。另外，为了规避现金垫付造成的资金占用以及部分药品不在报销范围内的问题，患者往往在没有必要住院的情况下也极力要求住院治疗，以便可以用医保卡直接结算，这样既浪费了医院的资源，又挤占了真正有需求的患者的床位。

在实行养老金社会化发放，特别是在向异地居住人员发放养老金过程中，冒领问题时有发生。为规范管理，堵塞漏洞，国家规定对异地居住退休人员领取养老金资格进行协助认证。在调查过程中，很多老年人表示为了能够顺利拿到退休金，需要每年回到原居住地社保机构进行认证，他们认为这种"刷脸"认证方式给他们造成了不便，增加了不必要的回原居住地的次数和成本。而实际上，目前辽宁省、吉林省、黑龙江省的社保部门都已经开通了异地居住人员养老保险待遇网上协助认证系统，只需要根据当地社保部门网站公布的办理流程，按照要求申请、操作即可实现网上认证，不需本人返回东北地区。在调查中，调查员多次为调查对象讲解其原居住省份是可以网上视频认证的，但多数老人表示他们不知道或者不会操作，还是会返回原居住地去做认证。

二　迁入地社会融入问题

随着对流动人口问题的研究日趋深入，该人群在流入地社会融入的现状、过程及特点引起了广泛的重视，成为当前包括社会学、人口学、经济学、公共政策等多学科关注的焦点，更是人口学研究领域的重中之重。[①] 行为适应是流动者在流入地融入与否及融入程度的显性指标，是指流动者不仅理念上认同，而且行为上按照流入地认可的规矩和习俗办事，实践着流入地认可的行为规范，言行举止向当地人靠拢。人际交往、生活习惯、婚

---

① 杨菊华. 从隔离、选择融入到融合：流动人口社会融入问题的理论思考 [J]. 人口研究，2009（1）.

育行为、人文举止、社区参与等都是衡量行为适应的可行指标。①

　　"候鸟式"异地养老者的迁移是一种相对规律的季节性流动，达到一定规模就会对迁入、迁出地的人口结构、消费特征、城市交通等造成影响。现阶段，采取"候鸟式"异地养老的老年人以经济条件好、身体状况好的城市老年人口为主，调查对象中44.93%的老年人表示自己身体很健康，15.94%的老年人表示虽然有点小病但不用吃药，37.68%的老人表示平时会吃些药，但能照顾自己，只有1.45%的老年人表示生活需要别人照料。"候鸟式"异地养老人口的消费能力较强，其季节性流动也意味着这部分消费的季节性流动，必然会给迁出地的消费结构带来影响。对于迁出地而言，季节性流动的老年人口在整个地区的总人口中所占比例很小，而对于迁入地而言，全国各地汇集迁入的老年人口在人口总体中所占比例就要大得多，这种季节性流动对当地经济、文化、社会等方方面面的影响就十分巨大。

　　按照行为适应这一显性指标考察"候鸟式"异地养老人群的社会融入情况。调查对象中绝大多数已经连续多年采取"候鸟式"异地养老。在被问及对海南生活是否适应，是否喜欢海南时，绝大多数老年人高兴地表示生活得很好，也非常喜欢海南。然而，当被问及是否与当地居民打交道，是否认为自己融入了海南当地社会这个问题时，有效问卷中，没有老人认为自己已经融入了海南社会文化生活，与当地人经常打交道。东北地区候鸟老人对海南省的影响十分明显，却没有真正融入当地社会。

　　调查对象中，绝大多数东北地区的候鸟老人已经连续多年定期往返于东北地区和海南省，其中31.88%的老年人"候鸟式"生活已持续2~4年，28.99%的老年人"候鸟式"生活已持续5~7年，20.29%的老年人"候鸟式"生活已持续8~10年，10.14%的老年人"候鸟式"生活已经持续15年以上。然而，即便在迁入地生活多年，绝大多数的候鸟老人也很少与当地人打交道。外地迁居过来的老年人基本只与同样外地迁居过来的新老朋友打交道，生活圈子基本固定在小区域内，形成明显的独立世界，对当地

---

① 杨菊华.流动人口在流入地社会融入的指标体系——基于社会融入理论的进一步研究 [J].人口与经济，2010（2）.

文化、习俗都不了解，根本没有真正融入生活了若干年的迁入地。

东北地区候鸟老人虽然持续多年往返于海南与东北地区，对海南的地形地貌、自然环境、气候条件均已非常熟悉，但与当地居民打交道的机会少之又少，基本仅限于购物、吃饭、交物业费、停车之类活动时与工作人员的简单对话，谈不上沟通和交流。外地迁入海南的候鸟人口往往以前文所述方式聚集而居，形成一个个独立的小区域，而由于区域内某一地区的人口占了绝对优势的比例，所以这一区域往往被当地人口头上以原居住省份命名，如"黑龙江村""吉林村"等。这样的小区域内，海南省当地的社会文化影响就会非常小，不同文化的碰撞、融合也不明显。候鸟老人只是保持着原有的生活习惯换了个地方生活，并非进入和融入一个全新的区域文化体系。

三　医疗服务、社区养老服务、社会管理等供需失衡问题

随着"候鸟式"异地养老人口的增加，海南省人口密度形成明显的淡季、旺季差异。人口流动也是一种经济因素流动和区域文化的流动，而异地养老人口比例较大的地区，这种流动人口的特殊年龄结构也会对当地整体社会文化和经济生活带来巨大影响。每年北方天气转冷的季节，无论是旅游人口还是异地养老人口都大量涌入，使海南省的公共交通、医疗服务、社会管理等输入性压力季节性增加。[①] 总体而言，海南省的医疗机构数量、医疗水平、医疗服务在冬季供给不足，不能为当地及外地迁入的老年人口的晚年生活提供很好的保障。"候鸟式"异地养老人口，以低龄、健康的老年人为主体，随着年龄的逐渐增加，当老年人进入高龄老人年龄组后，很多问题就暴露出来。

东北地区的候鸟老人，往返东北地区与海南的路途遥远。随着年龄越来越大，渐渐就会不再具备每年长距离往返的身体条件。面对这种情况，处理方式通常有两种：一方面，一部分人选择在海南定居下来不再定期返

---

① 翟羽，庄雪球，曹卫洁. 三亚"候鸟型"养老产业发展的现状与对策探索［J］. 产业与科技论坛，2015（15）.

回东北地区；另一方面，由于年纪越大对医疗水平的依赖越重，东北地区主要城市的医疗水平要高些，且子女多在原居住地没办法照顾远离家乡的老人，所以一旦身体健康条件不允许他们再往返两地，另一部分人就会选择回到东北地区与子女生活在一起。

海南省部分社区开展了居家养老服务试点，但这些老年服务主要集中在保障"三无""五保"和特困老年人的基本养老需求上，服务全体老年人的社区居家养老服务设施投资远远不能满足老人的需求。覆盖面窄，居家养老服务效果不明显，社会影响力有限，难以发挥政策的鼓励和引导作用。① 加之很多政策只是针对本地居民，且"候鸟式"异地养老人口对当地融入程度不够、对区域内现有养老服务供给了解不足，所以更加减少了"候鸟式"异地养老人口对社区养老服务的获取。不同特征和背景的老年人对社区服务的需求存在差异，老年人的健康状况、居住类型、代际关系、受教育程度等因素也会显著影响老年人对某项社区服务的需求②，同一居住区域内的"候鸟式"异地养老人口在很多方面具有明显的同质性，因此在社区养老服务需求上也具有很大的同质性，而现阶段海南省在这种社区养老服务的供给上还存在很大的不足。

"候鸟式"异地养老方式一个突出的特点就是季节性，而这种季节性的变化给迁入地的基础设施建设、社会管理、医疗配套、社区服务、交通管理、区域经济、区域文化等都提出了巨大的挑战。以基础设施建设为例，为了满足人口大量迁入季节的需要而设计的住宅、街道等公共设施，在人口大量迁出的季节便要闲置，从而造成巨大的浪费。而海南省特殊的自然地理和气候条件，又使得闲置的公共设施被腐蚀的速度较快，闲置往往意味着快速被破坏。以公共交通为例，很多城市都规定达到一定年龄（如 70 岁以上）的老年人可以凭证免费乘坐市内公交车，作为候鸟人口集中迁入的地区到了特定季节老年人骤然剧增，导致免费乘坐公交车的人短期内剧

① 雷丽华. 基于供给的社区养老服务现状研究——以海南为例 [J]. 社会调查，2016（11）.
② 王晓峰，刘帆，马云博. 城市社区养老服务需求及影响分析——以长春市的调查为例 [J]. 人口学刊，2012（6）.

增，一方面增加了对公交系统的载客量的压力，另一方面增加了交通系统的经济压力。

四　进入高龄后仍需返回东北地区定居养老的问题

选择"候鸟式"异地养老，对于老年人来说无疑是一个重大的生活转变，这种转变必然带来一系列的相应变化。然而，这种方方面面改变的表象下，还有一些理论上会相应改变的重要方面，实际上未改变。一是，多年的"候鸟式"异地养老生活，并没有必然使候鸟老人真正融入当地社会与文化，而是在大的异乡文化中创建出了自己的生活小圈子、小区域文化体系，依然保持着自己原有的生活方式，与当地原居民的交往很少或者基本没有。二是，即便"候鸟式"异地养老持续了很多年，但这种养老方式并没有持续到最终养老阶段，很多老年人在进入高龄阶段后，依然会选择回到东北地区长期生活，度过最后的晚年时光。

调查过程中，当问到未来五年是否还会继续"候鸟式"异地养老这一问题时，100%的老人非常肯定的表示会继续，包括高龄老人。但问题进一步延伸，当被问及再过若干年，身体状况不允许两地往返，必须择一地定居会怎样选择时，只有0.72%的候鸟老人明确表示会定居海南，55.80%的人表示没想好、顺其自然，43.48%的人表示可能会回到东北地区不再每年前往海南。

"候鸟式"异地养老以低龄、健康、有经济实力、有配偶的老年人为主，随着老年人年龄的增长，原有的客观条件会跟着改变。进入高龄之后，老年人对医疗水平、医疗条件以及儿女照顾的依赖会越来越重，而总体上海南省的医疗条件、医疗水平在这些候鸟老人眼中不如东北地区主要城市，儿女又不在身边照料，所以如果生一些严重的疾病或者身体健康水平明显下滑，还是会选择回到东北。"候鸟式"异地养老人群以有配偶老人为主，随着年龄增加，如果"有配偶"这一客观特征发生改变，不能形成夫妻一同长途往返、在海南互相照顾的格局，又会有部分老年人无法继续"候鸟式"的养老生活，转而回归故乡跟儿女生活在一起。

"候鸟式"异地养老方式通常会选择自然环境较好地区，鉴于经济发达、医疗配套完善的地区生态环境破坏一般也比较严重，候鸟老人选择居住的地区往往医疗水平不高，甚至就医也不甚方便。这种客观情况导致很大一部分老年人的所谓"候鸟式"异地养老只是阶段性养老，且是年龄偏低的老龄阶段的养老。本次调查中仅有的两位表示再过些年计划在海南常年居住、安度晚年的候鸟老人，也同时表示出对未来医疗问题的担忧。对于最终还是会返回原居住地养老的老年人来说，"候鸟式"异地养老的这个阶段虽然给他们的生活带来了巨大的改变，但并没有改变他们最终的养老方式选择。从这个角度来说，"候鸟式"异地养老并非完整意义上的养老方式，而是特定年龄的阶段性养老方式。

第三节　小结

第一，东北地区前往海南"候鸟式"异地养老的老年人，以年龄偏低、身体状况较好、有稳定收入、有一定文化水平的老年人口为主，这些老人通常有一定经济实力、受教育水平高于全国同龄老人平均水平。这些老年人定期（通常是一年一到两次）前往一个自然环境较好的地区养老，或租房、或购房，大多数老人有配偶陪同，且在新居住地有一些关系良好的亲人或者老朋友。有配偶、有子女、在迁入地有亲友的老年人更倾向于采取"候鸟式"异地养老的方式安度晚年。采取这种异地养老方式的老年人往往具有一定的消费能力，其消费习惯、消费喜好等对迁入地的整体消费结构有着重要影响，也对当地物价水平具有重要的影响。

第二，东北地区候鸟老人定期迁居的原因包含很多方面。最主要的原因包括：东北地区空气质量与海南省有着明显的差距，为了躲避雾霾等空气污染才定期迁移；东北地区部分老年人患有一些地方性疾病，如呼吸道疾病、心血管疾病等，这些疾病在迁入地有明显的缓解，甚至部分可以痊愈；在东北地区居住时与亲人和亲近的朋友住得相对较远，很难互相照料，在迁入地由于可以一起重新选择居所，得以集中居住从而可以互相照顾，形成社区亲友互助式家庭养老模式。采取"候鸟式"异地养老方式，对于

166

老年人来说是一个生活上的重大决定，这种决定带来一系列生活上的巨大改变，既包括消费方式、生活方式、出行方式等，又包括社交方式、日常生活困难处理方式和节假日的庆祝方式等。这种改变既有对老年人生理状态的影响，也有对老年人心理状态的影响。采取"候鸟式"异地养老方式后，这部分老年人形成了亲密关系先于社区存在的新型社区亲友互助养老格局，也就是所谓的"抱团养老"。由于年龄相仿、志趣相投的多年好友同在一个区域内养老，迁居后的老年人室外活动明显增加，兴趣爱好也明显多样化起来。在自然环境明显优于东北地区的区域生活一段时间后，绝大多数老年人的身体健康水平均有提升，"候鸟式"生活给老年人身心健康带来了明显的良性改善。

第三，东北地区候鸟老人在海南省面临的主要问题包括：医疗保险跨省异地报销问题、异地居住人员养老保险待遇认证问题、无法真正融入迁入地的问题以及医疗服务、社区养老服务、社会管理等供需失衡，且季节性压力剧增的问题。虽然"候鸟式"异地养老方式给这部分老人的生活带来了巨大的改变，但很多理论上应该随之发生的一些改变，并没有真正发生。即便"候鸟式"生活方式已经持续了很多年，候鸟老人已经非常了解迁入地的地形地貌、自然环境、气候条件等，但对当地的文化、习俗等并不了解，大多数候鸟老人并没有真正融入当地社会与文化，对区域文化的了解仅止于表面直观的认识。大多数候鸟老人是在大的异乡文化中创建出了自己的生活小圈子，依然保持着自己原有的生活方式，与当地原居民的交往很少或者基本没有。"候鸟式"异地养老以低龄、健康、有配偶的老年人为主，随着老年人年龄的增长，原有的客观条件会随之改变。很大一部分老年人的所谓"候鸟式"异地养老只是阶段性养老，且是年龄偏低的老龄阶段的养老。进入高龄阶段后，还是会返回东北地区长期定居下来，度过最后的晚年时光。从这个角度来说，"候鸟式"异地养老并非完整意义上的养老方式，而是特定年龄的阶段性养老方式。

第四，针对东北地区候鸟老人在"候鸟式"异地养老过程中体现出的特点及遇到的困难，迁入地应在了解"候鸟式"异地养老人口基本现状的基础上，有针对性地调整商品供应结构，以挖掘候鸟老人的消费潜力，使地方经济社会发展能够适应这种季节性变动，实现顺势发展。"候鸟式"异地养老人口在经济、年龄、文化素质等方面均有很大的相似性，对养老配套服务的要求也具有较高的相似度，又有相当大比例的候鸟老人在所居住的社区内形成了亲友互助养老的小团体，因此应结合实际情况，充分发挥这些小团体的组织能力、带头作用，有针对性地提供社区养老服务。

第五，对于医疗保险跨省异地报销的问题，近年来跨省联网工作推进迅速，但仅实现了医保卡异地住院直接结算还远远不够，门诊费用如何实现直接结算将是下一步的工作重点。针对异地居住人员养老保险待遇认证问题，一是需要进一步完善养老保险待遇网上认证系统，使其网络覆盖更广、操作更简单，二是需要职能部门通过窗口、网络等多渠道扩大宣传，使更多人了解这种认证系统，同时需要社区配合宣传和提供帮助、子女多关注父母的日常生活难题。作为候鸟人口迁入地的地方政府和经济组织，要制定灵活的、有弹性的政策和策略，认真计算人口骤增季节与人口锐减季节的资源不足与资源闲置之间的平衡点，据此进行城市规划和配套设施建设。引导"候鸟式"异地养老人口有序流动，为老年人口在新居所能够健康快乐地生活提供保障。

第八章 东北地区的较高离婚率

　　婚姻，作为人类的一种基本社会制度，一直是社会学、人类学等社会学科的研究对象。人口婚姻状况是人类社会生活的重要方面，一个国家或地区人口婚姻状况如何，直接影响其人口总体发展的态势，是与社会经济发展密切相关的重要问题。人口的婚姻状况可分为未婚和已婚，进一步细分又可分为有配偶、丧偶和离婚。某一时期人口的婚姻构成反映的正是不同婚姻行为长期综合作用的结果。随着社会的演进，婚姻也在悄然发生着变迁。一方面，婚姻的稳定性降低，离婚率大幅上升；另一方面，在适婚年龄的人群（特别是女性）中，已婚者所占的比例明显减少。这种现象在发达国家表现得尤其突出，在一定程度上已经成为一种社会问题。[①]

　　婚姻的形成是预期结婚收益与结婚成本相比较的结果，而离婚则是在离婚收益大于离婚成本的情况下出现的对婚姻的舍弃。这种收益和成本，不仅包括直接的经济收益和成本，还包括社会成本等。离婚是在夫妻双方生存期间，依照法定的条件和程序解除婚姻关系的法律行为。离婚制度是一定社会有关解除婚姻关系的原则、条件和程序的法律规范的总和。[②] 改革开放以来，随着社会经济的发展和进步，我国的离婚率不断上升。

---

① 齐良书. 婚姻经济学研究进展 ［J］. 经济学动态，2008（9）.
② 马忆南. 婚姻家庭法新论 ［M］. 北京大学出版社，2002.

第一节　离婚率变化历程及现状

离婚率，是指某一地区在某一时期内按照特定的基数来计算的离婚数比例。[①] 1978 年全国的粗离婚率为 0.44‰，2008 年粗离婚率上升为 1.71‰，2015 年粗离婚率继续攀升为 2.79‰，在全国粗离婚率不断攀升的同时，国内各地区的离婚率也不断上升。离婚率节节攀升，既有深刻的时代背景和社会背景，也映射出人们的价值取向变化。在全国离婚率逐年升高的背景下，东北地区的离婚率一直高居全国分地区离婚率排行榜的前几名，明显高于其他地区且有着明显的自身特点。

对离婚率的计算，常见的主要有粗离婚率、一般离婚率和当年离婚数与结婚数之比等几种方法。粗离婚率，是某一年离婚总对数除以该年平均人口数[②]，这一指标在反映离婚水平高低的过程中准确程度受人口结构的影响较大。一般离婚率，是某一年的离婚总对数除以该年中已婚夫妇总对数，由于我国只有在人口普查年份才可以获得已婚夫妇对数，所以此项数据除了特定年份外均难以获得[③]。当年离婚数与结婚数之比（后文简称"离结比"），排除了不具备离婚风险的人口，并相对而言比较容易获得，但由于分母是当年结婚人口，故而该项指标受结婚水平的影响较大[④]。本文对离婚率的研究，采取的是粗离婚率、离婚数与结婚数之比相结合的方式，从而避免单一指标衡量时由指标固有缺陷造成的偏差。

一　离婚率纵向变化特征

在 2005 年以及之前发布的《中国统计年鉴》中，对离婚率的计算采取的不是粗离婚率的概念，分子为离婚人数而非对数，在实际使用过程中，

[①] 谭向北. 离婚率研究 [J]. 现代法学，1982 (1).

[②] 定义来自中华人民共和国国家统计局网站（http：//data. stats. gov. cn/）的统计指标解释。

[③] 曾毅，吴德清. 八十年代以来我国离婚水平与年龄分布的变动趋势 [J]. 中国社会科学，1995 (6).

[④] 方敏. 关于离婚率的几种含义 [J]. 南开大学法政学院学术论丛，1999 (1).

尤其是涉及国际对比时，该离婚率往往被使用者当作粗离婚率，直接与其他国家粗离婚率对比，从而使我国的离婚率被放大 2 倍，形成误解。从 2006 年开始，《中国统计年鉴》对离婚率的计算采取了粗离婚率的概念，但个别省份至今仍采取离婚对数乘以 2 作为分子，所以在做省际比较时有必要确定其离婚率采取的是何种计算方式。[①]

计算 1985 ~ 2015 年东北三省的粗离婚率，从变化中可以发现：辽宁省的粗离婚率从 0.24‰增长到 3.48‰，增长了 13.50 倍；吉林省的粗离婚率从 0.39‰增长到 4.63‰，增长了 10.87 倍；黑龙江省的粗离婚率从 1.17‰增长到 4.98‰，增长了 3.26 倍。同期，全国平均的粗离婚率从 0.44‰增长到 2.79‰，增长了 5.34 倍。1985 年，辽宁省、吉林省的粗离婚率低于全国平均水平，2015 年，东北三省的粗离婚率均高于全国。1985 ~ 2015 年，东北地区中辽宁省的粗离婚率增长最快，黑龙江省的粗离婚率增长最慢，但由于黑龙江省粗离婚率基期数值较高，因此 2015 年黑龙江省的粗离婚率仍然是东北地区中最高的（见表 8 - 1）。

表 8 - 1 1985 ~ 2015 年东北三省及全国粗离婚率

单位：‰

年份	辽宁	吉林	黑龙江	全国
1985	0.24	0.39	1.17	0.44
1990	0.63	0.72	1.53	0.69
1995	1.96	2.00	2.00	0.88
2000	1.93	1.87	2.03	0.96
2005	2.63	2.69	2.51	1.37
2010	2.94	3.43	3.6	2.00
2011	3.27	3.72	3.89	2.13
2012	3.22	4.03	4.09	2.29
2013	3.47	4.51	4.65	2.57

---

① 本章部分参考了笔者的前期成果：李雨潼，杨竹. 东北地区离婚率特征分析及原因思考 [J]. 人口学刊，2011 (3)。

年份	辽宁	吉林	黑龙江	全国
2014	3.48	4.44	4.88	2.67
2015	3.48	4.63	4.98	2.79

资料来源：1985 年、1990 年数据根据各省份统计年鉴所列数据计算；1995 年后和 2010 年前数据根据 1996～2009 年《中国统计年鉴》中数据计算；2010 年及以后的数据为国家统计局网站（http://data. stats. gov. cn/）分地区数据。

将东北三省及全国平均粗离婚率变化绘成曲线图进行对比，可以发现：东北三省的粗离婚率均呈曲折中上升的规律，1985 年，辽宁省、吉林省的粗离婚率低于全国平均水平，之后增速逐渐加快，并在 1995 年后均始终高于全国平均水平。从曲线总体走向上看，东北三省中黑龙江省的粗离婚率起点高于其他两个省，整体上其粗离婚率也始终高于其他两个省份以及全国平均水平。但辽宁省和吉林省的粗离婚率增速较快，尤其是 2015 年吉林省的粗离婚率与黑龙江省粗离婚率十分接近（见图 8 - 1）。

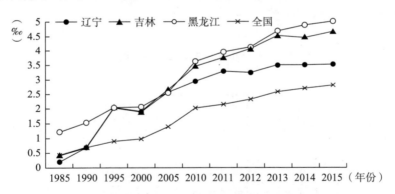

图 8 - 1　1985～2015 年全国及东北三省粗离婚率变化曲线

由于粗离婚率的分母为总人口，未排除不具备离婚风险的未成年人及未婚人口，只考察粗离婚率不能全面反映东北地区的离婚水平，所以本章在分析东北地区粗离婚率变化情况的基础上，对"离结比"进行计算和分析。计算 1985～2015 年东北三省的"离结比"，可以发现：1985 年，辽宁省的"离结比"为 2.14%，即当年每 100 对结婚人口对应 2.14 对离婚人口；同年，吉林省、黑龙江省的"离结比"分别为 3.83% 和 13.78%；到2015 年，辽宁、吉林、黑龙江三省的"离结比"分别增加到 48.04%、

54.33% 和 59.65%，与 1985 年相比分别增加了 21.45 倍、13.19 倍和 3.33 倍（见表 8 - 2）。将东北三省的"离结比"与全国平均"离结比"对比，可以发现 1985 年辽宁省的"离结比"尚不及全国平均水平的一半，到 2015 年已经高于全国平均水平 16.67 个百分点，而同年的其他两个省份的"离结比"也分别高于全国平均水平 22.96 个、28.28 个百分点。

表 8 - 2　1985 ~ 2015 年东北三省及全国的"离结比"

单位：%

年份	辽宁	吉林	黑龙江	全国
1985	2.14	3.83	13.78	5.51
1990	6.37	7.63	19.08	8.41
1995	9.72	10.15	27.67	11.30
2000	12.95	14.01	34.39	14.29
2005	42.69	43.45	42.11	21.69
2010	39.75	42.15	44.66	21.58
2011	37.33	42.57	44.94	22.07
2012	37.87	48.30	45.37	23.45
2013	41.15	48.80	47.34	25.99
2014	44.25	51.91	53.16	27.83
2015	48.04	54.33	59.65	31.37

资料来源：1985 ~ 1995 年数据引自李雨潼. 东北地区离婚率特征分析及原因思考 [J]. 人口学刊，2011（3）；2000 ~ 2015 年数据来自中华人民共和国国家统计局网站（http://data. stats. gov. cn/）。

从 1985 年到 2015 年，东北三省及全国平均的"离结比"曲线总体上都呈上升趋势。其间的绝大部分年份中，黑龙江省"离结比"始终远高于辽宁省、吉林省以及全国平均水平。最初的一段时期里，辽宁省、吉林省的"离结比"小于全国平均水平，但由于其增长速度较快，所以两省的"离结比"在 2005 年均超过全国平均水平后，便一直保持在全国平均水平之上（见图 8 - 2）。

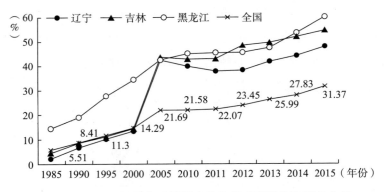

图 8 - 2　1985 ~ 2015 年全国及东北三省"离结比"变化曲线

二　离婚率与其他地区的横向比较

在纵向考察了东北三省及全国的离婚水平之后，可以得到东北三省离婚率逐年上升且已明显高于全国水平的结论。离婚率的上升是社会经济发展的必然产物，也是全国各地区的普遍现象，为了了解东北地区离婚率的区域特征，本部分将东北三省的离婚率与其他地区进行横向对比。

（一）1995 ~ 2015 年，东北三省粗离婚率在全国排序

利用国家统计局公布的分地区粗离婚率，对 1995 ~ 2015 年我国 31 个地区的粗离婚率从高到低进行排名：1995 ~ 2013 年，新疆的粗离婚率始终是全国最高的，从 2014 年开始，黑龙江省的粗离婚率排序升为全国第一。1995 ~ 2015 年，31 个地区中粗离婚率居于前列的省份和地区排名相对稳定，东北地区的粗离婚率排名始终居于全国领先位置，除了新疆维吾尔自治区和 3 个直辖市有时会超过东北三省外，只有 2014 年内蒙古自治区和 2015 年内蒙古自治区、四川省的粗离婚率超过了东北三省中粗离婚率最低的辽宁省。由于篇幅关系，表 8 - 3 仅截取了 1995 ~ 2015 年全国粗离婚率排名前 8 位的地区，表 8 - 4 仅列举了 2011 ~ 2015 年我国 31 个地区粗离婚率的排行榜，未列出年份的完整排行榜详见附表 1。

表8－3　1995～2015年我国各地区粗离婚率降序排行前8位

单位：‰

年份	项目	第1位	第2位	第3位	第4位	第5位	第6位	第7位	第8位
1995	地区	新疆	吉林	黑龙江	辽宁	北京	上海	青海	内蒙古
	粗离婚率	3.22	2.00	2.00	1.96	1.61	1.60	1.33	1.21
2000	地区	新疆	黑龙江	辽宁	北京	上海	吉林	重庆	内蒙古
	粗离婚率	2.86	2.03	1.93	1.93	1.90	1.87	1.43	1.37
2005	地区	新疆	吉林	辽宁	重庆	黑龙江	北京	上海	天津
	粗离婚率	3.88	2.69	2.63	2.61	2.51	2.21	2.19	1.82
2010	地区	新疆	重庆	黑龙江	吉林	辽宁	四川	北京	天津
	粗离婚率	4.51	3.93	3.60	3.43	2.94	2.72	2.37	2.37
2011	地区	新疆	黑龙江	重庆	吉林	北京	上海	辽宁	天津
	粗离婚率	4.81	3.89	3.74	3.72	3.45	3.39	3.27	3.24
2012	地区	新疆	重庆	黑龙江	吉林	辽宁	四川	内蒙古	天津
	粗离婚率	4.62	4.27	4.09	4.03	3.22	3.11	2.83	2.57
2013	地区	新疆	黑龙江	吉林	重庆	辽宁	四川	内蒙古	天津
	粗离婚率	4.82	4.65	4.51	4.50	3.47	3.31	3.23	3.07
2014	地区	黑龙江	新疆	重庆	吉林	内蒙古	辽宁	四川	北京
	粗离婚率	4.88	4.74	4.45	4.44	3.54	3.48	3.38	3.08
2015	地区	黑龙江	吉林	重庆	新疆	北京	内蒙古	四川	辽宁
	粗离婚率	4.98	4.63	4.55	4.31	3.79	3.66	3.49	3.48

资料来源：2010年前数据为根据1996～2009年《中国统计年鉴》中数据计算所得；2010年及以后数据为国家统计局网站（http://data.stats.gov.cn/）分地区数据。

从2011～2015年我国31个地区粗离婚率完整的排行榜（从高到低）中，可以看出总体上榜首和榜尾的地区相对固定，2011～2013年，前5名为新疆维吾尔自治区、重庆市、东北三省；2014年、2015年，辽宁省排名略有下滑，前5名增加了内蒙古自治区和北京市。榜尾的5个地区十分固定，2011～2015年均为山西省、广东省、甘肃省、海南省、西藏自治区（见表8－4）。总体上，以粗离婚率进行衡量，东北地区的离婚率长期以来整体居于全国前列。

表 8 - 4 2011~2015 年我国 31 个地区粗离婚率降序排行

单位：‰

序号	2011 年		2012 年		2013 年		2014 年		2015 年	
	地区	离婚率	地区	离婚率	地区	离婚率	地区	离婚率	地区	离婚率
1	新疆	4.81	新疆	4.62	新疆	4.82	黑龙江	4.88	黑龙江	4.98
2	重庆	3.89	重庆	4.27	黑龙江	4.65	新疆	4.74	吉林	4.63
3	黑龙江	3.74	黑龙江	4.09	吉林	4.51	重庆	4.45	重庆	4.55
4	吉林	3.72	吉林	4.03	重庆	4.50	吉林	4.44	新疆	4.31
5	辽宁	3.45	辽宁	3.22	辽宁	3.47	内蒙古	3.54	北京	3.79
6	四川	3.39	四川	3.11	四川	3.31	辽宁	3.48	内蒙古	3.66
7	北京	3.27	内蒙古	2.83	内蒙古	3.23	四川	3.38	四川	3.49
8	天津	3.24	天津	2.57	天津	3.07	北京	3.08	辽宁	3.48
9	内蒙古	2.72	北京	2.35	北京	3.06	天津	2.98	天津	3.36
10	湖南	2.57	河北	2.35	上海	2.88	安徽	2.82	贵州	3.07
11	浙江	2.43	湖北	2.35	江苏	2.73	江苏	2.75	安徽	2.95
12	上海	2.23	湖南	2.34	湖北	2.60	贵州	2.73	江苏	2.87
13	河北	2.14	贵州	2.33	安徽	2.59	湖北	2.71	湖北	2.85
14	江苏	2.09	宁夏	2.32	湖南	2.50	湖南	2.62	上海	2.76
15	湖北	2.08	江苏	2.29	贵州	2.45	上海	2.54	河北	2.68
16	宁夏	2.03	浙江	2.24	河北	2.44	河北	2.52	湖南	2.67
17	安徽	1.90	安徽	2.23	宁夏	2.43	浙江	2.47	河南	2.66
18	贵州	1.89	上海	2.22	浙江	2.41	河南	2.45	宁夏	2.64
19	山东	1.76	山东	2.03	山东	2.31	山东	2.40	陕西	2.57
20	陕西	1.75	福建	2.00	河南	2.23	宁夏	2.40	浙江	2.52
21	福建	1.72	陕西	1.89	福建	2.19	福建	2.30	山东	2.45
22	广西	1.70	青海	1.86	陕西	2.14	陕西	2.26	福建	2.33
23	云南	1.66	广西	1.83	广西	1.97	青海	2.16	云南	2.30
24	江西	1.64	云南	1.76	云南	1.95	云南	2.14	广西	2.18
25	青海	1.49	河南	1.70	江西	1.90	广西	2.13	青海	2.17
26	河南	1.45	江西	1.68	青海	1.87	江西	1.97	江西	2.08
27	山西	1.37	广东	1.47	山西	1.68	山西	1.80	山西	1.97

序号	2011 年		2012 年		2013 年		2014 年		2015 年	
	地区	离婚率	地区	离婚率	地区	离婚率	地区	离婚率	地区	离婚率
28	广东	1.28	山西	1.46	广东	1.66	广东	1.67	广东	1.78
29	甘肃	1.22	海南	1.36	甘肃	1.49	甘肃	1.63	甘肃	1.78
30	海南	1.13	甘肃	1.28	海南	1.47	海南	1.57	海南	1.66
31	西藏	0.68	西藏	0.43	西藏	0.57	西藏	0.84	西藏	0.73

资料来源：中华人民共和国国家统计局网站（http://data.stats.gov.cn/）。

需要说明的是，从 2000～2015 年，在我国 31 个地区中，西藏地区的离婚率始终居于最末。由于统计年鉴中的结婚人口与离婚人口都指的是法律意义上的结婚与离婚，而西藏地区婚姻登记制度不够健全，加之民族地区的婚育习俗不同，西藏地区离婚率的数值与其在 31 个地区中的排名均会有些偏差。新疆离婚率始终位居全国前列，与其民族特征和社会经济发展等因素均有关系，国内一些学者已经对此进行了探讨，由于本章的研究目的是对东北地区离婚率进行分析，所以对其他地区的离婚率偏高或偏低问题不做深入探讨。本章对全国粗离婚率的计算，只是列示了 1995～2015 年的数据，事实上从改革开放开始，东北地区的离婚率一直在全国各地区中是名列前茅的[①]。

（二）2006～2015 年，东北三省"离结比"在全国排序

利用国家统计局公布的分地区结婚对数、离婚对数的数据，对 2006～2015 年全国 31 个地区的"离结比"从高到低进行排名，由于篇幅关系，表 8－5 仅截取了 2006～2015 年全国"离结比"排名前 7 位的地区，表 8－6 仅列举了 2011～2015 年我国 31 个地区"离结比"的完整排行榜，未列出年份完整的排行榜详见附表 2。2006～2015 年，连续 10 年的我国 31 个地区排名中，"离结比"最高的前两个地区始终都是东北地区的省份。除 2007 年第二名为辽宁省外，其余年份均为黑龙江省与吉林省，这一点与粗离婚率的排行榜有明显的区别。2006～2015 年，我国 31 个地区的"离结比"从高

---

① 徐安琪，叶文振. 中国婚姻研究报告［M］. 中国社会科学出版社，2002.

到低的排行中，排在前 5 位的地区相对固定，为东北三省和新疆维吾尔自治区、重庆市、上海市、天津市、北京市，可见 10 年间，全国"离结比"排行榜前 5 位中除了东北三省外，便是少数民族地区或直辖市这两种特殊地区（见表 8 - 5），整体上全国"离结比"最高的地区是东北地区。由此可见，在排除了不具备离婚风险的人口之后，东北地区离婚率在全国排名靠前的现象更为明显，由于分母是当年结婚人口，故而该项指标受当年结婚水平的影响较大，但使用连续多年的"离结比"指标进行分析，就会在很大程度上减少了这种影响。

表 8 - 5 2006~2015 年我国各地区"离结比"降序排列前 7 名

单位：%

年份	项目	第 1 位	第 2 位	第 3 位	第 4 位	第 5 位	第 6 位	第 7 位
2006	地区	黑龙江	吉林	新疆	重庆	辽宁	四川	上海
	离结比	42.67	38.38	38.31	37.44	34.29	32.74	28.31
2007	地区	黑龙江	辽宁	吉林	上海	重庆	新疆	四川
	离结比	42.50	39.58	39.32	39.05	38.51	36.01	31.37
2008	地区	黑龙江	吉林	辽宁	重庆	新疆	上海	四川
	离结比	41.24	38.22	37.56	34.96	34.46	32.77	29.60
2009	地区	黑龙江	吉林	辽宁	重庆	新疆	上海	四川
	离结比	41.49	37.47	34.45	33.68	33.30	32.15	28.13
2010	地区	黑龙江	吉林	辽宁	新疆	上海	重庆	天津
	离结比	44.66	42.15	39.75	37.12	36.15	36.10	34.48
2011	地区	黑龙江	吉林	重庆	辽宁	新疆	上海	内蒙古
	离结比	44.94	42.57	40.52	37.33	36.91	32.17	30.98
2012	地区	吉林	黑龙江	重庆	新疆	辽宁	上海	天津
	离结比	48.30	45.37	42.11	39.22	37.87	36.62	35.80
2013	地区	吉林	黑龙江	上海	天津	重庆	新疆	辽宁
	离结比	48.80	47.34	46.56	44.15	44.11	41.85	41.15
2014	地区	黑龙江	吉林	天津	辽宁	重庆	上海	内蒙古
	离结比	53.16	51.91	44.77	44.25	43.55	43.34	40.77
2015	地区	黑龙江	吉林	天津	北京	辽宁	上海	重庆
	离结比	59.65	54.33	51.28	49.52	48.04	46.97	46.92

资料来源：中华人民共和国国家统计局网站（http://data.stats.gov.cn/）。

观察 2011～2015 年完整的我国 31 个地区的"离结比"排行榜，与粗离婚率排行榜有很大不同的是，排行榜后 5 名的位置不及粗离婚率排行榜规律性强。排在历年排行榜最末的 5 个地区主要为：西藏自治区、海南省、山西省、河南省，和出现次数较少的广西壮族自治区、安徽省、广东省、贵州省、甘肃省。2011 年，排名最高的黑龙江省的"离结比"，是排名最低的海南省的"离结比"的 4.75 倍；2012 年，排名最高的吉林省的"离结比"，是排名最低的西藏自治区的"离结比"的 5.17 倍；2013 年，排名最高的吉林省的"离结比"，是排名最低的海南省的"离结比"的 3.37 倍；2014 年，排名最高的黑龙江省的"离结比"，是排名最低的西藏自治区的"离结比"的 4.01 倍；2015 年，排名最高的黑龙江省的"离结比"，是排名最低的西藏自治区的"离结比"的 3.83 倍（见表 8－6）。

表 8－6　2011～2015 年我国各地区"离结比"降序排名

单位：%

序号	2011 年		2012 年		2013 年		2014 年		2015 年	
	地区	离结比	地区	离结比	地区	离结比	地区	离结比	地区	离结比
1	黑龙江	44.94	吉林	48.30	吉林	48.80	黑龙江	53.16	黑龙江	59.65
2	吉林	42.57	黑龙江	45.37	黑龙江	47.34	吉林	51.91	吉林	54.33
3	重庆	40.52	重庆	42.11	上海	46.56	天津	44.77	天津	51.28
4	辽宁	37.33	新疆	39.22	天津	44.15	辽宁	44.25	北京	49.52
5	新疆	36.91	辽宁	37.87	重庆	44.11	重庆	43.55	辽宁	48.04
6	上海	32.17	上海	36.62	新疆	41.85	上海	43.34	上海	46.97
7	内蒙古	30.98	天津	35.80	辽宁	41.15	内蒙古	40.77	重庆	46.92
8	四川	30.87	内蒙古	33.99	北京	39.46	新疆	38.68	内蒙古	42.18
9	天津	30.84	四川	33.54	内蒙古	36.42	北京	38.59	四川	38.60
10	浙江	26.13	北京	27.91	四川	34.54	四川	35.52	新疆	36.80
11	北京	25.12	浙江	27.71	浙江	31.36	浙江	31.09	浙江	35.57
12	青海	22.54	宁夏	24.71	湖南	26.96	湖南	28.30	山东	34.37
13	湖南	22.47	湖南	24.14	山东	25.25	宁夏	28.21	湖南	33.33
14	宁夏	21.63	青海	23.41	宁夏	24.92	山东	28.14	河北	32.66

续表

序号	2011 年		2012 年		2013 年		2014 年		2015 年	
	地区	离结比	地区	离结比	地区	离结比	地区	离结比	地区	离结比
15	河北	20.11	河北	22.97	河北	24.14	河北	28.08	江西	31.09
16	湖北	19.88	湖北	22.02	江苏	23.97	江苏	26.16	宁夏	29.72
17	贵州	19.34	山东	21.08	湖北	23.37	湖北	25.31	江苏	29.17
18	江苏	19.23	江苏	20.41	青海	22.74	江西	24.08	湖北	29.13
19	云南	19.02	甘肃	19.64	江西	21.87	福建	23.26	陕西	27.33
20	江西	18.79	福建	19.61	福建	20.86	青海	23.15	福建	25.56
21	山东	18.74	云南	19.57	甘肃	20.64	陕西	22.32	青海	25.05
22	陕西	18.47	贵州	19.44	陕西	20.37	贵州	21.89	广西	24.78
23	甘肃	18.15	陕西	19.00	广东	20.24	云南	21.62	安徽	24.52
24	福建	17.45	江西	17.93	云南	20.19	安徽	21.40	云南	23.81
25	安徽	16.80	广东	17.85	贵州	19.94	广西	21.36	河南	23.05
26	广东	16.37	安徽	17.48	广西	19.75	甘肃	20.91	广东	23.01
27	广西	15.73	广西	17.47	安徽	19.39	广东	19.96	贵州	22.01
28	西藏	14.71	山西	14.55	河南	16.60	河南	19.64	甘肃	20.97
29	山西	13.99	河南	13.43	山西	15.89	山西	18.71	山西	20.82
30	河南	12.98	海南	12.17	西藏	15.52	海南	15.67	海南	18.17
31	海南	9.46	西藏	9.35	海南	14.47	西藏	13.27	西藏	15.58

资料来源：中华人民共和国国家统计局网站（http://data.stats.gov.cn/）。

利用粗离婚率和"离结比"横向考察东北地区离婚率特征，两种方式均表明近年来东北三省是全国各地区中离婚率最高的地区。婚姻自由是法律赋予每个公民的基本权利，这种自由包含结婚自由与离婚自由两层含义。高离婚率是社会经济发展的产物，形成的原因错综复杂，造成的影响也涵盖方方面面。

第二节　较高离婚率形成的原因分析

马克思在 1842 的《论离婚法草案》中指出："在自然界中，当任何存在物不再符合自己的职能时，解体和死亡自然而然地就会到来……离婚仅仅是对下面这一事实的确定：某一婚姻已经死亡，它的存在仅仅是一种外表和骗局……死亡这一事实的确定取决于事物的本质，而不取决于当事人的愿望。"① 在欧美等国家，离婚更多地被看成一种单纯的感情问题，而在我国，结婚与离婚作为一种社会现象，涉及的不仅是当事人双方的感情问题，而且受到政治、经济、文化等多方面的影响。离婚率逐年升高，不是东北地区独有的现象，这是符合社会经济发展规律的普遍现象，而东北地区离婚率在全国各地区中始终居于前列，则是由多种原因综合作用造成的。

一　离婚率的提高，是经济发展和社会进步的必然产物

东北地区的离婚率逐年升高，与全国离婚率的逐年升高一样，有着深刻的社会经济背景，并在一定程度上是经济发展和社会进步的必然产物。从经济学的角度研究，婚姻具有一定的商品属性，在完全竞争并且信息对称的假设条件下，婚姻可以通过市场达到一种均衡，每个交易者都能获得个体效用最大化，即在自身条件的限制下获得最理想的伴侣。但在实际的生活中，这种信息完全对称、完全竞争的婚姻市场是不存在的。

随着人民生活水平的提高和物质生活的丰富，人们对婚姻质量的要求也越来越高，现代的婚姻家庭，更强调的是情感的融洽、家庭成员关系的平等和生活的幸福。改革开放冲击了陈旧的传统婚姻观念，离婚不再被看作讳莫如深的问题，文化日益多元化的趋势，弱化了以往社会外部力量对个人私生活的干预和控制，改变了社会本位的价值取向。随着社会的进步和法律的健全，公民的婚姻自由得到彰显，结婚与离婚都有了更大的自由空间。

历史上，中国的女性在婚姻中属于从属地位，对于婚姻是否持续女性是没有主动权的。但随着社会的进步，女性逐渐获得了平等的机会。中华人民共和国成立后，从法律上彻底摒弃了对妇女的压迫、歧视和束缚，在

---

① 马克思，恩格斯．马克思恩格斯全集（第1卷）［M］．人民出版社，1956．

各项法律法规中都贯穿着男女平等的原则，婚姻法亦是如此。男女两性在婚姻家庭中的地位，除了主要受社会制度、法律法规的约束外，还取决于他们在社会经济、政治等方面的地位，平等的法律、政治、经济、社会地位是婚姻中男女平等的基础。自 1950 年《中华人民共和国婚姻法》始，无论是 1980 年的婚姻法，还是 2001 年的修正案，都以男女平等作为基本原则，婚姻法的相关具体规定都体现了夫妻之间、父母子女之间以及祖孙之间、兄弟姐妹之间的平等。①

市场经济的发展，使妇女摆脱了婚姻中的从属地位，增强了妇女的经济独立性和人格独立性，也弱化了婚姻的传统经济功能。家庭结构的核心化减少了来自家庭成员的离婚阻力，而现代社会人口流动性的增强又加大了离婚风险。对婚姻质量要求的提高、妇女地位的提高、社会本位价值取向向个人本位价值取向的转变、法律的健全等因素综合作用的结果，使离婚的风险增大、离婚的阻力减小，所以离婚率逐渐攀升是必然结果。

二 低生育率导致区域内婚龄人口中独生子女比例更高

就全国而言，随着婚龄人口中独生子女比例逐年增高，婚姻的包容度逐渐降低。很多独生子女在成长过程中，由于父母甚至隔代人的宠爱形成了相对比较自我、个性强、不习惯付出、不愿迁就等性格特征。如果夫妻双方均是独生子女，分享、分担意识都比较差，往往因为一些家务分配、双方家庭习惯不同等生活琐事就会激化矛盾。又因为成年独生子女们的父母，由于在独生子女成长过程中倾注了大量的心血，所以对于已婚的成年子女还很难做到在适当的时机退出其生活，双方父母对成年独生子女夫妻的生活干涉过多，夫妻两人的矛盾很多时候会上升为两个家庭的矛盾，矛盾升级后往往就会变得不可调和，最后婚姻难以为继，离婚率逐年升高也就是必然的结果。

东北地区，由于前文述及的各种原因，区域内的人口出生率长期较低，

---

① 巫昌祯，夏吟兰．改革开放三十年中国婚姻立法之嬗变 [J]．中华女子学院学报，2009 (1)．

计划生育政策在区域内执行力度明显高于国内其他地区，每年出生人口中东北地区新生儿的独生子女比例更大。这就意味着当第一批独生子女进入婚龄后，随着时间的推移，东北地区婚龄人口中成年独生子女所占的比例要明显高于全国其他地区，因此由独生子女组成的家庭离婚率更高的问题对东北地区的影响自然要更明显。加之东北地区的文化受传统文化影响更小，重男轻女的意识较弱，所以在这样氛围下成长起来的婚龄人口男女平等意识更强。女方父母对自己女儿的培养和经济支持是不遗余力的，事业发展、经济实力上的势均力敌与个性上的互不相让，使婚姻的包容度逐年降低，离婚率不断上升。

另外，由于区域内生育率低，在处理婚姻问题的过程中来自孩子的牵绊更少。虽然在婚姻存续期间很多夫妻间矛盾的产生与孩子的照顾、教育等有莫大关系，但到感情破裂准备离婚的时候，孩子又会起到降低离婚意愿的作用。东北地区长期以来的低生育率，使区域内婚龄夫妻总体上的子女数偏少，离婚时来自子女的阻力和牵绊就会小很多，这也是东北地区离婚率高于全国其他地区的重要原因。

三　东北地区城市化程度较高，女性受教育程度较高

一般情况下，农村的离婚率普遍低于城市，农村的婚姻维持或结束过程中，感情以外的因素起到了重要作用，这种熟人社会的外力作用有利于婚姻稳定，但通常以牺牲个人感情和社会的活力为代价①，所以从全国离婚率排名上看，我国3个直辖市离婚率一直排名靠前是正常合理的现象。

人口城市化是指在工业化发展过程中，一个国家的人口数逐步由农业人口占多数转变为非农业人口占多数，该国由农业国转变为工业国，由农业社会转变为城市社会。人口城市化水平是反映城市化现状的主要指标之一。② 东北地区的城市化水平长期处于全国较高水平，虽然近年来东北地区

---

① 汪国华. 从熟人社会到陌生人社会：城市离婚率趋高的社会学透视 [J]. 新疆社会科学，2006 (5).
② 李辉. 东北地区人口城市化水平的特殊性分析 [J]. 人口学刊，2008 (2).

城市化进程放缓，但相对于全国其他地区而言，城市化水平依然较高①，这种高城市化水平，通过各种因素直接和间接地作用于婚姻关系，从总体上增加了东北地区的离婚风险。

婚姻及建立其基础上的家庭，是构成社会的基本单位，婚姻的功能随着社会的进步不断地演变，新中国成立后我国的婚姻制度不断地完善，婚姻的主要功能和目的也从传统的繁衍后代、维持经济需求等转换为满足双方生理、心理多方面需求。虽然婚姻的经济功能、习俗习惯、责任义务等依然不容忽视，但现阶段感情因素已经逐渐上升为婚姻中的主要因素。随着社会进步，女性经济独立性、受教育权利和婚姻自由等方面的上升，以及受教育水平的不断提高，女性主动提出离婚要求的明显增多，20世纪80年代中期以后这一比例更是达到了70%②，女性成为离婚要求提出的主体。

受教育水平越高、经济越独立的女性，在婚姻中受感情以外因素的制约越小，对婚姻质量的要求也越高。因此，当赖以维系的感情基础不存在时，因为经济原因委曲求全的可能性降低，更倾向于结束婚姻关系。与国内其他地区相比，东北地区的女性文盲率低，男女受教育程度差别小，东北地区教育的高度发展给女性提供了更多的受教育机会③。因此，东北地区女性在婚姻名存实亡的情况下，提出离婚的可能性要高于其他地区。

四　区域内的移民文化使离婚的外界阻力较小

东北原是满族聚居地，近代以来，国际、国内的移民大规模进入东北。朝鲜向我国东北地区的移民在清末拉开序幕，在民国形成高潮并最终形成中国朝鲜族聚居区④；日本侵华时期大规模向中国东北进行移民侵略，虽然大部分日本移民最终返回本土，但这次移民侵略对中国东北地区的影响是多方面和长远的；在朝鲜、日本向中国东北地区大规模移民的同时，俄罗

---

① 王晓峰. 东北地区城市化现状研究 [J]. 社会科学战线，2008 (7).
② 刘蕾. 从女性的角度分析离婚率升高的原因和对策 [J]. 北京社会科学，2001 (4).
③ 景跃军，王福江. 中国人口文化程度的性别差异及成因探析 [J]. 人口学刊，1994 (3).
④ 衣保中. 近代朝鲜移民与东北地区水田开发史研究 [D]. 南京农业大学，2002.

斯、蒙古等向中国东北的小规模移民也对当地的经济文化发展产生了重要影响。清朝满族人口浩浩荡荡"从龙入关"地从这片土地上大规模迁出，而后"闯关东"的移民浪潮下汉人又以更具优势的规模迁入，东北地区的人口与社会结构、文化特征均因此被彻底改变。无论是日本的移民侵略，朝鲜、俄罗斯、蒙古向东北地区的移民，还是国内人口的"闯关东"，各种移民行为的结果，使东北地区成为我国一个多民族聚居的移民地区，各种文化的碰撞、融合，最终形成了东北地区以多元性、兼容性、包容性、开放性为特征的移民文化。

"闯关东"是我国近代移民史上规模最大的一次移民，一个"闯"字生动地概括了这次国内大规模移民的基本特征，这种的移民是勇敢者的行为。这种迁移将要面对的是背井离乡以及恶劣的自然环境下的重新开始，所以这种迁移最初是以个人或者核心家庭的方式进行的，而非整个家族的迁移。经过与迁入地文化的融合，与来自不同地区和不同民族人口的混居，最终东北的血缘关系和家族统治比中原地区要薄弱得多。这种社会结构特点使东北人的家族、血缘观念淡化，受传统的束缚较轻[①]，热情坦率并易于接受新事物。而这些特征反映在对待婚姻的问题上，则表现为婚姻更多地被视为一种私人感情问题，受到外力干涉较少，不同民族、不同国籍人口间通婚等各种婚姻形式拥有更大的社会接受度，而离婚也被当作私人问题，离婚时来自家族与社会的阻力与压力较小。另外，长期以来东北地区的区域文化中，酒文化占据了重要的位置，过重的酒文化和部分人的酗酒，对婚姻的稳定性有明显的伤害，不利于婚姻的维系。

五　少数民族人口比例高，人口流动性较大

经过历次移民，东北地区成为一个少数民族比例较高的多民族混合居住区，主要民族包括汉族、朝鲜族、满族、蒙古族等。这种民族混居特性使东北地区形成了有别于中原地区的婚嫁习俗以及人口流动特征，而这些

---

① 范立君. 近代东北移民与社会变迁（1860－1931）[D]. 浙江大学，2005.

区域特征又对该地区的离婚率产生影响。东北地区不同民族之间的通婚与涉外婚姻所占比例很高，由于民族习惯的不同与差异比较明显的民族文化，不同民族或不同国籍人口之间通婚的稳定性一般小于同民族人口的婚姻。改革开放以来，东北地区一直是劳动力输出地区，并且中国东北地区与韩国、俄罗斯、日本等通过派遣研修生、承包工程、农业合作等渠道进行劳务输出合作，这使东北地区的劳动力流动具有国际化的特征。大规模的劳务输出，使很多已婚夫妇两地分居，离婚率也随之增加。

在东北地区聚居的各民族中，朝鲜族的婚姻观念与习俗最为特殊，近来的变化也最大。在传统的朝鲜族婚姻中，妇女处于绝对的从属地位，主要职责是生育和孝敬公婆、服务家族，往往得不到丈夫起码的尊重，过着顺从而封闭的生活。改革开放以来，尤其是进入 20 世纪 90 年代以后，市场经济的发展及多元文化的冲击，使朝鲜族妇女的自主意识日益加强，加之朝鲜族妇女忍耐、坚毅的性格特征使她们在劳动力市场中获得良好的发展空间，朝鲜族妇女开始了大规模地对外迁移。视野的开阔和婚姻观念的转变，使很多朝鲜族妇女在外出务工后不愿意再回到原籍，这种劳动力的大规模流出不仅使延边朝鲜族自治州产生了为数甚多的所谓"光棍村"，也使该地区的离婚率不断增加。

东北地区是人口净迁出地区，人口流动性很大。人口的对外迁出一部分是夫妻同时迁移流动，一部分则是夫妻中只有一个人对外迁移流动。一方在外工作，另一方留守东北地区，长期的两地分居会对感情和婚姻造成巨大的伤害，离婚率也会因此增加。加之近年来东北地区经济增速放缓，人口的对外流动性增加，走出去的人口返乡的意愿很低，进一步提高了离婚率。

第三节　小结

离婚率逐渐升高作为一种社会现象，在全国具有普遍性，而这一现象背后有着复杂的社会、经济、文化背景，不能简单地用"好"与"坏"来定性。近年来，东北地区的离婚率在全国各地区离婚率排名中始终名列前茅，并且离婚率呈逐年增加的变化趋势。分析东北地区离婚率偏高的原因，除了与全国其他地区相类似的社会与经济等原因外，还与东北地区特有的城市化水平、生育率水平、受教育程度、区域文化、民族构成、人口流动规模等密切相关，是多种因素综合作用的结果，该地区离婚率相对偏高具有一定的客观必然性。

第一，1985～2015 年，东北三省的粗离婚率均呈曲折中上升的规律。1985 年，辽宁省、吉林省的粗离婚率低于全国平均水平，在 1995 年超过全国平均水平后，东北三省的粗离婚率均高于全国。从粗离婚率变化曲线总体走向上看，东北三省中黑龙江省的粗离婚率起点高于其他两个省，整体上其粗离婚率也始终高于其他两个省份以及全国平均水平。但辽宁省和吉林省的粗离婚率增速较快，尤其是 2015 年吉林省的粗离婚率与黑龙江省粗离婚率十分接近。

从 1985 年到 2015 年，东北三省及全国平均的"离结比"曲线总体上都呈上升趋势。其间的绝大部分年份中，黑龙江省"离结比"始终远高于辽宁省、吉林省以及全国平均水平。最初的一段时期里，辽宁省、吉林省的"离结比"小于全国平均水平，但由于其增长速度较快，所以两省的"离结比"自 2005 年均超过全国平均水平后，便一直保持在全国平均水平之上。

第二，利用国家统计局公布的分地区粗离婚率，对 1995～2015 年我国 31 个地区的粗离婚率从高到低进行排名。1995～2013 年，新疆的粗离婚率始终是全国最高的，从 2014 年开始，黑龙江省的粗离婚率排序升为全国第一。1995～2015 年，我国 31 个地区中粗离婚率居于前列的省份和地区排名相对稳定，东北地区的粗离婚率排名始终居于全国领先位置，除了新疆维吾尔自治区和 3 个直辖市有时会超过东北三省外，只有 2014 年内蒙古自治区和 2015 年内蒙古自治区、四川省的粗离婚率超过了东北三省中粗离婚率最低的辽宁省。

第三，利用国家统计局公布的分地区结婚对数、离婚对数的数据，对 2006～2015 年我国 31 个地区的"离结比"从高到低进行排名。连续 10 年的我国 31 个地区排名中，"离结比"最高的前两个地区始终都是东北地区的省份，除 2007 年第二名为辽宁省外，其余年份前两名均为黑龙江省与吉林省，这一点与粗离婚率的排行榜有明显的区别。2006~2015 年，"离结比"排行榜中排在前 5 位的地区相对固定，为东北三省和新疆维吾尔自治区、重庆市、上海市、天津市、北京市，可见 10 年间，全国"离结比"排行榜前 5 位中除了东北三省外，便是少数民族地区或直辖市这两种特殊地区，整体上全国"离结比"最高的地区是东北地区。可见，在排除了不具备离婚风险的人口之后，东北地区离婚率在全国排名靠前的现象更为明显。

第四，离婚率逐年升高，不是东北地区独有的现象，这是符合社会经济发展规律的普遍现象，而东北地区离婚率在全国始终居于前列，则是由多种原因综合作用造成的。东北地区的离婚率逐年升高，有着深刻的社会经济背景，并在一定程度上是经济发展和社会进步的必然产物。随着人民生活水平的提高和物质生活的丰富，人们对婚姻质量的要求越来越高，离婚不再被看作讳莫如深的问题，文化日益多元化的趋势，弱化了以往社会外部力量对个人私生活的干预和控制，结婚与离婚都有了更大的自由空间。随着社会的进步，女性逐渐获得了平等的机会，各项法律法规中都贯穿着男女平等的原则，婚姻法亦是如此。对婚姻质量要求的提高、妇女地位的提高、社会本位价值取向向个人本位价值取向的转变、法律的健全等因素综合作用的结果，使离婚的风险增大、离婚的阻力减小，所以离婚率逐渐攀升是必然结果。

第五，东北地区长期低生育率导致区域内婚龄人口中独生子女比例更高，婚姻包容度更小，离婚的阻力更小。独生子女由于长辈宠爱，往往会形成相对比较自我、个性强、不习惯付出、不愿迁就等性格特征，两个成年独生子女组成的家庭往往因为生活琐事就会激化矛盾。又因为成年独生子女们的父母，很难做到在适当的时机退出成年子女的生活，双方父母的干涉使夫妻两人的矛盾常会上升为两个家庭的矛盾，矛盾变得不可调和便使婚姻难以为继。随着时间的推移，区域内婚龄人口中成年独生子女所占的比例要明显高于全国其他地区，因此由独生子女组成的家庭离婚率更高的问题，对东北地区的影响自然要大于其他地区。另外，东北地区长期以来的低生育率，使离婚时来自子女的阻力和牵绊就会小很多，这也是东北地区离婚率高于全国其他地区的重要原因。

第六，城市化程度较高，女性受教育程度较高也是东北地区离婚率更高的重要原因。东北地区的城市化水平长期处于全国较高水平，高城市化水平通过各种因素直接和间接地作用于婚姻关系，从总体上增加了东北地区的离婚风险。与国内其他地区相比，东北地区的女性文盲率低，男女受教育程度差别小，东北地区女性在婚姻名存实亡的情况下，提出离婚的可能性要高于其他地区。东北地区独特的区域文化使离婚的外界阻力较小。东北地区是一个多民族的移民聚居区，形成了以多元性、兼容性、包容性、开放性为特征的移民文化，血缘关系和家族统治比中原地区要薄弱得多。离婚时来自家族与社会的阻力与压力较小。东北地区是一个多民族混合居住区，不同民族之间的通婚与涉外婚姻所占比例很高，不同民族或不同国籍人口之间通婚的稳定性一般小于同民族人口的婚姻。东北地区大规模的跨国劳务输出，使很多已婚夫妇两地分居，离婚率也随之增加。近年来东北地区经济增速放缓，原本就是净迁出地区的东北地区人口对外流动性增加，走出去的人口返乡的意愿很低，进一步提高了离婚率。

第九章 东北地区人口系统与
经济系统协调性评价

本章对于人口、环境、经济系统协调性分析所选取的指标，主要遵循权威性、针对性、可评价性、连续性和动态性等原则。本章模型所使用的原始数据均来自国家统计局官方网站的分地区数据和各省的统计年鉴，个别缺失数据采用拟合数据，拟合数据均加 * 号作为注释。

第一节 评价指标体系的建立及模型解析

所有选取的指标数据均来自中华人民共和国国家统计局网站和《辽宁省统计年鉴》《吉林省统计年鉴》《黑龙江省统计年鉴》。既包括对各子系统发展水平的评价，又包括对各子系统之间发展协调性的分析，而对整个系统协调性的分析是建立在对各子系统发展水平评价基础上的。

一 评价指标体系的建立

本章所选取的评价指标及各子系统如表 9 - 1 所示。

表 9 - 1 评价指标体系

子系统	指标	指标代码
人口发展水平	年末常住人口（万人）	A_1
	男性人口占总人口比重（%）	A_2
	城镇人口占总人口比重（%）	A_3

子系统	指标	指标代码
人口发展水平	总抚养比（%）	A_4
	少儿人口抚养比（%）	A_5
	15 岁及以上文盲人口百分比（%）	A_6
	人口出生率（‰）	A_7
	人口自然增长率（‰）	A_8
经济发展水平	地区生产总值（亿元）	B_1
	地方财政一般预算收入（亿元）	B_2
	全社会固定资产投资（亿元）	B_3
	第二产业增加值（亿元）	B_4
	第三产业增加值（亿元）	B_5
	城镇常住居民人均可支配收入（元）	B_6
	农村常住居民人均可支配收入（元）	B_7
	居民消费水平（元）	B_8
	第二产业就业人员比重（%）	B_9
	第三产业就业人员比重（%）	B_{10}
	城镇登记失业率（%）	B_{11}
	城镇居民家庭恩格尔系数（%）	B_{12}
	农村居民家庭恩格尔系数（%）	B_{13}

二　模型解析

人口系统、经济系统协调度综合评价模型，是人口和经济系统协调度的函数，用数学公式表示为：

$$H = f(P, Ey)$$

其中：H 表示综合协调度；P 表示人口子系统协调度；Ey 表示经济子系统协调度。在这一函数公式中，H 是因变量，是自变量 P、Ey 的函数。为了可以从多角度对人口、经济系统的综合协调性进行评价，本章选取了多项指标的历年数值进行定量分析。为了更加科学地为子系统内各项指标赋予权重，本章选取了主成分分析方法。主成分分析（Principal Components Analysis）是经济学上常用的一种分析方法。这种统计分析方法利用降维的思想，把多个在信息上有一定重叠的统计指标转化为几个相互独立的综合指标，用这些综合指标替代原始指标，在减少了指标数量的同时能够反映原指标的主要信息，有利于在研究复杂的经济问题时抓住主要矛盾。

在研究中，存在许多按照时间顺序排列的平面数据表序列，如果对每张数据表分别进行主成分分析，由于不同的数据表与完全不同的主超平面，无法保证系统分析的统一性、完整性和可比性。全局主成分分析方法是对时序立体数据表进行主成分分析，寻求一个对所有数据表统一的简化子空间，每张不同年份的数据表在其上的投影得以近似表示，并且从全局来看，该子空间的综合效果是最佳的。

在全局主成分分析后，得到一个低维的全局主超平面。在全局主超平面上可以描绘系统总体水平随时间的变化过程，一个数据表的总体水平是用它的重心来测度的。[①]

对于时序立体数据表 $K = \{X^t \in R^{n \times p}, \ t = 1, 2, \cdots, T\}$，可以求得总体水平的时间序列 $g^1, g^2, \cdots, g^T$。它反映了数据表总体水平沿时间的运动轨迹。由全局主成分分析还可以描绘样本点的运动轨迹。[②]

第二节 协调度模型运算及结果分析

本节以吉林省的计算过程为例阐述东北地区三个省份人口与经济系统协调度的计算过程，其他两省的计算过程基本相同，不再赘述步骤。因篇幅原因未放在正文的原始指标数据及计算过程中必要的表格，详见附表3～附表46。表9-2所示为吉林省人口指标的原始数据。

---

① 全局主成分分析方法的详细解析，请参考笔者前期成果：李雨潼. 我国资源型城市经济转型问题研究［M］. 长春出版社，2009。

② 任若恩，王惠文. 多元统计数据分析——理论、方法、案例［M］. 国防工业出版社，1997.

表 9 - 2　吉林省人口指标原始数据

年份	A_1	A_2	A_3	A_4	A_5	A_6	A_7	A_8
2000	2627.30	50.90	43.50	34.00	25.22	4.57	10.31	4.46
2001	2637.10	50.80	43.80	31.43	23.17	4.78	8.76	3.38
2002	2649.40	50.80	44.50	33.69	16.03	4.36	8.30	3.19
2003	2658.60	50.80	45.00	29.80	21.10	3.89	7.25	1.61
2004	2661.90	50.80	45.20	28.70	19.60	3.85	7.39	1.76
2005	2669.40	50.80	45.20	27.10	17.70	5.85	7.89	2.57
2006	2679.50	50.70	45.10	28.50	18.60	5.21	7.67	2.67
2007	2696.10	50.70	45.10	27.20	16.70	4.55	7.55	2.50
2008	2710.50	50.60	45.20	28.10	16.80	4.44	6.65	1.61
2009	2719.50	50.60	45.10	27.20	15.60	3.43	6.69	1.95
2010	2723.80	50.60	45.60	26.70	15.40	2.18	7.91	2.03
2011	2726.50	50.50	48.00	27.30	16.20	2.23	6.53	1.02
2012	2701.50	50.50	46.90	25.00	15.30	1.85	5.73	0.36
2013	2678.50	50.50	47.00	27.30	15.00	2.28	5.36	0.32
2014	2671.30	50.40	46.70	28.80	15.70	2.88	6.62	0.40
2015	2662.10	50.40	48.40	29.70	15.50	2.61	5.87	0.34

一　主成分分析

为了消除不同指标的量纲，先将数据标准化处理，这部分由 SPSS 软件自动完成。KMO（Kaiser - Meyer - Olkin）检验统计量是用于比较变量间简单相关系数和偏相关系数的指标。KMO 统计量取值在 0 和 1 之间，当所有变量间的简单相关系数平方和远远大于偏相关系数平方和时，KMO 值接近 1。KMO 值越接近于 1，意味着变量间的相关性越强，原有变量越适合做因子分析；当所有变量间的简单相关系数平方和接近 0 时，KMO 值接近 0。KMO 值越接近于 0，意味着变量间的相关性越弱，原有变量越不适合做因子分析或主成分分析。吉林省人口指标的分析过程中，KMO 检验值为 0.816（见表 9 - 3），表示很适合做主成分分析。

表 9 – 3 KMO 和 Bartlett 检验

KMO 抽样适度测定值		0.816
Bartlett 球形检验	近似卡方值（Chi^2）	114.850
	自由度（df）	28
	显著性水平（Sig.）	0.000

通过 KMO 检验后，对相关系数矩阵进行计算，获得各项指标的特征值、方差贡献率和累计方差贡献率。此处提取两个主成分，累计方差贡献率为 84.645%，且特征值都大于 1（见表 9 – 4），可以很好地代表整体。

表 9 – 4 主成分选取

主成分	特征值	方差贡献率（%）	累计方差贡献率（%）
第一主成分 F_1	5.758	71.976	71.976
第二主成分 F_2	1.014	12.669	84.645

提取主成分的同时，获得因子载荷矩阵（见表 9 – 5）。

表 9 – 5 因子载荷矩阵

指标	F_1	F_2
A_1	– 0.707	0.633
A_2	0.920	0.209
A_3	– 0.894	– 0.304
A_4	0.741	– 0.550
A_5	0.851	– 0.167
A_6	0.786	0.283
A_7	0.925	0.096
A_8	0.931	0.239

由因子载荷矩阵，利用特征值计算主成分函数的系数，进一步得到主成分系数矩阵（见表 9 – 6）。

表 9 - 6　主成分系数矩阵

指标	F_1	F_2
A_1	- 0. 295	0. 629
A_2	0. 383	0. 208
A_3	- 0. 373	- 0. 302
A_4	0. 309	- 0. 546
A_5	0. 355	- 0. 166
A_6	0. 328	0. 281
A_7	0. 385	0. 095
A_8	0. 388	0. 237

将计算所得各项系数代入公式，得到以下主成分函数的表达式：

$$F_1 = -0.295A_1 + 0.383A_2 - 0.373A_3 + 0.309A_4 + 0.355A_5 +$$

$$0.328A_6 + 0.385A_7 + 0.388A_8$$

$$F_2 = 0.629A_1 + 0.208A_2 - 0.302A_3 - 0.546A_4 - 0.166A_5 +$$

$$0.281A_6 + 0.095A_7 + 0.237A_8$$

以每个主成分特征值占所有主成分特征值之和的比重，确定各个权重并计算主成分综合模型：

$$F_0 = \frac{\lambda_1}{\lambda_1 + \lambda_2}F_1 + \frac{\lambda_2}{\lambda_1 + \lambda_2}F_2, \text{即} F_0 = 0.8503F_1 + 0.1497F_2$$

将标准化后的数据代入模型，进行运算，可以得到 2000 ~ 2015 年吉林省人口发展水平综合评价值（见表 9 - 7）。

表 9 - 7　2000 ~ 2015 年吉林省人口发展水平综合评价值

年份	F_{P1}	F_{P2}	F_{P0}
2000	4. 341373	- 0. 111793767	4. 229579304
2001	2. 958877	- 0. 081640087	2. 877236569
2002	1. 980206	- 0. 113071817	1. 867134582
2003	1. 043562	- 0. 080351932	0. 963210318

年份	F_{P1}	F_{P2}	F_{P0}
2004	0.766513	− 0.021762913	0.744750486
2005	1.146675	0.170864426	1.317539824
2006	0.951261	0.107661522	1.058922255
2007	0.255049	0.190479562	0.445529031
2008	− 0.48362	0.139309124	− 0.344310207
2009	− 0.88094	0.187029546	− 0.693906019
2010	− 1.04815	0.176380781	− 0.871771552
2011	− 2.30088	0.016177662	− 2.284703254
2012	− 2.66922	0.021371166	− 2.647850297
2013	− 2.28584	− 0.121002412	− 2.406840673
2014	− 1.63395	− 0.173320828	− 1.807268733
2015	− 2.14092	− 0.306330034	− 2.447251632

按照同样的原理和方法，计算吉林省经济发展水平综合评价得分（见表 9 − 8）。

表 9 − 8　2000～2015 年吉林省经济发展水平综合评价得分

年份	F_{E1}	F_{E2}	F_{E0}
2000	− 3.63333	− 0.09129	− 3.72461
2001	− 3.29433	− 0.21138	− 3.50572
2002	− 3.10551	− 0.08591	− 3.19142
2003	− 3.12653	0.092474	− 3.03406
2004	− 2.67811	0.079972	− 2.59814
2005	− 2.20684	0.087244	− 2.1196
2006	− 1.58958	0.092602	− 1.49698
2007	− 0.95374	0.028839	− 0.9249
2008	− 0.40206	0.047221	− 0.35484
2009	0.325871	0.044271	0.370142

续表

年份	F_{E1}	F_{E2}	F_{E0}
2010	1.019106	0.009174	1.02828
2011	1.895033	− 0.01394	1.881094
2012	2.873751	− 0.00519	2.868558
2013	4.083911	− 0.00508	4.078832
2014	5.170422	− 0.0587	5.111724
2015	5.621952	− 0.0103	5.611649

二 模糊隶属度函数协调发展模型

模糊隶属度函数协调发展模型是在模糊数学综合评价法的基础上，拓展的一种针对协调发展的定量分析评价方法。所谓协调性水平，体现的是两个及两个以上系统之间相互制约和支持的关系，协调度作为一种体现协调性水平的定量指标，可以用模糊数学中的隶属度进行描述和计算。评价某一系统的协调状况，不能精确地确认是协调还是不协调，而只能从程度上描述，所以我们有必要利用模糊集合理论对其进行测度，采用 [0，1] 的实数来表示两个系统之间的协调度。其计算公式为：

$$W(P/E) = \exp \frac{-[P_d - P(E)_d]^2}{S_{(P_d)}^2} \qquad (9-1)$$

公式中，$W(P/E)$ 表示 E 子系统对 P 子系统的协调度系数；P_d 表示 P 子系统的发展水平；$P(E)_d$ 表示根据回归分析结果计算的，在 P 系统与 E 系统协调发展时，P 系统的发展水平；$S_{(P_d)}^2$ 表示 P 子系统发展水平的方差。[①]

根据散点图判断吉林省人口子系统与经济子系统综合发展水平之间具有明显的线性关系后，对两个系统进行回归。

首先将人口系统作为因变量，经济系统作为自变量，进行回归分析。

[①] 汪传雷，王静娟等. 基于模糊隶属度的制造业与物流业复合系统协调度评价研究 [J]. 井冈山大学学报，2017（7）.

运算结果得到 R^2 为 0.821，数值较接近于 1，说明方程拟合度较高，在 ANOVA 检验中，满足 F 检验，Sig. 为 0.000，小于 0.005，说明具有显著性。系数表（附表27）中给出了回归方程的系数值，即常量为 3.331×10^{-7}，系数为 -0.592，所以方程为：

$$P = -0.592E + 3.331 \times 10^{-7} \qquad (9-2)$$

依照同样的原理和步骤，再将经济系统作为因变量，人口系统作为自变量，进行回归分析。运算结果 R^2、F 检验不变，常量为 5.627×10^{-7}，系数为 -1.387，方程为：

$$E = -1.387P + 5.627 \times 10^{-7} \qquad (9-3)$$

计算得到人口系统的方差 4.189 和经济系统的方差 9.816，将公式（9-2）和公式（9-3）计算结果代入公式（9-1），可得到人口子系统对经济子系统的相互协调度，再据此计算系统复合协调度，所用公式为：

$$W = \frac{\min[W(P/E), W(E/P)]}{\max[W(P/E), W(E/P)]}$$

如此，可得表 9-9 所示数据。

表 9-9　吉林省人口与经济发展协调度

年份	人口对经济	经济对人口	复合协调度
2000	0.1413	0.3927	0.35969716
2001	0.7357	0.9532	0.77177148
2002	0.9998	0.9289	0.92910637
2003	0.7180	0.5557	0.77395827
2004	0.7404	0.6071	0.81986410
2005	0.9981	0.9828	0.98460594
2006	0.9859	0.9998	0.98601907
2007	0.9950	0.9810	0.98587240
2008	0.8635	0.8683	0.99444896
2009	0.8980	0.9310	0.96449601

年份	人口对经济	经济对人口	复合协调度
2010	0.9675	0.9934	0.97397627
2011	0.5195	0.7133	0.72837877
2012	0.6501	0.8766	0.74163293
2013	1.0000	0.8943	0.89430570
2014	0.4920	0.2509	0.51000256
2015	0.6939	0.3672	0.52925074

按照同样的步骤和方法，计算出辽宁省和黑龙江省的人口与经济发展协调度，见表 9 - 10 与表 9 - 11。

表 9 - 10　辽宁省人口与经济发展协调度

年份	人口对经济	经济对人口	复合协调度
2000	0.167215	0.507827	0.329276
2001	0.944054	0.704608	0.746365
2002	0.938634	0.829137	0.883344
2003	0.503919	0.701022	0.718834
2004	0.577433	0.515080	0.892018
2005	0.980403	0.937469	0.956207
2006	0.794545	0.750022	0.943964
2007	0.997072	0.982118	0.985002
2008	0.984598	0.981623	0.996978
2009	0.967858	0.983583	0.984013
2010	0.690892	0.785392	0.879677
2011	0.653235	0.838664	0.778899
2012	0.993756	0.959896	0.965928
2013	0.998830	0.890084	0.891127
2014	0.562254	0.330274	0.587410
2015	0.702744	0.425484	0.605461

表 9 - 11　黑龙江省人口与经济发展协调度

年份	人口对经济	经济对人口	复合协调度
2000	0.3895	0.647763	0.601244
2001	0.6511	0.861892	0.755465
2002	0.8740	0.982136	0.889848
2003	0.7759	0.661616	0.852666
2004	0.4540	0.375050	0.826013
2005	0.9198	0.977655	0.940840
2006	0.9620	0.929077	0.965729
2007	0.8917	0.857251	0.961321
2008	0.9843	0.982073	0.997704
2009	0.8505	0.875876	0.970988
2010	0.7126	0.820886	0.868051
2011	0.9252	0.989718	0.934773
2012	0.9853	0.992695	0.992549
2013	0.9515	0.810827	0.852157
2014	0.5478	0.346779	0.633020
2015	0.9756	0.824399	0.845053

将模糊隶属度函数协调发展模型计算的，2000～2015 年东北三省人口与经济系统的协调度值绘制在同一张图内，可以发现东北三省的人口与经济系统的协调状况相似度很高，总体上随着时间的推移均经历了"上升—下降—上升—下降—再上升—再下降—再上升"的曲折变化过程，忽略曲线图的细微曲折，则东北三省人口与经济系统协调性的总体变化规律为先逐年增强再逐年降低（见图 9 - 1）。

对两个系统的协调程度进行评价，不能简单地以是与否来下结论，在系统发展过程中，其系统的协调状态总是处于协调与不协调之间的动态过程。协调度的计算结果处于 [0，1]，当协调度为 1 时，说明系统处于完全协调状态。而当系统协调度为 0 时，则系统处于完全不协调状态，正常情况

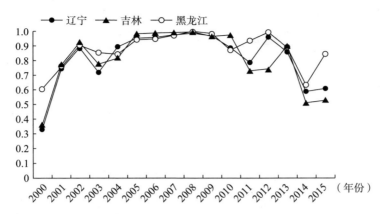

图 9 - 1　算法 1 计算的东北三省 2000 ~ 2015 年人口与经济系统协调度

下，真实的协调度不会出现这两个极端值，而是在这两个极值之间变动。此时，协调度等级评价标准如表 9 - 12 所示。

表 9 - 12　协调度等级划分标准

协调度标准	0 ~ 0.19	0.20 ~ 0.59	0.60 ~ 0.69
协调度评价	极度失调	不协调	初等协调
协调度标准	0.70 ~ 0.79	0.80 ~ 0.89	0.90 ~ 1.00
协调度评价	中等协调	良好协调	优质协调

资料来源：童玉芬，刘长安. 北京市人口、经济和环境关系的协调度评价 [J]. 人口与发展，2013（1）：44 - 51。

将三个省份的人口与经济的复合协调度计算结果与表 9 - 12 的评价标准进行对照，可以得到三个省份各自的协调程度评价表（见表 9 - 13）。可见模糊隶属度函数协调发展模型计算的东北三省人口与经济的协调度总体变化规律为：从 2000 年到 2015 年，人口与经济系统之间协调性逐年增强再逐年降低，从不协调、初等协调逐渐到优质协调，再降低为良好协调、初等协调和不协调。2014 年和 2015 年，东北三省人口与经济系统之间的协调度分别处于不协调、初等协调和良好协调三个区间，三个省份所处区间不同，但大部分处于不协调或初等协调状态。

表 9 – 13　东北三省人口与经济系统复合协调度

年份	辽宁省	吉林省	黑龙江省
2000	不协调	不协调	初等协调
2001	中等协调	中等协调	中等协调
2002	良好协调	优质协调	良好协调
2003	中等协调	中等协调	良好协调
2004	良好协调	良好协调	良好协调
2005	优质协调	优质协调	优质协调
2006	优质协调	优质协调	优质协调
2007	优质协调	优质协调	优质协调
2008	优质协调	优质协调	优质协调
2009	优质协调	优质协调	优质协调
2010	良好协调	优质协调	良好协调
2011	中等协调	中等协调	优质协调
2012	优质协调	中等协调	优质协调
2013	良好协调	良好协调	良好协调
2014	不协调	不协调	初等协调
2015	初等协调	不协调	良好协调

三　变异系数协调度模型

为进一步分析东北地区人口与经济系统之间的关系，本部分采用变异系数协调度模型再次计算人口与经济系统的协调度。变异系数即离散系数，变异系数协调度方法主要是通过数理统计中的变异系数和协调系数的概念与性质来计算系统间的协调度指数，用系统发展水平指数之间的关系来评价系统的协调程度，并计算系统间的协调指数。计算公式为：

$$C = \{ x_1 x_2 / [(x_1 + x_2)/2]^2 \}^k \quad (k \text{ 为调节系数}, k \geqslant 2)$$

假设人口与经济子系统的综合得分分别为 x_1 和 x_2，当 $x_1 = x_2$ 时协调系数为 1，即子系统处于最佳协调状态。当 x_1 和 x_2 数值不等或不全相等时，样本变量值越接近，其协调度就越大，反之协调度越小。[①] 由于主成分分析得到的数值出现负数，为了便于以后的动态计量分析，根据统计学中的 3σ 原则，运用公式 $Y_{ti} = H + Y_i$ 进行坐标平移以消除负数影响。依此计算的东北三省人口与经济系统协调度见表 9 – 14。

表 9 – 14　东北三省人口与经济系统协调度指数值

年份	辽宁省	吉林省	黑龙江省
2000	0.435553864	0.836060429	0.794883
2001	0.601127368	0.914141567	0.858162
2002	0.891441741	0.968207029	0.905593
2003	0.861772624	0.994001395	0.986695
2004	0.981862805	0.999925066	0.999103
2005	0.960539934	0.999708175	0.993691
2006	0.990621111	0.995667599	0.996039
2007	0.981877737	0.968790058	0.987681
2008	0.999945697	0.906453645	0.951190
2009	0.987532234	0.845053684	0.891390
2010	0.941398094	0.795582248	0.704733
2011	0.789960134	0.576604919	0.633770
2012	0.742753636	0.476013896	0.577622
2013	0.707723592	0.461615567	0.539089
2014	0.767506796	0.501616516	0.533308
2015	0.704228780	0.401723094	0.438193

将变异系数协调度模型计算的，2000～2015 年东北三省人口与经济系统的协调度值绘制在同一张图内，可以发现东北三省的人口与经济系统的协调状况相似度很高，总体上随着时间的推移均经历了"上升—下降—再上升—再下降"的曲折变化过程，忽略曲线图的细微曲折，则东北三省人口

[①]　童玉芬，刘长安. 北京市人口、经济和环境关系的协调度评价 [J]. 人口与发展，2013 (1).

与经济系统协调性的总体变化规律为先逐年增强再逐年降低（见图9-2），这种变化规律与模糊隶属度函数协调发展模型计算的协调度变化曲线一致。

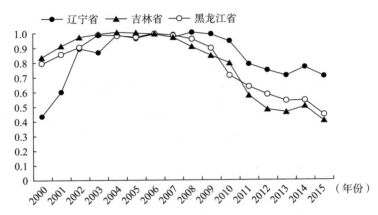

图9-2　算法2计算的东北三省2000～2015年人口与经济系统协调度

根据表9-12标准，将东北三省的人口与经济系统的复合协调度所属区间进行划分，结果见表9-15。可见利用变异系数协调度模型计算出的东北三省人口与经济系统的协调度总体的特征是：2000～2015年，东北三省的人口与经济系统之间的协调程度经历了逐渐升高再逐渐降低的变化过程，这与前文通过模糊隶属度函数协调发展模型计算结果所得到的规律一致。

表9-15　东北三省人口与经济系统协调度所属区间

年份	辽宁省	吉林省	黑龙江省
2000	不协调	良好协调	中等协调
2001	初等协调	优质协调	良好协调
2002	良好协调	优质协调	优质协调
2003	良好协调	优质协调	优质协调
2004	优质协调	优质协调	优质协调
2005	优质协调	优质协调	优质协调
2006	优质协调	优质协调	优质协调
2007	优质协调	优质协调	优质协调
2008	优质协调	优质协调	优质协调
2009	优质协调	良好协调	良好协调

年份	辽宁省	吉林省	黑龙江省
2010	优质协调	中等协调	中等协调
2011	中等协调	不协调	初等协调
2012	中等协调	不协调	不协调
2013	中等协调	不协调	不协调
2014	中等协调	不协调	不协调
2015	中等协调	不协调	不协调

与前文模糊隶属度函数协调发展模型计算结果不同的是，近年来东北三省之间人口与经济系统协调程度区别很大，从 2011 年开始，辽宁省的人口与经济系统协调度均处于中等协调区间，而吉林省与黑龙江省除了 2011 年黑龙江省处于初等协调区间之外，人口与经济系统之间协调程度均属于不协调区间。随着三个省份经济的发展，东北地区人口与经济系统的协调度并没有提高，反而在总体上呈现下降趋势。就地区整体而言，人口与经济系统之间处于不协调状态，东北地区中开放最早、工业发展最快的辽宁省，按变异系数协调度模型计算的结果略好于吉林省和黑龙江省。

第三节 小结

第一，利用模糊隶属度函数协调发展模型计算的东北三省的人口与经济的复合协调度水平，可以得到三个省份各自的协调程度评价表。东北三省人口与经济的协调度总体变化规律为：2000～2015 年，人口与经济系统之间协调性逐年增强再逐年降低，从不协调、初等协调逐渐到优质协调，再降低为良好协调、初等协调和不协调。2014 年和 2015 年，东北三省的人口与经济系统之间的协调度分别处于不协调、初等协调和良好协调三个区间，三个省份所处区间不同，但大部分处于不协调或初等协调状态。

第二，利用变异系数协调度模型计算的东北三省的人口与经济的复合协调度水平，与利用模糊隶属度函数协调发展模型计算的结果不同。依此计算的结果显示从 2011 年开始，辽宁省的人口与经济系统协调度均处于中等协调区间，而吉林省与黑龙江省除了 2011 年黑龙江省处于初等协调区间之外，人口与经济系统之间协调程度均属于不协调区间。随着三个省份经济的发展，东北地区人口与经济系统的协调度并没有提高，反而在总体上呈现下降趋势。就地区整体而言，人口与经济系统之间处于不协调状态，东北地区中开放最早、工业发展最快的辽宁省，按变异系数协调度模型计算的结果略好于吉林省和黑龙江省。

第三，综合两种不同方法计算的结果，可知东北三省人口与经济的复合协调度水平是随着时间推移整体下降的，协调性越来越弱。总而言之，东北地区的人口在极低出生率、人口老龄化加速、少年儿童人口比例迅速下降的情况下，与增速明显放缓的区域经济之间，协调性也在逐年降低。

附　表

附表 1　1995~2010 年我国各地区粗离婚率降序排名

单位：‰

序号	1995 年		2000 年		2005 年		2010 年	
	地区	粗离婚率	地区	粗离婚率	地区	粗离婚率	地区	粗离婚率
1	新疆	3.22	新疆	2.86	新疆	3.88	新疆	4.51
2	吉林	2.00	黑龙江	2.03	吉林	2.69	重庆	3.93
3	黑龙江	2.00	辽宁	1.93	辽宁	2.63	黑龙江	3.60
4	辽宁	1.96	北京	1.93	重庆	2.61	吉林	3.43
5	北京	1.61	上海	1.90	黑龙江	2.51	辽宁	2.94
6	上海	1.60	吉林	1.87	北京	2.21	四川	2.72
7	青海	1.33	重庆	1.43	上海	2.19	北京	2.37
8	内蒙古	1.21	内蒙古	1.37	天津	1.82	天津	2.37
9	天津	1.16	天津	1.33	四川	1.72	内蒙古	2.31
10	四川	1.08	青海	1.29	内蒙古	1.63	湖南	2.13
11	宁夏	1.01	四川	1.21	湖南	1.52	浙江	2.09
12	陕西	0.86	宁夏	1.10	宁夏	1.51	上海	2.08
13	湖南	0.82	浙江	0.92	浙江	1.49	河北	2.04
14	云南	0.78	陕西	0.89	青海	1.47	江苏	2.04
15	山西	0.76	湖南	0.85	湖北	1.33	湖北	2.03
16	河北	0.73	云南	0.85	江苏	1.30	宁夏	1.91
17	浙江	0.71	福建	0.83	河北	1.21	安徽	1.82

续表

序号	1995 年		2000 年		2005 年		2010 年	
	地区	粗离婚率	地区	粗离婚率	地区	粗离婚率	地区	粗离婚率
18	甘肃	0.71	河北	0.79	福建	1.10	贵州	1.82
19	贵州	0.69	湖北	0.79	陕西	1.08	山东	1.76
20	河南	0.69	江苏	0.75	山东	1.07	陕西	1.72
21	湖北	0.67	甘肃	0.74	云南	1.06	福建	1.66
22	江苏	0.63	贵州	0.73	广西	1.03	广西	1.54
23	西藏	0.58	山西	0.72	贵州	1.02	云南	1.50
24	广西	0.56	河南	0.70	河南	0.97	江西	1.46
25	山东	0.55	山东	0.67	安徽	0.95	青海	1.43
26	安徽	0.50	广西	0.64	江西	0.90	河南	1.42
27	广东	0.49	安徽	0.61	甘肃	0.89	山西	1.23
28	福建	0.49	江西	0.59	广东	0.88	广东	1.23
29	江西	0.49	广东	0.55	山西	0.86	甘肃	1.09
30	海南	0.38	海南	0.50	海南	0.72	海南	1.04
31	—	—	西藏	0.46	西藏	0.36	西藏	0.67

资料来源：根据 1996～2011 年《中国统计年鉴》中数据计算所得。

附表 2　2006～2010 年我国各地区"离结比"降序排名

单位：%

序号	2006 年		2007 年		2008 年		2009 年		2010 年	
	地区	离结比	地区	离结比	地区	离结比	地区	离结比	地区	离结比
1	黑龙江	42.67	黑龙江	42.50	黑龙江	41.24	黑龙江	41.49	黑龙江	44.66
2	吉林	38.38	辽宁	39.58	吉林	38.22	吉林	37.47	吉林	42.15
3	新疆	38.31	吉林	39.32	辽宁	37.56	辽宁	34.45	辽宁	39.75
4	重庆	37.44	上海	39.05	重庆	34.96	重庆	33.68	新疆	37.12
5	辽宁	34.29	重庆	38.51	新疆	34.46	新疆	33.30	上海	36.15
6	四川	32.74	新疆	36.01	上海	32.77	上海	32.15	重庆	36.10
7	上海	28.31	四川	31.37	四川	29.60	四川	28.13	天津	34.48
8	青海	25.81	北京	31.04	天津	26.88	内蒙古	27.60	北京	31.88

序号	2006 年		2007 年		2008 年		2009 年		2010 年	
	地区	离结比	地区	离结比	地区	离结比	地区	离结比	地区	离结比
9	内蒙古	25.15	天津	29.19	内蒙古	26.73	天津	26.54	四川	30.91
10	天津	25.00	青海	26.60	北京	25.49	青海	25.59	内蒙古	28.08
11	北京	21.05	内蒙古	25.47	浙江	23.49	浙江	25.05	青海	26.67
12	浙江	19.95	浙江	23.64	宁夏	23.16	北京	22.72	浙江	25.93
13	贵州	19.72	江苏	22.17	青海	22.19	宁夏	22.44	湖南	21.73
14	湖南	19.02	湖南	21.58	江苏	21.69	甘肃	20.18	江苏	21.08
15	江苏	18.58	宁夏	19.72	湖南	21.03	湖南	20.16	湖北	20.32
16	云南	18.50	贵州	19.50	甘肃	20.34	江苏	19.66	宁夏	20.00
17	湖北	18.39	西藏	19.23	贵州	19.45	湖北	19.26	甘肃	19.72
18	河南	18.25	湖北	19.10	湖北	19.14	贵州	18.84	河北	19.33
19	宁夏	17.65	甘肃	19.00	山东	17.56	云南	17.73	陕西	18.44
20	甘肃	17.29	河南	18.65	云南	17.32	河北	17.60	山东	18.16
21	陕西	16.86	陕西	18.09	河北	16.92	陕西	17.28	江西	18.01
22	西藏	16.67	云南	17.18	陕西	16.83	山东	16.52	云南	17.16
23	河北	16.58	山东	16.44	河南	16.38	福建	16.14	贵州	17.07
24	福建	15.50	河北	16.36	西藏	15.66	安徽	15.25	安徽	16.87
25	山西	14.85	江西	14.37	安徽	14.60	江西	15.07	福建	15.97
26	山东	14.75	福建	14.19	江西	14.31	河南	14.49	西藏	15.38
27	江西	14.24	安徽	13.97	福建	13.73	广东	13.78	广东	14.82
28	安徽	13.78	山西	13.58	广东	13.26	广西	12.72	广西	13.85
29	广西	12.05	广东	12.64	广西	11.79	西藏	12.50	河南	13.21
30	广东	11.82	广西	11.06	山西	11.41	山西	11.32	山西	11.91
31	海南	11.11	海南	10.39	海南	7.10	海南	8.38	海南	7.96

附表 3　辽宁省人口指标原始数据

年份	A_1	A_2	A_3	A_4	A_5	A_6	A_7	A_8
2000	4135.3	50.9	55.74*	34.34	23.75	5.79	10.70	4.00
2001	4147.0	50.9	56.04*	34.34	23.75	5.16	7.74	1.64

续表

年份	A_1	A_2	A_3	A_4	A_5	A_6	A_7	A_8
2002	4155.4	50.8	56.68*	31.23	20.60	5.16	7.38	1.34
2003	4161.6	50.1	57.19*	32.27	21.03	4.74	6.90	1.07
2004	4172.8	50.7	57.97*	30.55	18.93	4.03	6.51	0.91
2005	4189.2	50.7	58.71	31.44	18.64	4.75	7.01	0.97
2006	4210.4	50.6	58.98	30.13	16.41	4.17	6.4	1.10
2007	4231.7	50.6	59.19	30.40	16.54	3.76	6.89	1.53
2008	4246.1	50.6	60.05	30.62	15.72	3.45	6.32	1.10
2009	4256.0	50.5	60.35	29.15	14.38	3.29	6.06	0.97
2010	4251.7	50.4	62.10	27.76	14.59	2.18	6.68	0.42
2011	4255.0	50.4	64.04	27.78	14.17	2.37	5.71	-0.34
2012	4244.8	50.3	65.64	28.15	13.84	2.30	6.15	-0.39
2013	4238.0	50.3	66.45	28.43	13.63	1.99	6.09	-0.03
2014	4244.2	50.2	67.05	29.26	13.62	1.92	6.49	0.26
2015	4229.7	50.2	67.37	30.22	13.52	1.91	6.17	-0.42

附表 4　标准化后的辽宁省人口指标数据

年份	A_1	A_2	A_3	A_4	A_5	A_6	A_7	A_8
2000	1.5337	-1.7452	-1.2584	1.9462	1.8555	1.6803	3.3453	2.9013
2001	1.5337	-1.4739	-1.1845	1.9462	1.8555	1.2055	0.7899	0.7045
2002	1.1379	-1.2791	-1.0268	0.4180	0.9805	1.2055	0.4791	0.4253
2003	-1.6327	-1.1353	-0.9011	0.9290	1.0999	0.8889	0.0647	0.1740
2004	0.7421	-0.8756	-0.7089	0.0838	0.5166	0.3538	-0.2719	0.0250
2005	0.7421	-0.4953	-0.5266	0.5212	0.4361	0.8964	0.1597	0.0809
2006	0.3463	-0.0036	-0.4600	-0.1225	-0.1833	0.4593	-0.3669	0.2019
2007	0.3463	0.4903	-0.4083	0.0101	-0.1472	0.1503	0.0561	0.6021
2008	0.3463	0.8243	-0.1964	0.1182	-0.3750	-0.0834	-0.4360	0.2019
2009	-0.0495	1.0539	-0.1224	-0.6041	-0.7472	-0.2040	-0.6604	0.0809

续表

年份	A_1	A_2	A_3	A_4	A_5	A_6	A_7	A_8
2010	− 0.4453	0.9541	0.3088	− 1.2871	− 0.6889	− 1.0406	− 0.1252	− 0.4311
2011	− 0.4453	1.0307	0.7868	− 1.2773	− 0.8055	− 0.8974	− 0.9626	− 1.1386
2012	− 0.8411	0.7941	1.1811	− 1.0955	− 0.8972	− 0.9502	− 0.5827	− 1.1851
2013	− 0.8411	0.6364	1.3807	− 0.9579	− 0.9555	− 1.1838	− 0.6345	− 0.8500
2014	− 1.2369	0.7802	1.5285	− 0.5500	− 0.9583	− 1.2366	− 0.2892	− 0.5800
2015	− 1.2369	0.4440	1.6074	− 0.0783	− 0.9861	− 1.2441	− 0.5655	− 1.2130

附表 5　辽宁省人口指标 KMO 和 Bartlett 检验

KMO 抽样适度测定值		0.731
Bartlett 球形检验	近似卡方值（Chi²）	172.483
	自由度（df）	28
	显著性水平（Sig.）	0.000

附表 6　辽宁省人口指标方差解释

主成分	初始			提取（特征值 > 1）后		
	特征值	方差贡献率（%）	累计方差贡献率（%）	特征值	方差贡献率（%）	累计方差贡献率（%）
1	6.486	81.079	81.079	6.486	81.079	81.079
2	0.567	7.084	88.163			
3	0.524	6.556	94.719			
4	0.229	2.864	97.583			
5	0.126	1.575	99.158			
6	0.039	0.484	99.642			
7	0.022	0.278	99.920			
8	0.006	0.080	100.000			

附表 7　辽宁省人口指标因子载荷矩阵

指标	A_1	A_2	A_3	A_4	A_5	A_6	A_7	A_8
第 1 主成分	− 0.906	0.782	− 0.903	0.918	0.966	0.962	0.846	0.906

附表 8 辽宁省人口发展水平综合评价数值

年　份	F_{P0}
2000	3.548097
2001	1.795471
2002	0.854865
2003	1.722958
2004	−0.00313
2005	0.544328
2006	0.048514
2007	0.409545
2008	−0.00459
2009	−0.38422
2010	−0.97135
2011	−1.63381
2012	−1.58497
2013	−1.66294
2014	−1.19364
2015	−1.48514

附表 9 辽宁省经济指标原始数据

年份	B_1	B_2	B_3	B_4	B_5	B_6	B_7	B_8	B_9	B_{10}	B_{11}	B_{12}	B_{13}
2000	4669	296	1268	2344	1821	5358	2356	4490	32	35	4	41	47
2001	5033	370	1421	2441	2048	5797	2558	4789	30	37	3	40	46
2002	5458	400	1606	2610	2258	6525	2751	5095	29	37	7	39	45
2003	6003	447	2076	2899	2488	7241	2934	5159	28	37	7	39	43
2004	6672	530	2980	3062	2812	8008	3307	5492	28	38	7	40	46
2005	8047	675	4200	3869	3295	9108	3690	6447	28	38	6	39	42
2006	9305	818	5690	4567	3798	10370	4090	6926	28	39	5	39	41
2007	11164	1083	7435	5544	4487	12300	4773	7934	28	40	4	38	40
2008	13669	1356	10019	7159	5208	14393	5577	9690	28	41	4	39	41
2009	15212	1591	12292	7906	5891	15761	5958	10906	27	42	4	38	37

续表

年份	B_1	B_2	B_3	B_4	B_5	B_6	B_7	B_8	B_9	B_{10}	B_{11}	B_{12}	B_{13}
2010	18457	2005	16043	9977	6849	17713	6908	13016	28	42	4	35	38
2011	22227	2643	17726	12152	8159	20467	8298	15635	27	43	4	36	39
2012	24846	3105	21836	13230	9460	23223	9384	17999	27	44	4	35	38
2013	27213	3344	25108	13964	11033	25578	10523	20156	29	44	3	32	33
2014	28627	3193	24731	14385	11956	29082	11192	22260	28	45	3	28	28
2015	28669	2127	17918	13042	13243	31126	12057	23693	26	45	3	28	28

附表 10　标准化后的辽宁省经济指标数据

年份	B_1	B_2	B_3	B_4	B_5	B_6	B_7	B_8	B_9	B_{10}	B_{11}	B_{12}	B_{13}
2000	-1.11	-1.09	-1.09	-1.10	-1.08	-1.14	-1.11	-1.01	2.77	-1.61	-0.57	1.03	1.23
2001	-1.07	-1.03	-1.08	-1.08	-1.02	-1.09	-1.05	-0.96	1.62	-1.11	-0.98	0.78	1.07
2002	-1.02	-1.00	-1.06	-1.04	-0.97	-1.01	-0.99	-0.92	0.46	-1.02	1.72	0.55	0.96
2003	-0.96	-0.96	-1.00	-0.98	-0.91	-0.92	-0.93	-0.91	0.08	-0.97	1.72	0.70	0.65
2004	-0.89	-0.88	-0.90	-0.94	-0.82	-0.83	-0.82	-0.86	-0.08	-0.82	1.72	0.96	1.21
2005	-0.74	-0.75	-0.76	-0.77	-0.69	-0.70	-0.70	-0.71	0.00	-0.76	0.99	0.55	0.37
2006	-0.60	-0.62	-0.59	-0.62	-0.56	-0.56	-0.58	-0.64	-0.31	-0.53	0.58	0.55	0.30
2007	-0.39	-0.38	-0.38	-0.41	-0.38	-0.33	-0.38	-0.49	-0.38	-0.09	-0.08	0.30	0.02
2008	-0.11	-0.13	-0.09	-0.06	-0.19	-0.09	-0.13	-0.23	-0.46	0.06	-0.40	0.60	0.20
2009	0.06	0.08	0.18	0.10	-0.01	0.07	-0.02	-0.05	-0.69	0.52	-0.40	0.35	-0.48
2010	0.42	0.46	0.61	0.54	0.24	0.30	0.27	0.27	-0.31	0.46	-0.65	-0.38	-0.22
2011	0.83	1.04	0.80	1.01	0.59	0.62	0.69	0.66	-0.63	0.79	-0.57	-0.28	-0.06
2012	1.12	1.46	1.27	1.25	0.93	0.95	1.01	1.01	-0.95	1.19	-0.65	-0.41	-0.19
2013	1.38	1.68	1.65	1.40	1.35	1.22	1.36	1.33	0.50	1.08	-0.81	-1.11	-1.14
2014	1.54	1.54	1.61	1.49	1.59	1.63	1.56	1.65	-0.28	1.46	-0.81	-2.09	-1.94
2015	1.54	0.57	0.82	1.21	1.93	1.87	1.82	1.86	-1.34	1.35	-0.81	-2.11	-1.97

附表 11　辽宁省经济指标 KMO 和 Bartlett 检验

	KMO 抽样适度测定值	0.821
Bartlett 球形检验	近似卡方值（Chi²）	601.649
	自由度（df）	78
	显著性水平（Sig.）	0.000

213

附表 12　辽宁省经济指标方差解释

主成分	初始			提取（特征值>1）后		
	特征值	方差贡献率（%）	累计方差贡献率（%）	特征值	方差贡献率（%）	累计方差贡献率（%）
1	11.200	86.152	86.152	11.200	86.152	86.152
2	1.027	7.900	94.051	1.027	7.900	94.051
3	0.389	2.993	97.044			
4	0.284	2.183	99.227			
5	0.066	0.506	99.733			
6	0.024	0.182	99.915			
7	0.005	0.039	99.954			
8	0.003	0.020	99.973			
9	0.002	0.018	99.991			
10	0.001	0.005	99.996			
11	0.001	0.004	100.000			
12	$3.024E-5$	0.000	100.000			
13	$4.725E-6$	$3.634E-5$	100.000			

附表 13　辽宁省经济指标因子载荷矩阵

指标	主成分	
	1	2
B_1	0.997	0.015
B_2	0.987	0.038
B_3	0.992	-0.005
B_4	-0.580	0.745
B_5	0.981	-0.109
B_6	0.991	0.025
B_7	0.995	-0.025
B_8	0.995	-0.027
B_9	-0.934	-0.002

指标	主成分	
	1	2
B_{10}	− 0.935	0.066
B_{11}	0.948	0.075
B_{12}	0.971	0.067
B_{13}	− 0.632	− 0.665

附表 14　辽宁省经济发展水平综合评价得分

年份	F_{E1}	F_{E2}	F_{E0}
2000	− 2.27979	− 0.13661	− 2.4164
2001	− 2.16799	− 0.12805	− 2.29604
2002	− 1.14991	− 0.10417	− 1.25408
2003	− 0.88237	− 0.08212	− 0.96449
2004	− 0.75507	− 0.10904	− 0.86412
2005	− 0.71628	− 0.05935	− 0.77563
2006	− 0.5678	− 0.04813	− 0.61593
2007	− 0.49947	− 0.02358	− 0.52304
2008	− 0.12862	− 0.01209	− 0.14071
2009	0.18393	0.03567	0.219599
2010	0.336517	0.041715	0.378232
2011	1.00601	0.063667	1.069677
2012	1.602269	0.083931	1.6862
2013	1.768899	0.137536	1.906436
2014	2.046446	0.181633	2.228079
2015	2.203225	0.158981	2.362205

附表 15　辽宁省人口为因变量模型一览

模型	R	R^2	调整 R^2	标准差
1	0.910	0.827	0.815	0.6343198

附表 16　辽宁省人口为因变量方差分析

模型	平方和	df	均方差	F 值	Sig.
回归	27.014	1	27.014	67.138	0.000
残差	5.633	14	0.402		
合计	32.647	15			

附表 17　辽宁省人口为因变量回归系数

非标准化		标准化	t 值	Sig.
系数	标准差	系数		
4.893E − 11	0.159		0.000	1.000
− 0.891	0.109	− 0.910	− 8.194	0.000

附表 18　辽宁省经济为因变量回归系数

非标准化		标准化	t 值	Sig.
系数	标准差	系数		
6.699E − 11	0.162		0.000	1.000
− 0.928	0.113	− 0.910	− 8.194	0.000

附表 19　标准化后的吉林省人口指标数据

年份	A_1	A_2	A_3	A_4	A_5	A_6	A_7	A_8
2000	− 1.7022	1.5707	− 1.5450	1.8280	2.4446	0.7235	2.4343	2.1095
2001	− 1.3830	0.9424	− 1.3288	1.1585	1.7768	0.8952	1.1891	1.2245
2002	− 0.9824	0.9424	− 0.8243	2.1245	− 0.5535	0.5501	0.8195	1.0688
2003	− 0.6827	0.9424	− 0.4639	0.4617	1.1012	0.1683	− 0.0241	− 0.2259
2004	− 0.5753	0.9424	− 0.3198	− 0.0085	0.6116	0.1309	0.0884	− 0.1029
2005	− 0.3310	0.9424	− 0.3198	− 0.6924	− 0.0085	1.7724	0.4901	0.5608
2006	− 0.0020	0.3141	− 0.3919	− 0.0939	0.2852	1.2482	0.3133	0.6427
2007	0.5386	0.3141	− 0.3919	− 0.6496	− 0.3349	0.7107	0.2169	0.5034
2008	1.0076	− 0.3141	− 0.3198	− 0.2649	− 0.3022	0.6133	− 0.5062	− 0.2259
2009	1.3008	− 0.3141	− 0.3919	− 0.6496	− 0.6939	− 0.2106	− 0.4740	0.0528
2010	1.4408	− 0.3141	− 0.0315	− 0.8634	− 0.7591	− 1.2305	0.5062	0.1183

年份	A_1	A_2	A_3	A_4	A_5	A_6	A_7	A_8
2011	1.5288	− 0.9424	1.6981	− 0.6069	− 0.4980	− 1.1863	− 0.6026	− 0.7093
2012	0.7145	− 0.9424	0.9054	− 1.5900	− 0.7918	− 1.5026	− 1.2453	− 1.2501
2013	− 0.0346	− 0.9424	0.9774	− 0.6069	− 0.8897	− 1.1522	− 1.5426	− 1.2829
2014	− 0.2691	− 1.5707	0.7612	0.0343	− 0.6612	− 0.6551	− 0.5303	− 1.2173
2015	− 0.5688	− 1.5707	1.9864	0.4190	− 0.7265	− 0.8754	− 1.1328	− 1.2665

附表 20　吉林省经济指标原始数据

年份	B_1	B_2	B_3	B_4	B_5	B_6	B_7	B_8	B_9	B_{10}	B_{11}	B_{12}	B_{13}
2000	1952	104	604	769	784	4810	2023	3346	19	31	4	39	45
2001	2120	121	702	853	859	5341	2182	3651	19	31	3	38	45
2002	2349	131	834	943	959	6260	2361	3869	18	32	4	36	44
2003	2662	154	969	1098	1075	7005	2530	4557	17	33	4	36	44
2004	3122	166	1169	1330	1224	7841	3000	4601	19	35	4	36	46
2005	3620	207	1741	1581	1414	8691	3264	5191	19	36	4	35	44
2006	4275	245	2594	1915	1687	9775	3641	5710	19	36	4	33	40
2007	5285	321	3651	2475	2025	11286	4190	6675	19	36	4	33	40
2008	6426	423	5039	3097	2412	12829	4933	7629	20	36	4	34	40
2009	7279	487	6412	3542	2756	14006	5266	8538	20	36	4	33	35
2010	8668	602	7870	4506	3111	15411	6237	9241	20	37	4	32	37
2011	10569	850	7442	5611	3680	17797	7510	10811	20	37	4	33	35
2012	11939	1041	9512	6377	4150	20208	8598	12276	21	38	4	32	37
2013	13046	1157	9979	6872	4708	22275	9621	13676	23	38	4	29	33
2014	13803	1203	11340	7287	4993	23218	10780	13663	24	39	3	26	30
2015	14063	1229	12705	7006	5461	24901	11326	14630	23	41	4	26	29

附表 21　标准化后的吉林省经济指标数据

年份	B_1	B_2	B_3	B_4	B_5	B_6	B_7	B_8	B_9	B_{10}	B_{11}	B_{12}	B_{13}
2000	− 1.118	− 0.994	− 1.085	− 1.093	− 1.128	− 1.252	− 1.084	− 1.184	− 0.481	− 1.784	− 0.340	1.631	1.111
2001	− 1.080	− 0.953	− 1.061	− 1.058	− 1.081	− 1.173	− 1.033	− 1.106	− 0.806	− 1.570	− 2.156	1.287	1.111
2002	− 1.029	− 0.929	− 1.030	− 1.021	− 1.019	− 1.036	− 0.977	− 1.051	− 0.832	− 1.316	− 0.643	0.836	0.947

续表

年份	B_1	B_2	B_3	B_4	B_5	B_6	B_7	B_8	B_9	B_{10}	B_{11}	B_{12}	B_{13}
2003	-0.959	-0.876	-0.998	-0.958	-0.945	-0.925	-0.924	-0.876	-1.397	-0.870	1.475	0.651	0.929
2004	-0.856	-0.847	-0.950	-0.864	-0.852	-0.801	-0.776	-0.865	-0.753	-0.184	1.173	0.704	1.220
2005	-0.745	-0.752	-0.814	-0.762	-0.733	-0.675	-0.693	-0.715	-0.697	-0.071	1.173	0.386	0.838
2006	-0.598	-0.662	-0.611	-0.626	-0.561	-0.513	-0.574	-0.583	-0.534	-0.011	1.173	0.041	0.219
2007	-0.372	-0.485	-0.359	-0.398	-0.349	-0.289	-0.402	-0.338	-0.420	0.127	0.265	-0.012	0.201
2008	-0.117	-0.246	-0.029	-0.145	-0.106	-0.059	-0.168	-0.095	-0.183	0.178	0.567	0.200	0.129
2009	0.074	-0.095	0.298	0.036	0.110	0.116	-0.063	0.136	0.112	0.050	0.567	0.015	-0.690
2010	0.385	0.175	0.645	0.428	0.333	0.325	0.243	0.314	0.041	0.298	-0.038	-0.250	-0.399
2011	0.810	0.756	0.543	0.878	0.690	0.679	0.643	0.713	0.121	0.373	-0.340	-0.144	-0.654
2012	1.117	1.204	1.036	1.189	0.985	1.038	0.985	1.085	0.494	0.768	-0.340	-0.409	-0.399
2013	1.364	1.475	1.147	1.391	1.335	1.345	1.307	1.441	1.509	0.861	-0.340	-1.072	-1.072
2014	1.534	1.584	1.471	1.559	1.514	1.485	1.672	1.438	2.087	1.220	-1.248	-1.893	-1.691
2015	1.592	1.645	1.796	1.445	1.808	1.735	1.844	1.684	1.738	1.931	-0.946	-1.973	-1.800

附表 22　吉林省经济指标 KMO 和 Bartlett 检验

KMO 抽样适度测定值		0.708
Bartlett 球形检验	近似卡方值（Chi^2）	635.528
	自由度（df）	78
	显著性水平（Sig.）	0.000

附表 23　吉林省经济指标方差解释

主成分	初始			提取（特征值>1）后		
	特征值	方差贡献率（%）	累计方差贡献率（%）	特征值	方差贡献率（%）	累计方差贡献率（%）
1	11.610	89.308	89.308	11.610	89.308	89.308
2	1.022	7.865	97.173	1.022	7.865	97.173
3	0.164	1.263	98.436			
4	0.087	0.671	99.107			
5	0.069	0.532	99.638			
6	0.029	0.224	99.863			
7	0.009	0.070	99.933			

主成分	初始			提取（特征值 >1）后		
	特征值	方差贡献率（%）	累计方差贡献率（%）	特征值	方差贡献率（%）	累计方差贡献率（%）
8	0.006	0.043	99.976			
9	0.003	0.019	99.995			
10	0.000	0.003	99.999			
11	0.000	0.001	100.000			
12	$4.798E-5$	0.000	100.000			
13	$7.162E-7$	$5.509E-6$	100.000			

附表 24　吉林省经济指标因子载荷矩阵

指标	主成分	
	1	2
B_1	0.995	0.000
B_2	0.988	-0.055
B_3	0.991	-0.002
B_4	0.989	-0.014
B_5	0.999	0.008
B_6	0.997	0.052
B_7	0.997	-0.016
B_8	0.995	0.028
B_9	0.951	-0.150
B_{10}	0.912	0.339
B_{11}	-0.362	0.924
B_{12}	-0.950	-0.154
B_{13}	-0.969	-0.022

附表 25　吉林省人口为因变量模型一览

模型	R	R^2	调整 R^2	标准差
1	0.906	0.821	0.808	0.89587

附表 26　吉林省人口为因变量方差分析

模型	平方和	df	均方差	F 值	Sig.
回归	51.595	1	51.595	64.286	0.000
残差	11.236	14	0.803		
合计	62.831	15			

附表 27　吉林省人口为因变量回归系数

非标准化		标准化	t 值	Sig.
系数	标准差	系数		
3.331E − 7	0.224		0.000	1.000
− 0.592	0.074	− 0.906	− 8.018	0.000

附表 28　吉林省经济为因变量回归系数

非标准化		标准化	t 值	Sig.
系数	标准差	系数		
5.627E − 7	0.343		0.000	1.000
− 1.387	0.173	− 0.906	− 8.018	0.000

附表 29　吉林省人口指标方差解释

主成分	初始			提取（特征值 >1）后		
	特征值	方差贡献率（%）	累计方差贡献率（%）	特征值	方差贡献率（%）	累计方差贡献率（%）
1	5.758	71.976	71.976	5.758	71.976	71.976
2	1.014	12.669	84.645	1.014	12.669	84.645
3	0.445	5.565	90.210			
4	0.372	4.652	94.862			
5	0.178	2.225	97.087			
6	0.113	1.409	98.496			
7	0.095	1.194	99.690			
8	0.025	0.310	100.000			

附表 30　吉林省人口指标因子载荷矩阵

指标	主成分	
	1	2
A_1	− 0.707	0.633
A_2	0.920	0.209
A_3	− 0.894	− 0.304
A_4	0.741	− 0.550
A_5	0.851	− 0.167
A_6	0.786	0.283
A_7	0.925	0.096
A_8	0.931	0.239

附表 31　黑龙江省人口指标原始数据

年份	A_1	A_2	A_3	A_4	A_5	A_6	A_7	A_8
2000	3807	51	52	32	25	5	9	4
2001	3811	51	52	32	24	7	8	3
2002	3813	51	53	31	22	7	8	3
2003	3815	51	53	29	20	6	7	2
2004	3817	51	53	27	19	5	7	2
2005	3820	51	53	29	19	6	8	3
2006	3823	51	54	28	18	5	8	2
2007	3824	51	54	28	17	4	8	2
2008	3825	51	55	28	16	4	8	2
2009	3826	51	56	28	16	4	7	2
2010	3833	51	56	25	15	2	7	2
2011	3834	51	57	26	15	3	7	1
2012	3834	51	57	26	15	2	7	1
2013	3835	50	57	27	15	2	7	1
2014	3833	50	58	28	15	3	7	1
2015	3812	51	59	28	14	3	6	− 1

附表 32　标准化后的黑龙江省人口指标数据

年份	A_1	A_2	A_3	A_4	A_5	A_6	A_7	A_8
2000	− 1.6608	0.3660	− 1.3142	1.8596	2.0957	0.4430	2.1479	1.8519
2001	− 1.2356	0.3660	− 1.3142	1.8596	1.8041	1.6242	0.7733	0.9804
2002	− 1.0230	0.3660	− 0.8668	1.3637	1.2210	1.6242	0.7733	0.9804
2003	− 0.8105	0.3660	− 0.8668	0.3719	0.6378	1.0336	− 0.6014	0.1089
2004	− 0.5979	0.3660	− 0.8668	− 0.6199	0.3462	0.4430	− 0.6014	0.1089
2005	− 0.2790	0.3660	− 0.8668	0.3719	0.3462	1.0336	0.7733	0.9804
2006	0.0399	0.3660	− 0.4194	− 0.1240	0.0547	0.4430	0.7733	0.1089
2007	0.1461	0.3660	− 0.4194	− 0.1240	− 0.2369	− 0.1477	0.7733	0.1089
2008	0.2524	0.3660	0.0280	− 0.1240	− 0.5285	− 0.1477	0.7733	0.1089
2009	0.3587	0.3660	0.4754	− 0.1240	− 0.5285	− 0.1477	− 0.6014	0.1089
2010	1.1027	0.3660	0.4754	− 1.6116	− 0.8201	− 1.3289	− 0.6014	0.1089
2011	1.2090	0.3660	0.9228	− 1.1157	− 0.8201	− 0.7383	− 0.6014	− 0.7626
2012	1.2090	0.3660	0.9228	− 1.1157	− 0.8201	− 1.3289	− 0.6014	− 0.7626
2013	1.3153	− 2.5617	0.9228	− 0.6199	− 0.8201	− 1.3289	− 0.6014	− 0.7626
2014	1.1027	− 2.5617	1.3702	− 0.1240	− 0.8201	− 0.7383	− 0.6014	− 0.7626
2015	− 1.1293	0.3660	1.8176	− 0.1240	− 1.1116	− 0.7383	− 1.9761	− 2.5055

附表 33　黑龙江省人口指标 KMO 和 Bartlett 检验

KMO 抽样适度测定值		0.648
Bartlett 球形检验	近似卡方值（Chi^2）	133.789
	自由度（df）	28
	显著性水平（Sig.）	0.000

附表 34　黑龙江省人口指标方差解释

主成分	初始			提取（特征值 >1）后		
	特征值	方差贡献率（%）	累计方差贡献率（%）	特征值	方差贡献率（%）	累计方差贡献率（%）
1	5.563	69.540	69.540	5.563	69.540	69.540
2	1.016	12.699	82.238	1.016	12.699	82.238

主成分	初始			提取（特征值＞1）后		
	特征值	方差贡献率（%）	累计方差贡献率（%）	特征值	方差贡献率（%）	累计方差贡献率（%）
3	0.846	10.576	92.815			
4	0.289	3.617	96.432			
5	0.148	1.844	98.276			
6	0.085	1.060	99.336			
7	0.040	0.505	99.842			
8	0.013	0.158	100.000			

附表35　黑龙江省人口指标因子载荷矩阵

指标	主成分	
	1	2
A_1	−0.798	0.431
A_2	0.446	−0.704
A_3	−0.935	−0.054
A_4	0.864	0.061
A_5	0.963	0.063
A_6	0.898	−0.158
A_7	0.797	0.422
A_8	0.860	0.349

附表36　2000～2015年黑龙江省人口综合发展水平评价值

年份	F_{P1}	F_{P2}	F_{P0}
2000	4.258663	0.825768	3.728518
2001	3.663223	−0.08026	3.085113
2002	2.994193	−0.07979	2.519476
2003	1.313712	−0.87635	0.975498
2004	0.534567	−0.77028	0.333058
2005	1.797146	0.218596	1.553369
2006	0.668567	0.072419	0.576503

续表

年份	F_{P1}	F_{P2}	F_{P0}
2007	0.288687	0.193179	0.273937
2008	− 0.04368	0.19646	− 0.0066
2009	− 0.72153	− 0.36201	− 0.666
2010	− 2.087	0.036188	− 1.75911
2011	− 2.21156	− 0.30938	− 1.91781
2012	− 2.43643	− 0.21606	− 2.09354
2013	− 2.84436	1.921098	− 2.10842
2014	− 2.54327	1.742248	− 1.88145
2015	− 2.63093	− 2.51182	− 2.61253

附表 37　黑龙江省经济指标原始数据

年份	B_1	B_2	B_3	B_4	B_5	B_6	B_7	B_8	B_9	B_{10}	B_{11}	B_{12}	B_{13}
2000	3151	185	833	1732	1037	4913	2148	3105	22	28	3	38	44
2001	3390	214	964	1773	1181	5426	2280	3333	21	28	5	37	43
2002	3637	232	1046	1844	1319	6101	2405	3516	21	29	5	36	42
2003	4057	249	1166	2085	1468	6679	2509	3919	20	29	4	36	41
2004	4751	289	1431	2487	1658	7471	3005	4212	21	31	5	35	41
2005	5514	318	1737	2972	1857	8273	3221	4822	21	33	4	34	36
2006	6212	387	2236	3365	2096	9182	3552	5141	21	34	4	33	35
2007	7104	440	2834	3696	2493	10245	4132	6037	22	35	4	35	35
2008	8314	578	3656	4320	2906	11581	4856	7135	21	36	4	36	33
2009	8587	642	5029	4061	3372	12566	5207	7922	21	36	4	35	31
2010	10369	756	6813	5025	4041	14741	6040	9121	19	39	4	35	34
2011	12582	998	7475	5962	4918	16699	7382	10634	19 *	40 *	4	36	35
2012	13692	1163	9695	6038	5540	18894	8367	11601	19 *	41 *	4	36	38
2013	14455	1277	11453	5847	6134	20848	9369	12978	19 *	43 *	4	36	35
2014	15039	1301	9829	5544	6884	22609	10453	15215	19	44 *	5	28	28
2015	15084	1166	10183	4798	7652	24203	11095	16443	20	42	5	28	28

附表 38　标准化后的黑龙江省经济指标数据

年份	B_1	B_2	B_3	B_4	B_5	B_6	B_7	B_8	B_9	B_{10}	B_{11}	B_{12}	B_{13}
2000	-1.20	-1.09	-1.02	-1.34	-1.08	-1.19	-1.06	-1.08	1.49	-1.35	-2.17	1.19	1.57
2001	-1.15	-1.02	-0.99	-1.31	-1.02	-1.11	-1.01	-1.02	0.57	-1.35	1.30	0.84	1.37
2002	-1.09	-0.98	-0.96	-1.27	-0.96	-1.00	-0.97	-0.98	0.57	-1.17	1.30	0.49	1.17
2003	-1.00	-0.94	-0.93	-1.11	-0.89	-0.91	-0.94	-0.89	-0.34	-1.17	-0.43	0.49	0.97
2004	-0.84	-0.84	-0.87	-0.86	-0.80	-0.79	-0.78	-0.82	0.57	-0.81	1.30	0.13	0.97
2005	-0.67	-0.77	-0.79	-0.55	-0.71	-0.66	-0.70	-0.68	0.57	-0.45	-0.43	-0.22	-0.04
2006	-0.51	-0.60	-0.66	-0.30	-0.60	-0.52	-0.60	-0.61	0.57	-0.27	-0.43	-0.58	-0.24
2007	-0.31	-0.48	-0.50	-0.10	-0.42	-0.36	-0.41	-0.41	1.49	-0.09	-0.43	0.13	-0.24
2008	-0.04	-0.14	-0.29	0.30	-0.23	-0.15	-0.17	-0.16	0.57	0.09	-0.43	0.49	-0.64
2009	0.02	0.01	0.07	0.14	-0.02	0.01	-0.06	0.02	0.57	0.09	-0.43	0.13	-1.04
2010	0.42	0.29	0.53	0.75	0.29	0.35	0.22	0.30	-1.26	0.63	-0.43	0.13	-0.44
2011	0.92	0.87	0.70	1.34	0.69	0.65	0.66	0.64	-1.26	0.81	-0.43	0.49	-0.24
2012	1.17	1.27	1.27	1.39	0.97	0.99	0.98	0.86	-1.26	0.99	-0.43	0.49	0.36
2013	1.34	1.54	1.73	1.27	1.25	1.30	1.31	1.18	-1.26	1.35	-0.43	0.49	-0.24
2014	1.47	1.60	1.31	1.07	1.59	1.57	1.66	1.69	-1.26	1.53	1.30	-2.34	-1.64
2015	1.48	1.28	1.40	0.60	1.94	1.82	1.87	1.97	-0.34	1.17	1.30	-2.34	-1.64

注：由于篇幅限制，表中数值只保留小数点后 2 位，实际计算过程保留小数点后 6 位。

附表 39　黑龙江省经济指标 KMO 和 Bartlett 检验

KMO 抽样适度测定值		0.719
Bartlett 球形检验	近似卡方值（Chi²）	555.751
	自由度（df）	78
	显著性水平（Sig.）	0.000

附表 40　黑龙江省经济指标方差解释

主成分	初始			提取（特征值 >1）后		
	特征值	方差贡献率（%）	累计方差贡献率（%）	特征值	方差贡献率（%）	累计方差贡献率（%）
1	10.324	79.414	79.414	10.324	79.414	79.414
2	1.406	10.815	90.228	1.406	10.815	90.228
3	0.764	5.880	96.108			

主成分	初始			提取（特征值＞1）后		
	特征值	方差贡献率（%）	累计方差贡献率（%）	特征值	方差贡献率（%）	累计方差贡献率（%）
4	0.233	1.790	97.898			
5	0.202	1.551	99.449			
6	0.048	0.370	99.819			
7	0.014	0.105	99.924			
8	0.007	0.053	99.977			
9	0.002	0.017	99.994			
10	0.001	0.005	99.998			
11	0.000	0.001	99.999			
12	8.617E－5	0.001	100.000			
13	9.024E－6	6.942E－5	100.000			

附表 41　黑龙江省经济指标因子载荷矩阵

指标	主成分	
	1	2
B_1	0.994	0.093
B_2	0.984	0.120
B_3	0.974	0.152
B_4	0.920	0.300
B_5	0.990	－0.028
B_6	0.996	－0.010
B_7	0.990	－0.025
B_8	0.990	－0.054
B_9	－0.775	－0.213
B_{10}	0.980	0.101
B_{11}	0.192	－0.832
B_{12}	－0.634	0.676
B_{13}	－0.799	0.243

附表 42　黑龙江省经济发展水平综合评价得分

年份	F_{E1}	F_{E2}	F_{E0}
2000	-4.28573	1.570756	-3.58375
2001	-3.60708	-0.92096	-3.28511
2002	-3.30492	-1.13079	-3.04432
2003	-2.95419	0.255378	-2.56948
2004	-2.58536	-1.21051	-2.42056
2005	-1.94153	-0.27455	-1.74172
2006	-1.42343	-0.40283	-1.3011
2007	-1.29293	-0.06654	-1.14593
2008	-0.3496	0.393049	-0.26059
2009	0.151093	0.11663	0.146963
2010	1.500474	0.86087	1.423809
2011	2.449978	1.352177	2.318392
2012	3.103412	1.610166	2.924426
2013	3.97984	1.556384	3.689356
2014	5.379761	-1.67297	4.534396
2015	5.180219	-2.03627	4.315225

附表 43　黑龙江人口为因变量模型一览

模型	R	R^2	调整 R^2	标准差
1	0.930	0.864	0.855	0.76312

附表 44　黑龙江人口为因变量方差分析

模型	平方和	df	均方差	F 值	Sig.
回归	51.907	1	51.907	89.134	0.000
残差	8.153	14	0.582		
合计	60.060	15			

附表 45 黑龙江人口为因变量回归系数

非标准化		标准化	t 值	Sig.
系数	标准差	系数		
7.500E – 7	0.191		0.000	1.000
– 0.657	0.070	– 0.930	– 9.441	0.000

附表 46 黑龙江经济为因变量回归系数

非标准化		标准化	t 值	Sig.
系数	标准差	系数		
9.865E – 7	0.270		0.000	1.000
– 1.315	0.139	– 0.930	– 9.441	0.000

参考文献

［1］温勇，尹勤．人口统计学［M］．东南大学出版社，2006．

［2］孙东虎．清代以来东北地区民族构成及地名的变迁［J］．社会科学战线，1998（5）．

［3］朴婷姬，李瑛．东北跨境民族的文化变迁与传承保护［J］．黑龙江民族丛刊，2016（6）．

［4］刘智文．中国东北朝鲜族地方自治民族和睦的成因初探［J］．黑龙江民族丛刊，2001（2）．

［5］陈海玲．促进东北地区少数民族文化交融发展研究［J］．满族研究，2015（4）．

［6］查瑞传．必须正确理解和运用总和生育率指标［J］．人口与经济，1983（5）．

［7］高文力，梁颖．试论时期总和生育率、终身生育率与政策生育率的关系［J］．人口学刊，2012（1）．

［8］郭志刚．中国的低生育率与被忽略的人口风险［J］．国际经济评论，2010（6）．

［9］张青．总和生育率的测算及分析［J］．中国人口科学，2006（4）．

［10］杨菊华，陈卫．中国离极低生育率还有多远？［J］．人口研究，2008（3）．

［11］刘传辉．何兴邦．体制内身份、生育选择和全面二孩政策优化——来自中国的证据［J］．四川师范大学学报（社会科学版），2016（6）．

［12］吴志能，冯家斌．基于主观生育率决定模型看城市化对生育率的影响［J］．时代经贸，2007（10）．

[13] 尹文耀，于秀媛．论城市化与边际妇女总和生育率 [J]．人口学刊，1990（4）．

[14] 景跃军．东北地区人口城市化问题与对策研究 [J]．吉林大学社会科学学报，2005（4）．

[15] 李辉．东北地区人口城市化水平的特殊性分析 [J]．人口学刊，2008（2）．

[16] 邴正．振兴东北与振兴东北文化 [J]．社会科学战线，2004（5）．

[17] 范立君．近代东北移民与社会变迁（1860－1931） [D]．浙江大学，2005．

[18] 王军，王广州．中国育龄人群的生育意愿及其影响估计 [J]．中国人口科学，2013（4）．

[19] 郭志刚．流动人口对当前生育水平的影响 [J]．人口研究，2010（1）．

[20] 廖静如．城市流动人口生育意愿研究综述 [J]．社会科学战线，2013（6）．

[21] 陈友华，徐燕南．持续超低生育率的社会经济后果——以苏州为例 [J]．学海，2005（6）．

[22] 郭志刚．中国的低生育水平及相关人口研究问题 [J]．学海，2010（1）．

[23] 李建新．低生育率的社会学后果研究 [J]．社会科学，2001（2）．

[24] 郭志刚，邓国胜．婚姻市场理论研究——兼论中国生育率下降过程中的婚姻市场 [J]．中国人口科学，1995（3）．

[25] 潘金洪．出生性别比失调对中国未来男性婚姻挤压的影响 [J]．人口学刊，2007（2）．

[26] 李雨潼．基于出生队列的中国人口性别结构特征分析 [J]．人口学刊，2017（4）．

[27] 王国臣．近代东北人口增长及其对经济发展的影响 [J]．人口学刊，2006（2）．

[28] 段成荣，吕利丹，秦敏．东北振兴与破解人口困局 [J]．改革纵横，2015（7）．

[29] 于潇．建国以来东北地区人口迁移与区域经济发展分析 [J]．人口学

刊，2006（3）.

［30］于立，孟韬，姜春海 . 资源枯竭型国有企业退出问题研究［M］. 经济
管理出版社，2004.

［31］杨雪，马肖曼 . 延边朝鲜族地区人口迁移家庭化及影响因素研究［J］.
人口学刊，2015（5）.

［32］杨雪，王化波等 . 吉林省边境地区人口跨境流出及影响因素分析［J］.
人口学刊，2013（5）.

［33］田雪原，翟振武，李竞能 . 人口学［M］. 浙江人民出版社，2004.

［34］陈卫，宋健 . 中国人口的年龄性别结构［J］. 人口研究，2006（2）.

［35］原新 . 对我国出生性别比失衡人口规模的判断［J］. 人口研究，
2007（6）.

［36］曾毅，张震等 . 人口分析方法与应用［M］. 北京大学出版社，2011.

［37］韦艳，董硕 . 中国初婚模式变迁——基于婚姻表的分析［J］. 人口与
经济，2013（2）.

［38］李雨潼，张剑宇 . 从抚养比变化看东北地区人口老龄化［J］. 人口学
刊，2010（6）.

［39］景跃军，王福江 . 中国人口文化程度的性别差异及成因探析［J］. 人
口学刊，1994（3）.

［40］陈友华 . 人口红利与人口负债：数量界定、经验观察与理论思考［J］.
人口研究，2005（6）.

［41］李雨潼 . 中国人口性别结构分析［J］. 人口学，2013（6）.

［42］刘爽 . 出生人口性别比的变动趋势及其影响因素——一种国际视角的
分析［J］. 人口学刊，2009（1）.

［43］陈卓蕾，陈兴宝 . 上海市人口老龄化现状及其应对措施初探［J］. 中
国卫生事业管理，2006（11）.

［44］杨菊华 . 从隔离、选择融入到融合：流动人口社会融入问题的理论思
考［J］. 人口研究，2009（1）.

［45］杨菊华 . 流动人口在流入地社会融入的指标体系——基于社会融入理
论的进一步研究［J］. 人口与经济，2010（2）.

[46] 翟羽，庄雪球，曹卫洁．三亚"候鸟型"养老产业发展的现状与对策探索 [J]．产业与科技论坛，2015（15）．

[47] 雷丽华．基于供给的社区养老服务现状研究——以海南为例 [J]．社会调查，2016（11）．

[48] 王晓峰，刘帆，马云博．城市社区养老服务需求及影响分析——以长春市的调查为例 [J]．人口学刊，2012（6）．

[49] 齐良书．婚姻经济学研究进展 [J]．经济学动态，2008（9）．

[50] 马忆南．婚姻家庭法新论 [M]．北京大学出版社，2002．

[51] 谭向北．离婚率研究 [J]．现代法学，1982（1）．

[52] 曾毅，吴德清．八十年代以来我国离婚水平与年龄分布的变动趋势 [J]．中国社会科学，1995（6）．

[53] 方敏．关于离婚率的几种含义 [J]．南开大学法政学院学术论丛，1999（1）．

[54] 徐安琪，叶文振．中国婚姻研究报告 [M]．中国社会科学出版社，2002．

[55] 马克思，恩格斯．马克思恩格斯全集（第1卷）[M]．人民出版社，1956．

[56] 巫昌祯、夏吟兰．改革开放三十年中国婚姻立法之嬗变 [J]．中华女子学院学报，2009（1）．

[57] 孟秋丽．中国的离婚率与社会结构变化分析 [J]．人口学刊，2000（4）．

[58] 汪国华．从熟人社会到陌生人社会：城市离婚率趋高的社会学透视 [J]．新疆社会科学，2006（5）．

[59] 李辉．东北地区人口城市化水平的特殊性分析 [J]．人口学刊，2008（2）．

[60] 王晓峰．东北地区城市化现状研究 [J]．社会科学战线，2008（7）．

[61] 刘蕾．从女性的角度分析离婚率升高的原因和对策 [J]．北京社会科学，2001（4）．

[62] 景跃军，王福江．中国人口文化程度的性别差异及成因探析 [J]．人口学刊，1994（3）．

[63] 衣保中．近代朝鲜移民与东北地区水田开发史研究 [D]．南京农业大

学，2002.

［64］范立君．近代东北移民与社会变迁（1860–1931）［D］．浙江大学，2005.

［65］任若恩，王惠文．多元统计数据分析——理论、方法、案例［M］．国防工业出版社，1997.

［66］汪传雷，王静娟等．基于模糊隶属度的制造业与物流业复合系统协调度评价研究［J］．井冈山大学学报，2017（7）.

［67］童玉芬，刘长安．北京市人口、经济和环境关系的协调度评价［J］．人口与发展，2013（1）.

［68］王晓峰，李雨潼．从"五普"数据看吉林省人口死亡水平和死亡模式［J］．人口学刊，2002（5）.

［69］李雨潼，杨竹．东北地区离婚率特征分析及原因思考［J］．人口学刊，2011（3）.

［70］李雨潼．我国资源型城市经济转型问题研究［M］．长春出版社，2009.

［71］李雨潼，王海红．我国资源型城市的劳动力就业问题探析［J］．人口学刊，2008（8）.

［72］李雨潼．基于3E协调度分析的黑龙江省低碳经济发展路径研究［J］．求是学刊，2013（1）.

图书在版编目（CIP）数据

中国东北地区人口发展研究／李雨潼著. -- 北京：
社会科学文献出版社，2018.9
（东北亚研究丛书）
ISBN 978 - 7 - 5201 - 3323 - 4

Ⅰ.①中…　Ⅱ.①李…　Ⅲ.①人口 - 研究报告 - 东北
地区　Ⅳ.①C924.24

中国版本图书馆 CIP 数据核字（2018）第 193448 号

东北亚研究丛书
中国东北地区人口发展研究

著　　者／李雨潼

出 版 人／谢寿光
项目统筹／恽　薇　高　雁
责任编辑／田　康

出　　版／社会科学文献出版社·经济与管理分社（010）59367226
　　　　　地址：北京市北三环中路甲 29 号院华龙大厦　邮编：100029
　　　　　网址：www. ssap. com. cn
发　　行／市场营销中心（010）59367081　59367018
印　　装／三河市尚艺印装有限公司

规　　格／开　本：787mm × 1092mm　1/16
　　　　　印　张：14. 75　字　数：228 千字
版　　次／2018 年 9 月第 1 版　2018 年 9 月第 1 次印刷
书　　号／ISBN 978 - 7 - 5201 - 3323 - 4
定　　价／79. 00 元

本书如有印装质量问题，请与读者服务中心（010 - 59367028）联系